· 中华书局 ·
上海聚珍出品

A Day of Emperor Qianlong

吴十洲 著

彩图修订版

中华书局

图书在版编目（CIP）数据

乾隆十二时辰:彩图修订版/吴十洲著. —北京:中华书局,2025.2.—
ISBN 978-7-101-17004-7

Ⅰ. K249.09

中国国家版本馆 CIP 数据核字第 2025P67H09 号

乾隆十二时辰（彩图修订版）

著　　者	吴十洲	
责任编辑	周　天	
装帧设计	毛　淳	
责任印制	管　斌	
出版发行	中华书局	
	（北京市丰台区太平桥西里 38 号　100073）	
	http://www.zhbc.com.cn	
	E-mail:zhbc@zhbc.com.cn	
印　　刷	河北新华第一印刷有限责任公司	
版　　次	2025 年 2 月第 1 版	
	2025 年 2 月第 1 次印刷	
规　　格	开本/920×1250 毫米　1/32	
	印张 14⅝　插页 2　字数 330 千字	
印　　数	1-6000 册	
国际书号	ISBN 978-7-101-17004-7	
定　　价	98.00 元	

目　录

子时至寅正以前，睡眠。

去岁的腊月雪和新年的正月雪，几乎洒遍了帝国的大江南北。各地大吏奏报瑞雪情形的折子纷纷送达御前，其中不少奏折博得龙心大悦。乾隆帝心中有着一条绝对通达的逻辑：降雪即丰登之兆。有了雪，二麦便可发荣滋长，来岁便可望丰获。这样才能粮价平减，社会平稳，天下大治。

东方微微露出些许白色，约摸在寅正时刻，一曲悠扬的祭神曲响起。这是清皇室在坤宁宫进行每日例行的朝祭。整个仪典几乎用去了一个时辰，太阳已经照亮了整个紫禁城。这一天，乾隆帝未亲诣朝祭，他在用心灵与祖先的灵魂对话。乾隆帝的视线由仰视苍穹，转而正视那被阳光映白的地平线，这是用理念、用儒家的理性精神来统治着的庞大帝国。

寅正一刻请驾，卯正一刻出西华门入西苑同豫轩进早膳。宫廷里的规矩是吃菜不许过三匙。乾隆帝喜以滋阴的燕窝、鸭子等食品为主，几乎是餐餐都要有燕窝做的菜或汤。其主副食之丰盛，与精粗相宜、荤素搭配的中原饮食养生之道相合。不消一刻，他已经推开餐具起驾了。几天后圣驾即将南巡，内务府《来文簿》为今人了解此次南巡提供了丰富的资讯。

三　恭读圣训　鉴往知今 | 099

每日卯时进早膳之后，如在宫中，乾隆帝必于乾清宫西暖阁或弘德殿及养心殿暖阁，览阅先皇实录、圣训。他感叹皇祖对汉文化的精熟深通与优待秀民的高明政策。先朝皇祖金戈铁马开创基业的事迹令乾隆帝热血沸腾。遵循儒道、选拔秀民的祖训又使他冷静从事。作为少数民族出身的清朝皇帝，掌握汉族文化，无疑是维护其统治的有效手段。

四　重华联句　君臣之道 | 131

辰初至巳初，此时的紫禁城就像是一个诗的王国，乾隆帝戴着桂冠，高高在上。君臣二十多人在重华宫茶宴联赓对诗，他们用华丽的辞藻来赞美一尊雪象。乾隆帝理精辞熟，出口成诗，连作七首。他的诗不主张立异猎奇，不使用绮辞丽句。以诗纪事是高宗御制诗之长，以诗言情则是其御制诗之短。

五　奏本理合　总揽巨细 | 207

巳正至午正，乾隆帝从重华宫回到了养心殿。一叠厚厚的奏折已放在案头。乾隆帝的统治术实在是精微到无以复加的程度。天朝上上下下，事无巨细，他都要过问处置。乾隆帝这一天仅御览云贵总督刘藻的奏折就有六本。其具奏的时间是乾隆二十九年十二月初七日，云南府至京师要用去三十余天的时间。

六　召见臣工　君为臣纲 | *253*

未初至未正，下午一时许，乾隆帝于养心殿前殿面见各部引见的臣工。在被引见者中有文职的知县、武职的游击。如此下层官员在选任赴职时都将得到引见，这无疑是其他朝代难以期冀的。引见的原因多种多样。这一天，他召见了约五十人。

七　三希御览　皇室秘藏 | *271*

酉初至酉正，忙碌了一天的乾隆帝盘坐在养心殿三希堂的炕榻上，醉心于赏玩古董与书画。这时的他就像京师中一般老百姓玩鸟笼子、踢毽子、斗蟋蟀、嗑瓜子、下棋、打麻将、聊大天儿一样，随性恬逸。据御制诗，正月初一至初八，乾隆帝御览过的有古董六件（玉器五件、瓷器一件）、书画九件（绘画八件、法书一件）。

八　宫闱遗恨　孝道家殇 | *309*

戌正晚八时，乾隆帝于养心殿后殿东稍间就寝。"内言不出"是儒家的伦理禁忌，因而在所有的宫廷记录中找不到乾隆帝私生活的只言片语，民间所说的"承幸簿"压根就无存于清宫档案中。乾隆帝在以生母皇太后为至孝对象的同时，提出以孝治天下的国策。他以特别挑剔的目光来苛求一切人，以至家人也成为其孝道的牺牲品。

九　民间祭星　宫禁孤影 | *373*

正月初八日，在京师内有祭星的礼俗。戌正以后，各家要举行顺星的祭祀仪式，以燃灯为祭。帝国边城乌里雅苏台驻扎着的一支锡伯族远征军又挨过了一个风雪交加、饥寒交迫的夜晚。这五千余名锡伯族远征军及其后裔，后来成为满语唯一的继承者。这也许是乾隆帝为满洲文化流传而书写的最为精妙的一笔。

乾隆三十年正月初八日乾隆帝起居一览表

时	辰	北京时间	纪事	引处
子	初	23时	入眠	
	正	0时	睡眠	
丑	初	1时	睡眠	
	正	2时	睡眠	
寅	初	3时	睡眠	
	正	4时	养心殿请驾，更衣。坤宁宫朝祭	《穿戴档》《御茶膳房档案》《节次照常膳底档》
卯	初	5时	去慈宁宫给太后请安	《穿戴档》
	正	6时	中南海同豫阁读实录、圣训。乾清宫西暖阁进早膳。	《穿戴档》
辰	初	7时	更衣，建福宫稍坐。重华宫茶宴	《穿戴档》
	正	8时	重华宫对诗联句	《御制诗集》
巳	初	9时	重华宫对诗联句	《清高宗实录》
	正	10时	养心殿勤政亲贤殿批览奏折	《军机处奏折录副档》
午	初	11时	养心殿勤政亲贤殿批览奏折	《军机处奏折录副档》
	正	12时	养心殿勤政亲贤殿批览奏折	《宫中档乾隆朝奏折》
未	初	13时	养心殿前殿召见臣工	《内阁汉文起居注》
	正	14时	养心殿前殿召见臣工，养心殿进晚膳	《内阁汉文起居注》
申	初	15时	小憩，阅内阁所进各部院及督抚，提镇本章	《国朝宫史》卷五载："每日未刻进晚膳。""阅内阁所进各部院及督抚本章……日以为常。"如有未批阅完的奏折或未办完的事情，则当日继续办理。
	正	16时	与傅恒"晚面"	赵翼《檐曝杂记·军机大臣》记："每日晚膳后，阅内阁本章毕，有所商榷，又独召文忠进见，时谓之'晚面'云。"
酉	初	17时	养心殿三希堂等处玩赏文物	《御制诗集》
	正	18时	养心殿三希堂等处玩赏文物	《御制诗集》
戌	初	19时	小憩	
	正	20时	养心殿后殿东稍间就寝、入眠	
亥	初	21时	睡眠	
	正	22时	睡眠	

前　言

乾隆三十年正月初八日，即西历1765年1月28日。这一天不特见著于后来的历史学著作，在大量的乾隆帝的传记中，这一天也未见得有什么特殊的意义。在编年体的蒋良骐《东华录》中，记载这一天的文字只有寥寥数行，实在构不成什么故事情节。

或嫌《东华录》过于简约，那么《清实录》是研究这段历史的基本资料之一。其中尤以《清高宗实录》最为宏富，有一千五百余卷，参加纂修者达一千二百零二人，历时九年而成，为历代实录之最。实录体例采用逐日记录在位皇帝言行事功的流水账簿形式，或为人视为平常琐细。在平均一年为二十五卷的巨大容量中，卷七二六中有关乾隆三十年正月甲寅（初八）日的记述只有旧装本的四页纸，合计六百二十五字，记载了发生在这一天的三件事：其一是皇上与大学士及内廷翰林在皇宫中茶宴，以"雪象"为题联句对诗；其二是一通处置原任甘肃武威县知县永宁涉及十余万两不明所得银的上谕；其三是一通军机大臣傅恒等奏报将吉林乌拉锡伯佐领归属蒙古旗管辖的折文（原文为满文）。这三件事毫不相关，对于乾隆帝的政治生涯来讲，实在是平凡无奇。如此细末记录，有时几乎会模糊了历史事实本身的主要特征。

再者，即便是在浩如烟海的清代档案中，钩沉爬剔这一天的全貌，也可以肯定地说，这一天中并没有什么所谓历史转折点的迹象。因此，把这一天作为研究对象的意义与其说是在历史学上，不如说是在社会学上，或曰社会史学上。从某种意义上来讲，这一天是具有普遍意义的一天，是随机的一天。换言之，它或许是乾隆中叶，也是清中期——中国古代社会上最后一个盛世"康乾盛世"的一例标本。

一

在所有的人文社会科学中，社会学在揭示文化特质的观点上与历史学最为接近。研究文化的转移，不同文化、不同民族、不同社会之间的接触所引起的变化，是历史学与社会学共同关注的话题。它们强调历史人物和社会文化因素在历史学或社会学术语形成过程中的互动关系。同时，社会学与历史学在关注历史、历史人物与历史事件时，所采用的角度与方法又有着明显的不同。简言之，历史学更注重纵的关系，社会学更注重横的关系，而社会历史学则是希冀将两种关系结合起来加以运用。由此，本书将在以下几个方面进行一些探索。

首先，传统的历史学著作多以纪传体与编年体，抑或纪事本末体加以记述，而本书的史学理念，不在编年、纪传或纪事，而是按时辰先后，勾勒乾隆帝一天之中从起居、饮食、宗教、君臣活动、政务处理、闲暇娱乐到家庭生活等既分散又连缀的系列活动，在一个相对短暂而日常的场景中管窥乾隆帝及其时代。

同时，在本书中，政治史的阐述不再放在优先的地位，而努力去关注文化视野下的人性。在以一天为背景的历史画卷中，乾隆帝的政治生活仅仅是人物诸多活动中的一个侧面，他作为政治人物的地位在这里被降低了。而在考察人的本性方面，政治活动只是书中人物的一种风貌。

再者，传统的清史编纂在选择资料时，直接或间接掺入了编写者的意志，资料组成的首要动机是寻找那些感动编写者自己的非常事件和非凡人物，或是来自所处时代的政治要求。本书所参考的历史资料则已不再局限于《清史稿》《清高宗实录》等文献，而是采用大量的清宫档案作为一手材料。

即便仅仅是一天的平凡的历史，也包含着内容丰富而且错综复杂的场景。譬如，这一天里，重华宫茶宴联赓对诗的参与者构成了朝廷权力核心机构的中枢官僚群体，上报瑞雪奏折的人们构成了封疆大吏的官僚群体，而在养心殿里接受引见的臣工则构成了基层社会的官僚群体，这三个群体各自在以皇帝为轴心的政治体制内发挥着不同的作用。他们归属于三个相对封闭的不同官僚结构，有着各自不同的社会利益诉求与不同的为官方式。

另外，本书强调了处在乾隆三十年正月初八日的乾隆帝，一位五十五岁、已过"知天命"之年，年近"耳顺"的皇帝，并参照这一年龄段男性的生理特征与心理特征，得出了一些新的有关乾隆帝的结论。

最后，本书试图说明诸多史实之间的相互关系。这是在陈述了一天之内的系列活动后，必须去做的一项工作。也就是说，如果不能把这一天放在一个更为广泛的历史场景中来表现，这一天的记述将是毫无意义的。譬如，这一天的活动，鲜明地呈现出满族宗教文化与汉族士大夫文化的差异，这在清宫祭祀的典仪中看得再清楚不过了。而将这二者联系在一起的，竟是一位统治中华的满族皇帝。一方是精致典丽的汉族儒家文化，另一方则是神秘粗犷的萨满教文化，乾隆帝既要利用儒术治理国家，同时又要强化满族本原文化的"国语骑射"，而满族人的政治统治愈走向成熟，也就愈远离自己的本原文化，最终走向了本民族文化的衰亡。

二

　　乾隆朝是有清一代的隆盛之世，而乾隆三十年又是这盛世中的极盛时期。是时，乾隆帝对西北边地的军事行动已取得了战略性的胜利，与边疆民族的关系也进入了和谐发展、政治安抚的新阶段。乾隆二十二年 (1757)，国家府库存银为七千万两，达到了国势强盛、经济繁荣的局面。这时的中国无论是生产总额与国内贸易总额，均居世界各国之首。乾隆朝上半叶的中国农民比法国路易十五时代的农民吃得要好一些，而且也较富裕，一般受教育程度也较高，这是世人公认的事实。康乾盛世在中国几千年的历史长河中，是少有的几次盛世之一。这样的盛世，据《孔圣枕中记》的说法，需要九个甲子，也就是说五百四十年才可能出现一次。按孟子"五百年必有王者兴"之说，也要五个世纪之久。因此，以王道盛世为现世追求的汉族儒生们，有感理想与盛世之契合，终成为异族统治的拥护者。

乾隆盛世的社会经济在康熙年间恢复生产的基础上，继雍正帝之后取得了稳定而持续的发展。

以"摊丁入亩"为例，其于康熙末年提出并予试行，最初是在广东省。到了雍正元年 (1723)，根据直隶巡抚李维钧的奏请，正式在直隶实行，随之颁发诏令，在全国推行。此后经过半个世纪，全国相续实行。到乾隆四十二年 (1777) 贵州宣布实行为止，除盛京因"户籍无定"没能实行外，其他各省一律推行了"摊丁入亩"的税制。

由于"摊丁入亩"的实行，不久便出现了空前的以人口与耕地的迅猛增加为特征的农业生产规模的扩大，加上农耕技术的改进，农作物品种的多样化，生产效率的不断提高，有人估计当时全国生产的粮食约有三分之一以上投入了市场。因此，这一时期的社会分工有了明显的扩大，形成了越来越多的手工业部门，也相应地出现了专业化的农业区域。它不但扩大了手工业品之间的交换，而且引起和加快了农业产品的商品化过程，从而造就了社会经济一派繁荣的景象。

在这样一个如此鼎盛的历史时刻，乾隆帝又要面临哪些问题呢？自古以来，圣王多承衰拨乱而起，由此开辟盛世前景。而桀纣之类的昏君也正是于圣王盛世之后骄溢妄行，最终丢掉了天下。他们是圣王之后，但同时又是一代王朝的败君。其实，这一盛一衰又何尝不体现在一世君王的身上，尤其是像乾隆帝这样当朝整整一个甲子的皇帝。就像冰在凝结时，业已存在着融化的要素一样，一个由盛而衰、极盛渐衰的循环的开始，似乎是无法避免的。像乾隆帝这样的一代盛世明君，最终在晚年也做了挥霍无度的"散财童子",这实在是令人深思的历史课题。

此外,隐匿在乾隆盛世之下的危机之一是,尽管清朝经过百年的治理,大一统的局面已然形成,满族人的政治统治也已巩固,但口称"奴才"的满族大员侵蚀着华夏"君臣"政体的千年大厦……

两千年前孔子所说"夷狄之有君,不如诸夏之亡也"[1]的预言开始显现,孟子所说的"吾闻用夏变夷者,未闻变于夷者也"[2]像幽灵一样笼罩在乾隆帝的心头。当清王朝在全国的政治统治愈趋成熟时,其本原文化却趋于消亡。当年在白山黑水奉祭的萨满之神只能关起宫门作为爱新觉罗氏的家祭,骁勇善战的八旗兵也被封禁于柳条边以外,所谓的"国语骑射"早已是强弩之末。

乾隆二十七年 (1762) 六月丙辰 (二十五日),户部议奏:"八旗积存地亩一万五千余顷,请择可编官圈者,分设整分、半分庄头数百名,即于现在庄头子弟内,选择安放。"为此,乾隆帝下旨曰:"户部所有八旗积存地亩一项,折内酌议分设庄头之处,着照所请行。但安放庄头,需地不过三四千顷,所余尚有一万顷之多。此等皆系老圈旗地,且发帑赎回者,十居七八,原系应行入官地亩,徒交地方官征解,适滋胥吏侵肥,旗与民两无裨益。着将此项交内务府派员经理征收,俟原帑按数归清之后,即将地亩赏给八旗,作为恒产。"[3]旧制度的衰落与经济权力的再分配已不可避免,然而乾隆帝却仍在竭力强化满族传统文化,维护满族人的既得利益。

---

1 《论语·八佾》。
2 《孟子·滕文公上》。
3 《清高宗实录》卷六六五。

其潜在的危机之二是，在社会经济繁荣的背后，一种新的社会形态正在萌生，城市经济的发展呈现出前所未有的生机，对传统的农业关系与农耕文化都构成了不小的挑战。

譬如：江南的苏州"洋货、皮货、绸缎、衣饰、金玉、珠宝、参药诸铺，戏园、游船、酒肆、茶店，如山如林"[1]。另外，清政府统一台湾以后，政权已经巩固。同时，出于财政需要，康熙二十三年 (1684) 九月下令"开海贸易"，对外贸易逐渐兴盛。史称：自"海禁既弛，(南洋) 诸国咸来互市，粤、闽、浙商亦以茶叶、瓷器、色纸往市"[2]。于是乎，在东南沿海出现了"帆樯鳞集，瞻星戴斗"[3]的兴旺发达景象。

据《粤海关志》提供的外国来粤商船数及关税收入的数据，"六月二十五日止，乙酉年 (乾隆三十年) 分来船三十有一"[4]，略高于往年。关税收入自"乾隆二十九年七月二十六日起，连间至三十年六月二十五日止，计一年大关各口共征银五十万五千三十一两六钱八分五厘 (505 031.685两)"[5]，也略高于往年。到18世纪末，国内贸易税收达400万两，而海关税收为65万两，占16%。乾隆三十一年，清政府的土地税与人头税为2 991万两，是国家收入的73%；盐税是574万两，占14%；商业税是540万两，占13%。当时的商业网不仅包括各个行省，而且连蒙古、中亚以及整个东南亚亦在其中。

1　顾公燮《消夏闲记摘抄》卷上"苏俗奢靡"条。
2　王之春《国朝柔远记》卷四，雍正七年纪事。
3　《粤海关志》卷五"口岸一"。
4　《粤海关志》卷十"税则三"。
5　《粤海关志》卷二十四"市舶"。

面对这一偏离农本国策的倾向，以及商业税与关税在国家税收总额中比重的增加，乾隆帝在乾隆十年、乾隆三十五年、乾隆四十三年、乾隆五十五年及嘉庆元年五次下达普免全国一年钱粮的谕旨，普免地亩银和人丁银。说到底，这是一种优农政策。

城市经济的发展也带动了城镇文化的兴旺，以《红楼梦》为代表的以城镇生活为背景的小说正是诞生在这一时期。同时城镇成为各种文化的汇集地，多种文化的融合与碰撞往往是由中心城市的作用来实现的。乾隆三十年正月初八日这一天，既是汉族民间的祭星日，也是满族人的顺星祭祀日，既有白云观的道教庙会，还有喇嘛教跳布札打鬼表演的庙会，等等。这些无疑是太平盛世的一种点缀，同时也不可避免地出现了二律背反的倾向，即社会的发展，走向了旧有社会本身的反面。至于乾隆帝，他并没有意识到新社会的产生是要以旧社会的灭亡为代价的，这在他身后一百多年得到了证实。

另外，更令乾隆帝始料不及的是西方资本主义的迅速崛起。他万万没有想到，在他身后四十年，西方文明强盗就把战火烧到了皇孙道光帝的门前，这时的八旗兵还在用当年乾隆爷征伐大小金川的武器装备来对付英吉利的坚船利炮。有人已经把战争失败的根由引到了乾隆五十七年 (1792)。这一年，英国勋爵马戛尔尼率使团出使中国，年迈的乾隆帝以"天朝上国"自居，贪图西洋奇器珍玩，而未能把握住这次东西方文化交流的机会，最终贻误后世。孔子曾说："加我数年，五十以学《易》，可以无大过矣。"[1]

1　《论语·述而》。

如果把这样的假设用在乾隆帝身上，设想马戛尔尼来华时，乾隆帝年当五十许——即在乾隆三十年左右，那又会是怎样的呢？学不学《易》且不论，情况可能会完全不同。

这里需要指出的是，18世纪中叶的欧美正值一个风起云涌的变革时代。仅就1765年而言，西方世界发生了许多具有重要意义的事件。在英国，纺织工人哈格里夫斯发明了"珍妮纺纱机"，这架手摇纺纱机可以同时纺出多根纱，大大提高了工作效率。它的出现，标志着以机器代替手工劳作的新时代的开始，由此敲响了西方近代工业革命的钟声。另外，英国海军上将纳尔逊的旗舰"胜利号"也在这一年下水，这对于东方世界来说似乎是一种不祥之兆。

这一年，英国政府的苛捐杂税使得北美殖民地人民的不满日益加剧。10月，来自九个殖民地的代表汇聚于纽约，召开反对印花税法大会。大会拟订了一份权利和自由宣言书，提出"无代表不纳税"原则，宣告英国议会内没有殖民地的代表，无权向殖民地人民征税，殖民地人民也没有义务向英国纳税。大会还提出了"American"（美利坚人）的概念，号召抵制英货，很快在几乎所有殖民地中得到了响应。这场斗争迫使英国国会于第二年宣布废除印花税法。这一事件意味着美洲大陆的觉醒。

同一年，日本也悄然诞生了一件新生事物。德川将军府上的专职医官多纪元孝，为了培养医学人才，在江户神田佐久间町约五千平方米的天文台遗址上开设了一所医学馆（初名"跻寿馆"），主要教授汉方医学，成为江户时期医学教育的先导。此后兰学兴起，出现了主要教授西方医学的芝兰堂，西方医学勃兴一时。西方的自然科学及实证主义精神，激发了日本人对西方文明学习的热情，萌发了他们社会改革的意识。

这一切已有的和即将来临的世界变局，在当时的"天朝"上上下下，没有引起人们丝毫的关注。

三

乾隆三十年，乾隆帝当五十又五岁，正是政治家的盛年。他睿性聪强，精力过人，天朝上上下下，事无巨细，他都要过问处置。在乾隆三十年正月初八日，他所批览的奏折中，居然有查明发遣新疆人犯一名、滇省城垣坍坏情况等。他的统治实在是精微到无以复加的程度。

然而，乾隆三十年，乾隆帝的家庭生活却过早地进入了衰年。他的多名子女早夭，又有多名后妃过早地离他而去，他的家庭生活似乎十分不幸。他倡导以孝治天下，也以孝齐家道。他择妻立后的标准是孝，择子立储的标准也是孝，为此付出了惨痛的代价。乾隆十三年 (1748)，他心爱的孝贤皇后病死于东巡的御舟之中。皇长子永璜、皇三子永璋因为死去的不是自己的生母而未过多地表示哀伤，受到乾隆帝的严厉训饬，摒绝了他们继承帝位的任何可能，最后双双死于过度忧郁。

乾隆三十年正月十六日，圣驾开始第四次南巡。在这次南巡途中，乾隆帝的家庭又遭变故。他的第二任皇后乌拉纳喇氏突然愤而剪发，帝后失和。这位曾被赞为"孝谨性成，温恭夙著"的皇后，终因"于皇太后前不能恪尽孝道"的罪名，被打入冷宫。第二年，乌拉纳喇氏含恨而逝。

孝敬双亲，这本是人之天性，而将此天性上升到"亲亲""尊尊"的高度，成为社会伦理的最高标志，这是先秦圣贤的思想。《孟子》里就有这样的一个故事，说是小国滕国的国君滕定公死了，世子要他的师傅然友向孟子询问丧礼，孟子当即提出了一个很高的标准，曰："三年之丧，齐疏之服，飦粥之食，自天子达于庶人，三代共之。"然友回国复命，世子便决定行三年的丧礼。而这样一来，搞得滕国的父老官吏都不愿意。世子便对师傅然友说："吾他日未尝学问，好驰马试剑。今也父兄百官不我足也，恐其不能尽于大事，子为我问孟子！"从中可以看到，平日"好驰马试剑"的小邦滕国，与植根于儒家孝道的丧制相去甚远。乾隆帝的家庭同样也纠结于维护"国语骑射"的满族传统与合乎儒家礼教之间。

乾隆帝天性喜雪，那白山黑水间是满族的发祥之地，那是皑皑的雪国，那里诞生了满族人的神灵——佛多妈妈。而做皇子时的他又偏偏爱用诗句来吟咏风花雪月，譬如《东郭履雪》《程门立雪》等《雪事八咏》。后来他做了皇帝，则更爱以雪为题歌农事。

乾隆三十年正月初八日，在紫禁城的重华宫内，皇帝亲自主持了一场例行诗会，诗的题目也和雪有关。这场雪实际是下在年前的一场腊月雪，此时想必已是一派残雪景象，即便如此，君臣二十余人仍是诗兴大发。在他们的诗中，雪景的紫禁城仍然是玉树炫彩，琼花满枝，那飞霙乃是"应诚而至"的"天瑞"，是盛世的一番写照。

四

清朝入主中原大业的顺利完成，无疑使其统治者相信——超越于自己祖先神之上，更有一位主宰命运的大神的存在。如果看一下清代皇帝在圜丘（天坛）祭祀天神时所投入的热忱，就会感到满族之神——佛多妈妈在神格上的卑微。这样的祭拜"天"，以求得社稷的吉祥，可以说与汉民族的宗天、宗祖的信仰并无二致。

清对明战争的胜利，与三千年前的那场周人克商的胜利，有着某些相似之处。与小邦周打败大国商一样，清以四十万人入关，却做了统治亿兆臣民的庞大帝国的主人。《尚书·大诰》曰："天休于宁王，兴我小邦周。"面对强大的对手，至上神——天神做了周人与满族人的保护神，才使得他们取得了胜利，即"天佑之国，大汗兴焉"。也许正是由于这样的相似之处，乾隆帝的天朝理想是像东周那样"享国二十五代"。为此他"密用姬周故事"，默祷天神，并将象征国家政权的国玺之数定为二十五。以少胜多，那是列祖列宗的丰功伟绩；而以少治多，则是乾隆帝的本事。为此，他勤勉理事，小心谨慎，夙兴夜寐，孜孜求治。

历史上中国人的君王观念与西方那种"君权神授"观念不同，古代中国人讲的是"受命于天"。东西方君主观念的不同在于，西方的"君权神授"是君权与神权的分离，君权为神所授，而不为其所制；而中国人的"受命于天"则是君权与神权的合一，君主要"视天如父，事天以孝道"，才可能成为称职的天子；

而且"天视自我民视，天听自我民听"[1]是这一传统观念的又一特征。由此便有了中国历史上的"圣王"形象与标准，以及"屈民而伸君，屈君而伸天"的伦理纲常。这里面还说，天不是为君主而生人民，而是为人民而立君主。换言之，能对人民有好处的君主，天就要他做下去；而对人民有害的君主，天就要夺去他的王位，即所谓"惟命不于常"。这也许正是乾隆帝宵衣旰食、励精图治的深层文化原因。

乾隆三十年正月初八日，乾隆帝在历史舞台上扮演着令人瞩目的显赫角色。如果揣摩他希冀给后世留下的形象，可以认为，他是在扮演一个圣王的角色，一个才华横溢的诗坛领袖的角色，一个对母后尽孝道，对妻子尽夫道，对子女尽父道的成功男子的角色。另外，他还是一个"祭如在，祭神如神在……吾不与祭，如不祭"[2]的多神崇拜的世俗信徒的角色……

然而，当考察乾隆帝作为人的本性一面时，其人格的双重性也是十分显著的。的确，他在真心实意地去做皇帝，一天中处理了天朝上下大大小小、千头万绪的事务。正像他在《三希堂记》所引用的"士希贤，贤希圣，圣希天"，作为皇上，他还有什么可希冀的？只有那"希天"的圣王了。这是乾隆帝的诚恳。同时，他的虚伪性也毕露无遗。

他本人对嫡母孝敬宪皇后并没有"亲亲"的热情，却要将孝道的准绳强系在皇长子永璜、皇三子永璋身上。他口口声声"清心寡欲""朝乾夕惕""不迩声色"，却在后宫中纳有各种名号的

1　《孟子·万章上》。
2　《论语·八佾》。

妻妾四十余人。

他利用国家权力大肆搜集天下古物，使天下瑰丽瑰奇，稀世不易得之珍品，咸集于一人之手，而他却说什么："虽考古书画，为寄情雅致之为，较溺于声色货利为差胜，然与其用志于此，孰若用志勤政爱民乎？"这些收藏不仅体现了乾隆帝对"考古书画"的观察和热衷，还体现了他的欲望与痴迷。

他虽然以"书生"自居，提倡教化，却大兴文字狱，禁毁书籍之程度都大大超过前朝。他下令编纂《四库全书》，却使大量古代典籍遭受到一场极大的厄运。

他兢兢业业，总揽万机，事无巨细都要亲自过问处置，貌似圣明，却被臣下批评"明之太过""断之太速"，有师心自用之嫌。他为政保守，性格好胜且虚荣。有多少"丰功伟绩"是这位皇帝无意识动机的客观结果，这似乎是一项很有价值的研究。

他到处巡视，大兴土木，规模之大，耗帑之众，为历代之首。到头来他却说："人苦不自知，惟工作（土木工程）过多，巡幸时举二事，朕侧身内省，时耿耿于怀。"乾隆三十年年初，他第四次南巡，还搞什么"随往渡黄上船人数共二千八百七十一人，比照上属三千二百三十人之数，共减去三百五十余员"的小名堂，等等。

总之，他就像是一个矛盾的综合体，一个集诚挚与虚伪于一身的人。

《乾隆十二时辰》作为乾隆三十年正月初八日的记述与评论，

不可能全面地涉及乾隆时代的重大事件，也无法就乾隆帝本人的功过得失得出什么结论，它仅作为一种观察角度，来管窥18世纪中叶的中国文化与作为个体的乾隆帝。对于本书来讲，仅此已经是一个很高的期待了。

紫禁城雪景　余宁川摄

紫 禁 城 平 面 图

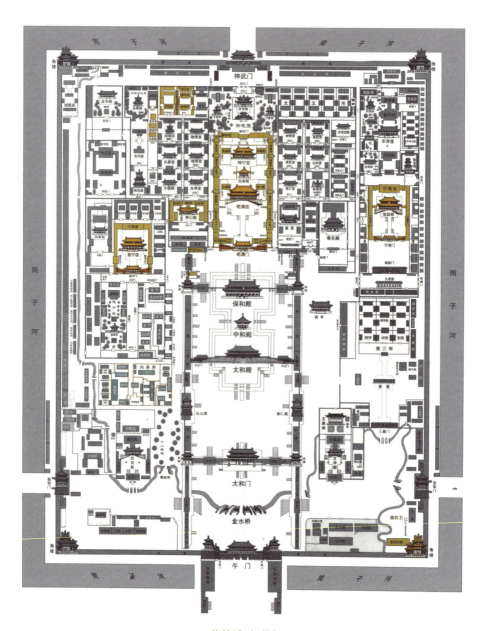

紫禁城平面图

乾隆帝朝服像

这幅画中的乾隆帝穿戴着参加大典时的礼服，容貌十分年轻，作画年代应是乾隆帝登基之年（1736）。

《中国杂纂》第一卷卷首插图

乾隆三十八年（1773），意大利画家潘廷章（Giuseppe Panzi）抵达北京。他在1773年11月15日的一封信里称，乾隆帝亲自做模特，并坚持要画上皱纹。一位西方画师是否真如他所述这样做到了？还存在诸多疑点。乾隆帝当时63岁，距我们这本书陈述的时间点已经过去了八年。

乾隆帝像瓷板画
画稿：潘廷章
1776年制
凡尔赛宫藏

引子 三冬瑞雪 上慰圣怀

年前的一场腊月雪仍然覆盖在紫禁城上。各地的报雪奏折纷纷送达御前，臣子们意在上慰圣怀。乾隆帝天性喜雪，冬雪对于帝国来讲如同命脉。

子时至寅正以前 四时之前 睡眠

年前的残雪还伏在歇山顶上，瓦檐下挂着一串串晶莹的冰溜子。紫禁城依然笼罩在冰雪之中……

偌大的宫城之中，除景运、隆宗二门两处灯光外，一片黑暗。据说这是打明末魏忠贤那留下的遗制。当时魏忠贤取消禁门内一切路灯，为的是便于出没于豪夜，而到了大清，莫名其妙地承袭了这套旧制。巡更的太监像幽灵一般游荡在皇宫的过巷间。几天来，道上的残雪已被踩踏得板结成薄冰，夜行的脚步落在上面，发出"吱吱"的响声，一不小心就会跌倒。夜深人静里，偶尔从远方传来的几声犬吠，非但没有打破这里的静谧，反而像投入深渊的石子，在黑暗中呻吟着孤寂。

散落在残雪中的燃放过的爆竹蒂子与随风飘落的白色镶红的纸头，记下了几天来宫里的喜庆。乾隆帝几天前的御制诗"喜爆声霆壤穴听，祥霙积地簌钟消"可以拿出来作证了。

年前的这场雪，为乾隆帝带来了异乎寻常的喜悦。各地的封疆大吏早在旧岁，就将奏报瑞雪情形的折子纷纷送达御前，其中不少奏折博得龙心大悦。

说来，有那么几分天意，入冬后的第一场雪偏偏降在了上年夏秋之际被灾的甘肃。据甘肃按察使海明于乾隆二十九年 (1764)十一月初八日奏报：

> 窃照时属冬令，雨雪情形关系明岁收成丰歉，上廑圣怀。兹于十月初十日，兰州省城得获瑞雪，积地一寸有余，其兰州府属之狄道、河州、金县、靖远，巩昌府属之岷州、漳县，凉州府属之武威、永昌、古浪，西宁府属之西宁、碾

伯等州县，均于初九、初十、十一等日得雪，自一、二、三寸至五寸不等。

或可谓这是一场"应时瑞雪"。海明称这场雪"与(于)已种冬麦及留种春麦地亩均有裨益，至甘省今岁秋成尚称中稔，约在七分以上，故粮价较前平减，民情安贴"。

海明的这份奏折并未立即引得圣心愉悦。在瑞雪上，乾隆帝的标准可高着呢，他只是淡淡地在这折子上写了一个"览"字。七分"中稔"，这也正是大学士管陕甘总督杨应琚的提法。十月十九日，杨应琚的一份奏折称：

窃照甘省自七月中旬以来，屡得时雨，入土深透，各属所种秋禾发荣畅茂，胥庆有收，业经臣恭折奏闻在案。兹已陆续成熟刈获。据各属将约收分数，先后呈报前来，臣逐一详加确核，内除偏被水旱雹霜地亩，暨气候较寒，向不种秋处所不计外，内秋禾约收九分及九分有余者，系中卫、归德(厅)县丞等二县厅；约收八分及八分有余者，系安化、宁州、正宁、武威、宁夏、宁朔、平罗、灵州、渊泉、玉门、踏实县丞、徽县、肃州等一十三州县厅；约收七分及七分有余者，系河州、西和、崇信、灵台、合水、环县、抚彝(厅)、张掖、永昌、古浪、碾伯、敦煌、清水、两当、

◀《弘历雪景行乐图》

图中阴霾的天空下，瑞雪初止，苍松翠竹在白雪的映衬下更显盎然生意。几位皇子手里所持物件，表示着对来年美好的祝福，如谷穗有"五谷丰登"的愿望，鱼灯是希望新的一年"太平有余"，戟上悬挂玉磬则取"吉庆有余"之意。

高台、王子庄州同等一十六州县厅；约收六分及六分有余者，系皋兰、狄道（州）、沙泥州判、金县、陇西、漳县、平凉、静宁、华亭、泾州、镇原、庄浪（厅）、山丹、东乐县丞、镇番、平番、秦州、礼县、秦安、三岔州判、文县、成县、西固州同等二十三州县厅；约收五分有余者，系渭源、靖远、宁远、伏羌、隆德、固原、花马池州同、阶州等八州县厅。合计通省六十二州县厅，约秋禾收成共有七分有余。伏查本年甘省夏禾虽有遍被旱伤之处，仰蒙圣恩特蠲额赋，厚示抚绥灾黎，已无失所。今秋禾收成获有七分有余，虽未甚丰，堪称中稔。通省黎民，靡不感戴圣主福庇，皆安居乐业。

乾隆帝对此折的朱批是："览奏稍慰。"

十二月十三日，大学士傅恒、刘统勋据此也上了一份折子，曰：

臣等详查杨应琚奏甘省被灾州县一折，单开灾重地方十四处，稍重地方十五处，灾轻地方七处，尚未勘覆地方十处。其尚未勘覆地方是否成灾？暨被灾轻重情形若何？并灾重、灾轻等州县现在作何分别赈恤之处？折内未经声叙。再河州、狄道、碾伯三州县，折内既称俱已改种秋禾，续经勘不成灾，而又将河州、碾伯列入夏秋遍被雹水灾轻之七州县内，狄道一州列入尚未勘覆之十州县内。所奏亦未甚明晰，似应令该督即行查明，详悉覆奏，以使叙入加赈恩旨。臣等谨拟写询问该督寄信谕旨，进呈伏候皇上钦定，并将杨应琚原折清单呈览。谨奏。

为此，乾隆帝还下了一道谕旨：

> 甘省被灾各州县处，地土瘠薄，灾后民食未免拮据，业经降旨，加意抚恤，并蠲免额赋，因念新春，尚须特降谕旨，加恩展赈。曾传谕该督将现在如何赈恤情形查明具奏。今据奏称灾重地方十四处，稍重地方十五处，灾轻者七处，其狄道、镇原等十州县据称尚未勘覆。该十州县秋禾既遍被雹水，是否勘明成灾？暨被灾轻重情形如何？及灾重、灾轻各州县现在作何分别抚恤加赈之处？折内俱未经声叙。再河州、狄道、碾伯三州县既称俱已改种秋禾，续经勘不成灾，而又将河州、碾伯列入夏秋遍被雹水灾轻之七州县内，狄道一州列入尚未勘覆之十州县内，所奏亦未甚明晰。着传谕该督杨应琚，将以上各情节及明春应行展赈并酌量予赈各州县，速即查明，具折奏闻，俟朕临时降旨。钦此。

灾荒之时，皇帝借以整饬吏治，进一步加强对各级官吏的管束，已成为历代荒政的重要内容。黄宗羲在《明夷待访录·置相》中说得好："天下不能一人而治，则设官以治之；是官者，分身之君也。"因此，廉政是"仁政"的最终保证。

几天来，乾隆帝想的是，加恩展赈，并蠲免本年赋租。

乾隆三十年 (1765) 以前，灾情最重、耗费银两最多的，要数乾隆七年 (1742) 江苏、安徽二省的水灾。是年六、七、八月间，江南淮、徐、扬州一带，黄河和淮河同时涨水，"水势漫溢，甚于往时"。江苏、安徽的江、海、淮、徐、凤、颍、扬、泗等府所辖五十余州县被灾，情况十万火急。据江苏巡抚陈大受奏称：

"扬州目下河水日逐增长，民间自中人之家，以及极贫下户，皆流离四散。虽有平粜之官粮、抚恤之公项，亦不能奔走领籴。"安徽凤阳府、泗州、颍州所属州县灾民多达二百二十余万人，江苏更倍于此数。乾隆帝闻悉扬州灾情，心急如焚，立即谕示："似此情形，实非寻常被灾可比，朕心深为轸恻。该督抚等不得拘于常例，务须多方设法，竭力拯救，使灾黎稍可资生。以俟水退，倍加抚绥，俾得安其故业，毋致失所。该部即遵谕速行。"[1]他除了免除被水州县本年额赋以外，又特派直隶总督高斌、刑部侍郎周学健为钦差大臣，"往江南查办灾赈、水利"。

为了使灾情通报畅达，不致贻误赈救，乾隆帝曾谕告臣下："夫民瘼所关，乃国家第一要务。用是特颁谕旨，通行宣示，嗣后督抚等，若有匿灾不报，或删减分数，不据实在情形者，经朕访闻，或被科道纠参，必严加议处，不少（稍）宽贷"[2]。

每闻水旱荒灾，乾隆帝必是大沛恩膏，大发帑银。乾隆帝当然铭记经典中所载"夫仁政，必自经界始"[3]"乐岁终身饱，凶年免于死亡；然后驱而之善，故民之从之也轻"[4]的道理。据载甘肃大吏曾有冒领赈款而致罪者，后来甘肃复灾，近臣中有以前事进言者，乾隆帝竟说："朕宁使官冒赈，不使民枵腹也。"[5]

正是由于乾隆时期"重农、务农、劝农"，奖劝农桑，赈灾治河的政策，农业生产力有了较大的发展。乾隆三十年 (1765)，

1　《清高宗实录》卷一七二。
2　《清高宗实录》卷九〇。
3　《孟子·滕文公上》。
4　《孟子·梁惠王上》。
5　徐珂编《清稗类钞·帝德类》"高宗爱民"条。

全国人口达2.07亿之多。人口的增加，在耕地面积扩大、高产作物推广、经济作物普种的环境下，并没有产生危机性的后果，相反却将这一繁盛的局面推向了顶点。

乾隆帝从康熙帝、雍正帝那里承继了本来就较为丰厚的家底，加上他本人尤重贮备，使国库有着充裕的财力，库存仓谷一度达到了4 000万石。由于购存过多，触发了粮价的上涨。乾隆十三年 (1748)，朝廷就粮价上涨进行了讨论，为了平抑粮价，决定减少采购量，降低常平仓贮存额，以现额为准。通计19省贮谷3 370万石，加上社仓、义仓的积谷，估计约合50亿斤。有了此项积贮才有了乾隆帝"朕宁使官冒赈，不使民枵腹也"的豪言壮语。

甘省的报雪奏折之后，云贵总督刘藻于十一月十二日奏报：

> 滇省自交冬令，日间暄暖，入夜浓霜厚露，每隔数日即降雨泽。东川府属会泽县已于十月十一、十三等日得雪寸余，此时雨雪与豆麦最为相宜。目下南豆已长七、八寸及八、九寸大小，麦亦出土四、五寸不等，青葱畅茂，蚕豆已经开花。据两迤府厅州县禀报，大概相同，至黔省两游各属节气稍迟。据布政使钱度禀称：秋收以后，雨旸适均，田土滋润，所种菜子，豌豆俱长有三、四寸至五、六寸，大麦出土二、三寸，小麦、燕麦亦有一、二寸不等，日渐长发。两省春收有兆，现在民夷乐业，边境敉宁。

乾隆帝见此折，龙心大悦，立朱批："欣悦览。"这可是许多臣子所企望不及的。

十一月，闽浙总督苏昌、山西巡抚兼管提督和其衷、广东巡抚明山等皆呈有降雪的奏报。

进入腊月以后，各地封疆大吏争先恐后地将报雪奏折驰送御前。

十二月初二日，山东巡抚崔应阶有奏报雨雪粮价折，不想由此引发了一场君臣间的冬雪春雨之辩。

崔应阶的奏折曰：

窃照东省入冬以来，屡有雨泽，天气融和，麦苗滋长。十一月下旬气候始寒，时届冬至，麦苗正资蟠根，以待春融透发，二十六日午后，省城同云远布，雪片微零，虽未成分寸，而省城东北各府属则已瑞雪均沾。现据济南府属之邹平、长山、淄川、新城等处申报，二十六日得雪二寸；又据武定府属之利津、霑化、海丰、蒲台等处申报，二十六日得雪一、二寸不等；又据莱州府知府汪圻到省面言，二十六日青、莱各属俱得雪一、二、三寸不等。瑞雪应时，丰年有兆。所有十一月份粮价，如沂、青、登三府属较上月互有增减，济、泰、武、兖、曹、东、莱七府属俱较上月有减无增。臣往来兖、泰等府体察民间，还谷完漕俱极踊跃，经过各处市集，米谷杂粮，在在充裕。值此隆冬岁暮，臣随处严饬地方文武，申严保甲窝堡，巡缉要路通衢，以期地方安戢，共保盈宁。

对于这样一份看上去似乎没有什么问题的奏折，乾隆帝却并不以为然。十二月十九日，就此发了一道上谕：

查本月初六日山东巡抚崔应阶奏：十一月二十六日济

南、武定、莱州各府属俱经得雪一、二、三寸不等，此后尚未据奏到。又十一月十四日河南巡抚阿思哈奏：十月二十九日至十一月初一日，各属得雨一、二次，至该省得雪之处尚未奏报。……

同时被扯进来的还有直隶总督方观承。十二月初八日，方观承奏报：

> 窃查直属入冬以来，久晴过暖，望雪甚殷。惟于十一月二十三日，热河道属各厅报得雪三、四寸，宣化府城得雪三寸，永平府属之临榆、抚宁以及怀密、通州一带雪仅及寸，京南无雪。至本月初六日，保定省城仅有微雪飘洒，新城、雄县、高阳、定兴、河间、肃宁一带得雪一、二寸，兹据通州、良乡、固安报，于是日得雪五寸。三河、香河、东安、武清、大城、涿州亦同时得雪三、四寸不等。虽大势尚未普遍，而连日气候凝寒。由京师渐及于各郡邑，惟盼于腊内均沾优渥之泽也，所有各属已未得雪情形，理合恭折奏闻，伏乞皇上圣鉴。谨奏。

本想以缮奏雪情讨皇上欢心，不想乾隆帝朱批："竟不知保定尚未优沾，殊觉可惜，京师左近则皆被泽，天津亦奏报有五寸之泽矣。"

紧接着大学士刘统勋奏旨分别以"寄信"形式给河南巡抚与山东巡抚，传谕如下：

> 河南巡抚阿　乾隆二十九年十二月十九日奉上谕："京师附近地方俱于本月初六日得雪，自四、五寸至六、七寸不

等，惟保定一带虽经沾洒，尚未深透。兹据方观承奏到，本月十六日省城已得雪四寸，因思河南所属正与保阳迤南地界毗连，本日已据布政使佛德折奏南阳、汝宁等属于初五日得雪一、二寸，而该抚阿思哈何以尚未奏闻，岂所辖远近不同，必待通查会奏耶？着传谕该抚，令将豫省实在得雪分寸，并各属现在是否待泽情形，详查速奏，以慰朕怀。钦此。"遵旨寄信前来。

山东巡抚崔　乾隆二十九年十二月十九日奉上谕："本月初六日，近京一带附近地方俱经得雪，自四、五寸至六、七寸不等，惟保定迤西一带沾洒尚未深透。今据方观承奏到，省城已于十六日得雪四寸。而河南布政使佛德亦同日奏报，南阳、汝宁等属已得雪二寸，其山东地面正与直豫毗连，前据该抚崔应阶折奏，于十一月二十六日济南、武定、莱州各属得雪一、二、三寸不等。日来，尚未据续行奏闻。着传谕该抚，令其将现在各属曾否普沾雪泽，并得有分寸几何，即速详查具奏，慰朕廑念。钦此。"遵旨寄信前来。

这一道道谕旨再一次证明乾隆帝对雪情的重视。对雪情有独钟，或在异邦人看来几乎是难以理解的。然而，乾隆帝心中却有着一条绝对通达的逻辑：降雪即丰登之兆。有了雪，田野便可得到滋培，二麦便可发荣滋长，来岁便可望丰获。这样，粮价平减，民情欢欣，社会才能平稳，天下便可大治。因之，在乾隆年间的清宫文书中，将下雪称为"获雪""得雪"，并将奏报雪情这一举动的最终情由上升为"感召天和"，"仰慰圣怀"。但是，也有那么个把臣子不解其意，呈报实情，山东巡抚崔应阶便是这么一位。

十二月二十二日，山东巡抚崔应阶奏事：

> 臣查东省本年冬月惟济南、武定、青州、莱州、登州五府属于十一月二十六等得有瑞雪，前经臣将已报得雪之处奏明，兹复遵旨详查，将各属得雪寸数开具清单，恭呈御览。其泰安、兖州、沂州、曹州、东昌五府属尚未报有得雪之处，但距立春尚有二十余日，各属种麦地亩亦尚未干燥，现今二十二日同云远布，天气清寒，似有降雪之象，容俟瑞雪普沾，臣即恭折驰奏，仰慰圣怀。

"天行有常，不为尧存，不为桀亡。"[1] "天道圜，地道方。圣王法之，所以立上下。"[2] 照说皇帝老子也管不了老天爷的事，只是这臣子的奏折如鲠在喉，这不是拿老天爷气煞皇帝吗？乾隆帝不愿再往下想，只是倦倦地在折子上批了个"览"字。

又过了两日，崔应阶缮折奏报山东省得雪。奏文如下：

> 十二月二十二日臣接奉谕旨，令将东省各属曾否普沾雪泽，并得有分寸几何，即速详查具奏。经臣遵旨将十一月二十六等日已经得雪州县开具清单，恭折复奏。兹省城济南府于十二月二十三日巳时起至亥时止，得雪二寸有余，远处尚未报到，然是日同云四合，风定气寒，所及必广。腊雪滋培，麦苗有益，农民预庆丰年，远近喜跃。除查明各州县得雪寸数，另行奏明外，臣谨先行缮折驰奏，仰慰圣怀，伏乞皇上睿鉴。谨奏。

1　《荀子·天论》。
2　《吕氏春秋·圜道》。

就此崔应阶也赢得了乾隆帝"欣悦览"的朱批。然而，这段由冬雪而引发的君臣间的心理纠葛并没有就此而告终。

崔应阶又在乾隆三十年 (1765) 正月十二日奏报曰：

> 窃臣奏报上年十二月份粮价，并附奏十二月二十三日得雪分数情形一折，于正月十一日奉到朱批："览，得雪分数尚欠沾足，于农功有碍否？钦此。"臣跪读之下，仰见圣主念切民依，无微不至。臣查东省上年入冬以后，屡得雨泽，地土滋润。臣巡查各处，察看麦苗青葱畅茂，并不干燥。于十一月望后地土始冻，麦根蟠结，旋得冬雪滋培，虽通省有得雪尚欠沾足之处，但臣在东五载，体验二麦丰收，全恃春雨优渥，是以北省农民有"麦收三月雨"之言。将来春分以后，谷雨以前，得邀时雨数番，则通省麦收丰稔可必，就目下情形而论，实于农功并无妨碍。臣谨专折复奏，仰慰圣慈，伏乞皇上睿鉴。谨奏。

平心而论，乾隆帝对雪泽于二麦生长的作用，理解非常深刻，绝非信口开河，于乾隆帝御制诗中信手拈来的词句，足以令崔应阶的观点站不住脚。

乾隆二十四年 (1759)，遇一场夜雪，乾隆帝以此作诗云："虽然所乐别有在，利麦祥占氾胜书。"

所谓"氾胜书"，是西汉成帝年间氾胜之的农家名著 (乾隆帝御制诗中向有省去专门用语中一二字的陋习)。《汉书·艺文志》载称"《氾胜之》十八篇"，原书已佚，由后人以《齐民要术》及《太平御览》等书中辑得。所记最突出的农业技术是溲种法、区田法，其次如种麦法等，各法中均有雪泽于二麦裨益的论述。

氾胜之曾以轻车使者的名义，在三辅（关中平原）提倡种麦，获得丰收。他在实践中将冬雪对二麦的作用总结得尤为精辟，他说："冬雨雪止，辄以（物）蔺之，掩地雪，勿使从风飞去。后雪，复蔺之，则立春保泽，冻虫死，来年宜稼。"又说："后雪，复如此，则麦耐旱，多实。"

氾胜之首创的溲种法云："（溲种）无马骨，亦可用雪汁。雪汁者，五谷之精也，使稼耐旱。常以冬藏雪汁，器盛，埋于地中。治种如此，则收常倍。"这一高明的见解是后世总结的冬雪春化作用的先声。

乾隆帝对冬雪的认识与氾胜之十分相近，因此他诵出了"利麦祥占氾胜书"。在乾隆帝早期的御制诗文中，提及冬雪保墒与除灭蝗虫的诗句颇为多见。如乾隆八年（1743）的一首咏雪诗中道：

> 缅惟腊雪足，遗蝗入地深。
> 更拟饼饵富，慰我三农心。
> 况当苗秀时，待泽尤在今。

于另一首《进宫见路旁禾麦喜而作》诗中有云：

> 昨冬三白诚沾足，遗蝗入地无须卜。
> 今春灵雨复频零，有秋早幸天锡福。

乾隆十七年（1752），乾隆帝闻山东得雪，诵诗志喜，诗云："遗蝗入地无复患，举趾足可兴锄耰。"

乾隆二十八年 (1763)，乾隆帝又为河南、山东皆得雪作诗，云：

　　畿辅昨曾雪，所惜止寸余。

　　继兹盈尺佳，尺心常企诸。

　　齐豫腾奏章，报雪一时俱。

　　虽亦未优沾，度寸三已逾。

　　慰远益切近，敢云可待乎。

　　摛辞兴弗轩，轩待六花敷。

很显然，冬雪于二麦的抗旱保墒、除灭蝗害的作用，是其他天露无法取代的。但是春雨于小麦的润泽也是显而易见的，尤其是在春雨贵如油的北方。

乾隆二十二年 (1757)，山东普降春雨，乾隆帝作《闻山东得雨志喜》，诗云：

　　已悉春霖被全郑，更希膏泽逮青齐。

　　封章忽接佳音报，喜在麦塍与菜畦。

乾隆十六年 (1751)，乾隆帝第一次南巡，途中接到京师得春雨的奏章。他体验了南北不同的春雨，写了一首志喜诗，云：

　　江南恒苦春雨多，冀北恒苦春雨少。

　　苦少常年我惯经，苦多今来始略晓。

　　江南冀北皆赤子，目击耳闻究殊道。

　　麦将欲秀菜绽花，春雨正佳未致潦。

　　苦多即目已纾怀，苦少驰望燕云表。

置邮喜复接佳音，一犁普遍今春早。

顷刻兼消两地愁，况复溟濛烟景好。

南巡为乾隆帝带来了更为直接的农事知识，因此，乾隆三十年时的他已对全国的农业状况有了十分成熟的认识。山东巡抚崔应阶所谓"二麦丰收，全恃春雨优渥，是以北省农民有'麦收三月雨'之言"，虽也非谬说，却有一地一域之局限。

乾隆帝想到古人"瑞麦生尧日，芄芄雨露偏"[1]的诗句，又想到崔氏"高古淡远，不同凡响"的《研露楼琴谱》[2]，惺惺相惜之心不免油然而生，当下也算释然。当年苏东坡作《次韵王滁州见寄》，有"斯人何似似春雨，歌舞农夫怨行路"句。乾隆十一年（1746），乾隆帝作《雪中过定兴县》，借苏东坡诗句作：

坡翁一句记分明，将谓诙谐却有情。

歌舞农夫怨行路，由来雨雪不相争。

"由来雨雪不相争"，这正是乾隆帝此刻的心情。而崔应阶的"小诤"也显示了儒臣"以道事君"，非一味屈从君主意志的"妾妇"姿态。如此思量一番，乾隆帝非常坦然平静地在崔应阶的奏折上批了"知道了"三个字。

而腊月初七日，出身满洲高佳氏的高诚[3]奏报：

1　张耒《徐瑞麦》，见《全唐诗》卷三一九。瑞麦即多穗之麦，古人以为祥瑞之兆。
2　崔应阶一生为官，嗜好古琴。雍乾间与琴家王受白交往近三十年，得其传授。后崔氏将受白传谱精选二十曲辑为《研露楼琴谱》。
3　乾隆二十八年（1763），高诚新任湖北按察使因案犯越狱离职，等待处理，此时，赏员外郎衔巡视长芦盐政事务。

天津地方入冬以来，望雪甚殷。兹于十二月初五日戌时起至初六日戌时止，得有瑞雪，积地七寸有余。……四野俱已沾足。询之农民，佥称当兹冬令得此雪泽，实于明春麦苗有益。再现在米粮钱价均属平减，民情甚为欢畅。

高诚的这份奏折，也即乾隆帝朱批直隶总督方观承初八日折"竟不知保定尚未优沾，殊觉可惜，京师左近则皆被泽，天津亦奏报有五寸之泽矣"的依据，只是将高诚奏折中所称的"七寸"改为了"五寸"。这是乾隆帝胸中的一杆秤，臣子夸大报喜的事在所难免。

此外，还有山西巡抚兼管提督和其衷的奏报："兹据太原、潞安、大同、朔平、宁武等府属及保德、绛州直隶州属，并归化城各厅属禀报，于十月初十、十一月二十三并十二月初六等日，各得雪一、二、三、四、五寸至八寸不等，次第消融入土。凡种植冬麦之地，俱得借以滋长，即播种春麦、杂粮之区亦于春耕有益。"乾隆帝的朱批是："览奏分数，似觉尚欠沾足。"

初十日，陕西巡抚明德奏报："陕西地方西、凤、同、邠、乾一带，全以麦种为重……种植二麦之处，必得冬雪滋培，始能根荄稳固。前于十二月初四日戌时起至初五日寅时止，西安省城天降瑞雪，融化入土一寸，积地尚有二寸有余，且连日无风，渐次俱已消化入土。并据附近省城之西、凤、同三府属各州县禀报，初四、五等日各得雪一、二寸至四寸不等。滋于初八日午时起至初九日辰时止，西安省城又得瑞雪三寸，连日无风，渐次融化。臣探查四郊，一体均沾，于麦苗大有裨益。此皆仰赖圣主福庇，得以瑞雪应时，明岁二麦丰登可望。"乾隆帝朱批："欣慰览。"可以看出，将天时与王道仁政联系在一起的赞颂，该是乾隆帝最为受用的。

十三日，河南布政使佛德奏报豫省得雪。紧跟着，十五日，河南巡抚阿思哈又报豫省雪情，两位大员奏报的当然是同一地的同一场雪。

十七日，直隶总督方观承奏报："本月十六日，保定地区同云晓布，大雪缤纷，共有四寸，四野均沾。正当腊候，得此嘉泽，麦胎深固，闾阎实深欢庆。"这份折子得到了"欣慰览"的朱批，算是天遂人愿，君臣同喜。

进入腊月下旬到转年正月，全国着实下了几场雪，在各省大吏中掀起了一阵奏报瑞雪的高潮。

二十日，湖广总督吴达善奏报："湖南长沙、常德、衡州、岳州等府于十一月二十七、八等日得雪情形，业经臣恭折奏闻，此外各府州县陆续申报同日得雪普遍，十二月初七、八等日，复报得雪二、三寸不等。迨回任查阅，湖北武昌、汉阳、黄州、德安、施南等府属内据报，十一月二十七、八，十二月初七、初九等日有雪一寸至三寸不等，利川县同日得雪积厚五寸。其余各处有报随下随化者；有报频得雨泽者，土脉滋润，于麦豆甚为有益。两省粮价均平，民情咸各舒畅。"乾隆帝朱批："览奏俱悉。"

二十二日，山西巡抚兼管提督和其衷奏报："嗣据泽州、平定等府州属禀报，于十二月初八、十七等日各得雪三、四寸不等。兹太原省城于十二月二十二日子刻起，同云浓霭，瑞雪缤纷，至申刻末止，谅沾被必广，于春田大为有益，此皆我皇上爱养编氓，感召天和，是以瑞雪频沾，丰登预兆，曷胜额庆。所有现得瑞雪缘由，理合恭折奏闻，伏祈圣鉴，谨奏。"乾隆帝朱批："欣悦览。"

同日，大学士管陕甘总督杨应琚奏报："陕甘地方大概多以二麦为重，其种植冬麦之处，必须瑞雪滋培，始克根荄稳固，即应种春麦之区，就须瑞雪渥沾，以待来年春播。前臣已将甘省十月、十一月各属得雪日期，并附近省城各属复于十二月初八日得雪一寸，远处尚未报到缘由，于十二月十一日缮折奏闻在案。迨后即据兰州、巩昌、平凉、庆阳、凉州、秦州、阶州各府州所属具报，均于十二月初七、八等日得获瑞雪自二、三寸至五、六、七寸不等，内巩昌、平凉、秦州各府州得雪更为优渥。又陕省西安、汉中、凤翔、同州、乾州、商州各府州所属亦于十二月初四、五、六，初八、九等日获瑞雪一、二、三、四寸不等。其远处各属虽尚未报到，然势颇广远，谅必均沾。麦地得此滋培，来岁丰收可望，两省官民靡不欢欣鼓舞。所有两省得获瑞雪情形，臣谨恭折奏报，仰慰圣怀，伏祈睿鉴。"乾隆帝朱批："欣悦览。"

二十三日，河南巡抚阿思哈奏报："本月初五日，豫省河南、南阳、汝宁、陈州、汝陕等属各得雪一、二、三寸不等，经臣于十五日奏报在案。今省城于十二月二十二日巳时起，彤云密布，瑞雪缤纷，至戌时止，得雪三寸，四野均沾。又据近省之陈留等县并卫辉府、延津、汲县、淇县等县各报，同日得雪三、四寸余不等。时值深冬，得此瑞雪，二麦大有裨益，民情甚为欢庆。正在缮折具奏间，荷蒙圣慈垂询，理合详细奏复，仰慰圣怀。现在云气稠密，尚未晴霁，各属得雪必广。容俟报到，随时续奏所有瑞雪情形。"乾隆帝朱批："欣悦览。"

同日，还有直隶总督方观承奏报得雪折。

另有河东河道总督李弘奏报："东省地方今岁种麦甚广，计自入冬以来，天气晴和。麦地稍觉干燥，奴才自德州查勘工程至河南交界黄林庄一带，民间正在望雪。今于十二月二十二日巳时起至二十三日午时，彤云密布，瑞雪缤纷，济宁州城内外积厚二、三寸不等。奴才随差员分往四郊，逐一查看，雪已遍及，所积更为深厚。现在云尚浓阴，降雪未止，二麦得此渥泽，发荣滋长，来岁可获丰收。奴才目睹嘉应并小民欢欣之象，实深忭庆，理合恭折奏闻，伏乞皇上圣鉴。"乾隆帝朱批："欣慰览。"

二十四日，太子太保大学士兼两江总督革职留任的尹继善奏报："江省地方入冬以来，天晴日久，二麦菜豆正望雨雪滋培。兹于十二月二十三日，江宁省城密雨竟日，继以瑞雪缤纷，积厚二、三寸，连融化入土者约有四、五寸不等，于菜麦大有裨益。看来云势宽广，各属谅可一体均沾，似此应时腊雪，实为丰年预兆。凡属农民无不额手称庆。至上江凤颍一带，据报于腊月初五日已得雪二、三寸不等，此次之雪，尚未据各属报到所有得雪日期，臣谨缮折恭奏，仰慰圣怀。"乾隆帝朱批："欣悦览。"

同日奏报雪情的大吏还有到江南筹办南巡的两淮盐政高恒，奏文如下：

窃奴才于二十三日率同运使赵之璧（璧）赴高旻寺、金山、焦山一带洒扫行宫，查看明春圣驾南巡渡江事宜。是日彤云四野，始而甘雨沾足，继以瑞雪缤纷，除旋落旋消外，仍积厚寸余，现尚霏微江岸，点缀山光。缘入冬以来，天气久晴，正望雪泽，值此瑞应春前，官民商灶无不同声欢庆。奴才目击情形，曷胜忭舞，理合恭折奏闻，仰慰圣怀。

乾隆帝见折朱批："欣慰览。"同日，山东巡抚崔应阶亦奏报东省得雪情形事。皇上的朱批是与"欣慰览"相近的"欣悦览"。

像两淮盐政高恒，本来公务在身，恰遇得雪，来个搂草打兔子，缮折奏闻一通，言上几句冬雪及时、丰年预兆的话，博得皇上的欢心，如此这般上奏的大臣还是大有人在的。

二十五日，刑部尚书、暂留江苏巡抚任的庄有恭有奏瑞雪应时，仰慰圣怀事。

庄有恭是这一年九月擢升刑部尚书的，现暂留任江苏巡抚。十二月，他曾疏言："松、娄二江宣泄太湖，为东南水利第一。雍正五年大挑后，今三十余年，江身浅窄日甚，又一切滨湖港道，葑芦充塞，淤占屯田。若不及早疏治，一遇积雨，数郡平田可虑。臣按上自太湖入运口，下至松、娄水口，应分别开宽疏浚，昆山新阳之外壕，张家桥青浦之黄渡镇，应开月河，以资分泄。"[1]诏可。

乾隆三十年正月，命庄有恭为协办大学士，仍管江苏巡抚事。二月，乾隆帝南巡，赐以诗曰："重教任苏抚，近复擢秋

1　《清史列传》卷二一《庄有恭传》。

卿[1]。岂不轻车藉，要资法纲平。跸途暂留扈，翰幄自归并。德政吴松在，何曾让毕亨[2]。"这便是庄有恭江苏巡抚革职留任的由来。

庄有恭奏报得雪折文如下：

> 窃照江苏各属本年入冬以来，天气晴和，于差务一切工程均得乘时赶办完竣，而二麦春花不无望泽。兹于腊月二十三日苏州彤云密布，密雨廉纤，入夜风加紧峭，六出争飞，始犹随雨旋消，继乃积而滋厚，城内地面晓来已二寸许。臣于午后稍霁，查勘灵岩、寒山各处工程，则郊外山间寒深冻结，景象尤胜，觉陇亩皆琼，群峰遍玉，皑皑一色，松梢竹杪，犹积三寸而赢，直一幅丰年兆瑞图也。正届三九之时，得此应时瑞雪，黄童白叟莫不欢呼称庆。从此气机已动，自必续降嘉祥。理合专折奏报，上慰圣怀。

庄有恭奏折一通，文脉酣畅，情理并茂，真不愧为乾隆四年一甲一名进士和状元郎。乾隆帝立批朱笔："欣悦览。"

二十七日，护理贵州巡抚印务调任云南布政使钱度奏报三冬雨雪沾足，预兆丰年事。乾隆帝朱批："欣慰览。"同日，闽浙总督苏昌奏报浙省地方得雪情形，仰慰圣怀事。乾隆帝朱批："欣慰览。"

1　《周礼》秋官掌刑律，故以秋卿称刑部官员。

2　明成化十一年（1475）进士，授吏部主事。历右副都御史，仕至南京工部尚书。该句诗下注曰："明毕亨开吴淞江，大惠民，前年庄有恭亦奏请疏治苏、松湖圩荡各工。"乾隆帝夸赞庄有恭治水有成，比之明代贤吏毕亨，可谓不遑多让。

二十八日，太子太傅内大臣[1]江南河道总督高晋奏报瑞雪应时、丰年兆庆事。乾隆帝朱批："欣悦览。"同日，浙江巡抚熊学鹏奏报雪情事。乾隆帝朱批："知道了。"

二十九日，江西巡抚兼提督辅德奏报雪雨及时，农田得济事。乾隆帝朱批："知道了。"

乾隆三十年新年伊始，仍然有一些封疆大吏在缮折奏闻，奏报瑞雪。

正月初一日，山西巡抚兼管提督和其衷奏报：

（山西）省城于十二月二十二日申刻接续降雪，至二十三日酉刻方止，除消融外，积地六寸有余。兹据太、平、潞、汾、大、朔、宁、泽、蒲九府及辽、沁、平、忻、代、保、解、绛、吉、隰十州属各州县均报称，于十二月二十二、三等日各得雪三、四、五、六寸不等，次第消融入土，于春田大为有益。此皆仰托我皇上福庇，是以通省瑞雪普沾，农民欢忭，共庆丰登有兆。

乾隆帝朱批："欣悦览。"

初三日，陕西巡抚明德奏报：

陕西省西、凤、同三府地方于上年十二月初四、五等日，得雪一、二寸至三、四寸不等。旋于初八日午时起，至初九日辰时止，西安省城又得瑞雪三寸，随经臣于初十日恭折奏闻在案。嗣据西、凤、汉、同四府，兴、商、邠、乾四

1　官名，清侍卫处之次官。武职从一品，共六人，镶黄、正黄、正白上三旗各二人。

直隶州所属各州县禀报，各于十二月初八、九等日得雪二、三寸至六、七寸不等。续于十二月二十二日戌时起至二十三日申时止，西安省城又得瑞雪五寸，因连日无风，俱已消融入土。并据近省之西、凤、同、邠、乾五府州属禀报，于十二月二十二、三等日，各得瑞雪二、三、四、五寸不等。

臣查陕省十二府州，除省北之延、榆、鄜、绥四府州属天气寒冷，不种冬麦外，其西、凤、同、邠、乾五府州种植冬麦者最多，而汉、兴、商三府州亦各种植冬麦多寡不等，去秋雨泽沾足，二麦俱已布种齐全。今仰赖圣主福庇，种植冬麦之处均各连次得雪，普遍沾足。二麦得此瑞雪滋培，根荄稳固，丰登可望。且自得雪之后，各处粮价亦俱较前渐次平减，民情欢忭，气象盈宁。所有陕省瑞雪频沾情形，理合恭折奏闻，伏祈皇上睿鉴。

乾隆帝朱批："欣慰览。"

初六日，又有两通报鄂省雪情的奏折。一通是湖北巡抚王检的。云："湖北各属上年冬月雨雪应期，麦豆长发，业经臣将查报情形于十二月二十二日恭折奏闻在案。武昌省城又于是日得雪，至二十三日积累六寸。弥望四郊，同云密布，随据各府陆续报到，均于二十二、三、四日得雪一、二、三、四、五寸不等。瑞雪普遍，麦豆滋荣，且春融土润，更于播种有益，仰托圣主福庇，今年丰稔可期。现在粮价平减，民情甚为欢畅。"乾隆帝朱批："欣慰览。"

一通是湖广总督吴达善的。奏文云："臣自长沙前至武昌，所有沿途雨雪及各属报到情形，业经奏明在案。兹于十二月二十二日武昌省城地方先得微霰，随下随消，夜半后飞霰达旦，至二十三日午间，雪势益大，积地六寸，实为深厚沾足。续据湖北、湖南各属报到者，均于二十二、三、四等日同时得雪，除消融入土外，计积地一、二、三、四、五寸不等。此次得雪极为广远普遍，且节届大寒，不但种麦之处得此培压，蟠根深固，而土膏融沃于春耕最为得力，洵属大田丰收之兆，且喜雪后即晴，小民岁事俱觉敷余。各属粮价如常，农情欢忭，地方宁谧。所有得雪沾足情形，理合恭折奏明，伏祈皇上睿鉴。"乾隆帝朱批："欣慰览。"

乾隆三十年（1765）正月初八日，这一天，帝国大地南北天气晴好，然而仍有两位大员在上奏恭报瑞雪情形的折子。其中之一是刑部尚书、暂留江苏巡抚任的庄有恭，奏文曰："新正初六日彤云密布，入夜六出缤纷，疏密相间，直至初七日辰刻止。除融化外，在城积厚约有寸许。臣差查四郊，高下田畴约有二、三寸不等，二麦春花得借滋培，且相距立春尚有七日，仍属应时腊雪，农民莫不欢呼称庆。所有复得瑞雪情形，理合缮折奏报，上慰圣怀，伏乞皇上睿鉴。"乾隆帝朱批："欣慰览。"

另一位是浙江巡抚熊学鹏，奏文曰："杭州省城本年正月初七日子时起，瑞雪沾洒，至巳时积有三寸余，四野普遍，农民相庆，春收可获丰稔。"乾隆帝朱批："欣慰览。"

乾隆二十九年的腊月雪、三十年立春前的正月雪，几乎洒遍了天朝的大江南北。到正月初八日，紫禁城似仍酣睡在皑皑的雪衣之中。

据《大清会典》，宫殿苑囿冬季扫除积雪，由内务府移咨工部及各处随时举行。然而，下列乾隆帝御制诗可以证明，这座周长一千六十八丈三尺二寸，南北长二百三十六丈二尺、东西长三百有二丈九尺五寸的宫城仍然覆盖着积雪。从新正初一日起至初七日止，皇上写下了多首咏雪的御制诗：

宾竹室口号

收雪将来竹埭培，绿琼枝覆白瑶堆。

笑非京洛程家宅，却得游杨砌下陪。

题涵春室

春节虽迟日[1]，春意递新年。

雪积祥玉花，爆腾瑞霭烟。

宫城近六街，市语何喧阗。

昨岁幸遇丰，物价平于前。

婚嫁率乘时，景象熙京廛。

可遽云返朴，通经贵达权。

镜清斋

冰床原辗镜中来，据榻回看镜面开。

自有一方呈照鉴，本无半点惹尘埃。

延虚恰喜栏边竹，入影犹疑缶里梅。

收得腊前雪盈盎，三清便与试茶杯。

另有《千尺雪》诗，乾隆帝几乎每年新正时节必以此题作诗，诗云：

1　此月十四日为乙酉立春。

积余雪色在山阴，落下银淙雪有音。

指日寒山听雪阁，异同此雪费推寻。

茗瓯竹鼎伴清嘉，七字刚成趣亦赊。

彩胜银镫概无设，室中宜朴不宜华。

年前三白布祥霙，掩映轩棂倍觉清。

若问予心喜所托，率因真泽匪虚名。

几天来，全国上下，普天同庆，可以说是上至君王，下至黎民，无不心喜于新春新岁，尤喜在盛世又一年的丰稔可期。

乾隆三十年伊始，对于乾隆帝本人来说更是意义非同一般。乾隆帝有别于其他君主之处是，他二十五岁继位为帝时，就将自己在位时间拟以六十年为期。他于乾隆四十三年 (1778) 东巡谒陵途中向人说出个中奥秘：

> 朕践祚之初，曾焚香告天云："昔皇祖御极六十一年，予不敢相比。若邀穹苍眷佑，至乾隆六十年乙卯，予寿跻八十有五，即当传位皇子，归政退闲。第此意向未宣示，众亦不能深悉也。迨朕六旬大庆后，即敕豫葺宁寿宫，为将来优游颐养之所，臣工应莫不共闻共见。岂有所伪饰乎？"[1]

◀《万国来朝图》
此画描绘的是藩属及外国使臣到紫禁城朝贺的场面。冬雪将紫禁城覆盖上一层白色的绒毯，恰似正月初八日的皇宫雪景。

---

1 《清高宗实录》卷一〇六七。

董邦达《西苑千尺雪图》
故宫博物院藏

　　其中所谓"第此意向未宣示，众亦不能深悉也"自不去说，
而乾隆三十年正好是其默祷皇天，以六十年为期的一半，这对于
自诩为一代明君的乾隆帝来说，当然是不可忘怀的。在《元旦试
笔》中，他写道：

　　　　　顺斗鸿龙又毂旋，苍灵新祉锡敷天。

　　　　　丕基敬继五朝业，大宝钦登三十年。

　　　　　益慎盈持将泰保，敢疏夕惕与朝乾。

　　　　　乞浆得酒惟农谚，酉熟申坚愿稔连。[1]

　　　　　晓瞻三素丽璇霄，元祚虔求玉烛调。

　　　　　喜爆声霆壑穴听，祥霙积地篴钟消。

　　　　　宫梅得气芳舒萼，苑柳迎春嫩摆条。

　　　　　万里伊犁喀什噶，面东胥贺紫宸朝。

1　该诗下注曰：农谚云："岁逢申酉乞浆得酒，申年丰酉年必丰。"

这首诗坦然地表白了自己的政治胸怀，他上承祖辈五代之基业，开拓了"爱养百姓""本固邦宁"的全盛之世。这一年乾隆帝正当五十五岁，已登基整整三十载，比起一周甲的预期执政时间，此时春秋正富；加之乾隆帝朝乾夕惕，励精图治，天下大治，国运昌盛。

上年十二月初六日，乾隆帝曾写下一首《雪》诗，云："入冬虽盼六花舒，又虑无厌蜀望予。"说的正是申年（乾隆二十九年，岁次甲申）秋成倍稔，是一个大丰收年。入冬后乾隆帝望雪甚殷，但却自知求全不能太过，且地气还算含润，冬至亦迟，故不至迫切窨待。就在这样的期盼心情下，终于得降瑞泽，而且尚在立春日之前，欣承之下，又生出一种全美之惧。现在正应了"岁逢申酉乞浆得酒，申年丰酉年必丰"的农谚，真有一种天遂人愿、时来运转之感。

京师民谚"善正月，恶五月"又为乾隆帝平添了几分暗喜。他在一首《乙酉元旦》的诗中写道：

> 岁时月吉庆三元，青陆祥光烛紫垣。
> 必世若称王道始，后仁惟愧鲁论言。
> 朝正敬受万方贺，迓祉颙祈五谷蕃。
> 家宴乾清歌具尔，天潢奕叶衍长源。

《论语·子路》载，孔子说："如有王者，必世而后仁。""世"的古意为三十年时间。在孔子看来，假若有王者兴起，一定需要三十年才能仁政大行。这可以说是喜上加喜，有了瑞雪的滋培，乾隆帝于初八日前日发布谕旨：

清人画弘历朝服像

　　今春朕恭奉皇太后安舆，四巡江浙。东南黎庶望幸情殷，宜布渥恩，用光盛典。前此三经临幸，恩旨叠颁，所有江南省积欠地丁等项，蠲免至二百余万两。维时地方大吏，率多遵循旧例，例所应蠲者，不论灾熟积欠，并予豁除。而于因灾缓带之项，其中有例不准蠲者，转未获一体邀恩，于情理未为允协，因思成熟地亩，当年出产本丰，自不难踊跃输将，年清年款。其陈积未完者，实不免豫觊恩膏，有心观望，若因灾停缓之粮，势由岁歉不齐，致滋逋负，初非玩户抗延之比。今翠华所过，庆典聿修，而此等褛薄穷黎，未蒙溓泽，朕心深为轸念。着加恩将江苏、安徽乾隆二十五年以前，节年因灾未完，蠲剩河驿俸工等款，并二十六、七、八三年，因灾未完地丁河驿等款，以及二十八年以前，节年因灾未完漕项，暨因灾出借籽种口粮、民借备筑堤堰等银一百四十三万余两，又籽种口粮内米麦豆谷十一万三千余石，概予蠲免。至浙江一省额赋，本较江南为少，其积欠亦属无多。着将乾隆二十六、七、八三年因灾未完地丁银两，并二十七年屯饷沙地公租，二十六、七两年未完漕项等银十三万二千五百余两，又二十八年借给籽本谷一万三千七百余石，加恩悉行蠲免，以均惠恺。

该督抚等，其董率所属，实力详查妥协，副朕嘉予元元至意。倘有不肖胥吏，从中舞弊，影射侵渔，察出即与严参，从重治罪。该部遵谕速行。钦此。

乾隆帝曾谕告臣下："诚以民为邦本，治天下之道，莫先于爱民。爱民之道，以减赋蠲租为首务也。"[1]乾隆朝蠲免钱粮次数之多，数目之众，在历朝历代中可以说是空前绝后的。他曾五次"普免天下钱粮"，共蠲免赋银二亿两。这绝非轻而易举就能做到的，不仅显示了乾隆帝轸念黎元的"爱民之心"，也体现了他令海内外"共享升平之福"的宽博胸襟。

说到申年的丰稔，那是全国范围内的大丰收。然而帝国疆域辽阔，即使天恩浩荡，也有不能周全的地方。这一年奏报朝廷的折子就有大学士管陕甘总督杨应琚的《奏报督办甘省被旱州县

---

1 《清高宗实录》卷九。

赈济情形折》、安徽学政梁国治的《奏报地方被水抚赈及雨水粮价情形折》、陕西巡抚明德的《奏报雨水田禾及赶运赈恤甘省粮石情形折》、甘肃布政使恒光的《奏报查察河东各属灾赈粮运地方情形折》及湖广总督吴达善的《奏报湖南益阳县加赈情形折》，等等。各地或偏灾不重，或赈恤及时，多未酿成一方之灾害，唯甘肃的旱灾与湖北的涝灾令乾隆帝安心不下。

在蠲免南巡沿途积欠的同时，乾隆帝毅然宣谕天下，加赈甘省、鄂省灾民。在谕蠲免令的同一天，乾隆帝谕示：

> 去岁甘省夏秋偶被偏灾，各州县业经降旨，令该督等加意抚绥，照例给赈，并蠲免本年额赋，以示优恤。但念该处地土瘠薄，当此青黄不接之时，例赈将停，麦秋未逮，小民口食，恐尚不免拮据，着加恩将灾重之皋兰、金县、渭源、靖远、红水县丞、沙泥州判、盐茶厅、山丹、东乐县丞、平凉、陇西、通渭、会宁、安定等十四州厅县，无论极次贫民，概行展赈两个月。稍重之漳县、固原、张掖、武威、镇番、平番、古浪、永昌、西宁、中卫、静宁、隆德、庄浪、灵州、花马池州同等十五州县，无论极次贫民，概行展赈一个月。该督其董率属员，实心查办，毋令胥吏侵蚀中饱，务俾贫民均沾实惠，以副朕轸念边氓之至意。该部遵谕速行。钦此。

次日，乾隆帝谕旨：

> 上年湖北黄梅等各州县，偶被水灾，已经叠降谕旨，加恩赈恤抚绥。嗣据该督抚等奏报，被水之区，补种收成均

有六、七、八分不等，民情已为宁怗。第念藉赈贫民，向资官廪，入春东作方兴，正在青黄不接，若骤行按例停止，未免糊口维艰，深为轸念。着再加恩，将被灾较重之文泉、监利、黄梅三县及毗连之广济一县，无论极次贫民，俱展赈一个月，并酌借籽种，以资耕作。其沔阳、汉川、汉阳三州县及勘不成灾之江夏、武昌、咸宁、嘉鱼、蒲圻、兴国、大冶、黄陂、黄冈、蕲水、黄安、蕲州、石首等十三州县，收成究属稍歉。亦着该地方官，酌借常社等仓谷石，接济口粮籽种，俾得尽力南亩，以待麦秋。该督抚等董率属员，实心经理，务使小民均沾溓泽，副朕加惠元元至意。该部遵谕速行。钦此。

与三道上谕同时，乾隆帝作御诗三首。《降旨免江浙积欠诗以志事》云：

> 日休日助重时巡，嗟尔司农听绛纶。
> 百姓已皆注耳目，三年又复有逋陈。
> 持筹漫计赢巨万，投匦都教豁窭贫。
> 仍虑十行或遗略，届期应更细咨询。

《降旨加赈甘肃 去岁被灾州县诗以志事》云：

> 新正将南巡，颁谕豁逋赋。
> 江浙人则幸，他亦予民庶。
> 弗被灾或可，被灾深崖虑。
> 甘肃昨夏旱，申命已周助。
> 正供早与豁，恤民何碍屡。
> 加赈宣恩纶，极次计月付。

推行在有司，其善实惠布。

又，《降旨加赈湖北去岁被水四县》云：

万方丰歉一心存，酌剂宁教靳德言。
被水虽云仅四县，望赒亦廑有黎元。
旬宣洛尔颁钱谷，老幼俾其获饱温。
丰省实多报歉少，庆斯即是沐天恩。

写完了最后一首诗，许是乾隆帝该宽衣入睡了……

一 后宫朝祭 弗坠遗风

清晨四时许,例行的坤宁宫朝祭举行。这是萨满教的仪式,祭奉的神祇因某种自然物或人物有惠于部族而偶有增加。被赐食那难以下咽的不放盐的半生的祭肉,在当朝的臣子看来是一种可以炫耀的殊荣。

寅正 四时 朝祭

东方微微露出些许白色，约摸在寅正时刻，伴随着三弦、琵琶的合奏，一曲祭神曲悠然响起。它并没有唤醒京城市井的鼾睡，只是像幽灵一样，萦绕在皇宫殿宇的上空。所幸的是，满族人并未将征服者的神祇强加在汉族百姓的头上，只是清皇室每日在坤宁宫例行朝祭。

祭天于堂子，祭神于坤宁宫，这是清皇室入关后保存的旧俗。堂子为满族神庙的称呼。努尔哈赤时期，曾在兴京赫图阿拉、辽阳东京城建堂子以祭神，天命十年 (1625) 迁都盛京后，又建堂子于盛京城大东边门内。崇德元年 (1636)，皇太极在沈阳改国号为"清"，登上皇帝宝座，并确立了堂子祭为国祭的地位。顺治二年 (1645)，在紫禁城东南长安左门外御河桥东建堂子，即今台基厂大街北口路西一带。

皇太极称帝后，订立了后妃制度，册立了清朝历史上的第一位皇后，移住清宁宫，并将清宁宫作为内廷祭神的场所，订立了一套祭祀规制。设祭神场所于皇后居处的中宫，取义于"帝王应天显命，洪敷化理，必肇自宫壶，乃达家国，以迄于万方"[1]。坤宁宫祭神，正是移植了沈阳清宁宫旧制，于坤宁宫中供奉神位，由皇后每日行礼，或设一女官代之，该女官册立"食三品俸，名曰萨满"。

乾隆帝于十二年 (1747) 颁行了《钦定满洲祭神祭天典礼》，用满文印刷出版，以此来规范满洲族群的祭祀。全书备载祭神、祭天、背灯、献神、报祭、求福等各种祭祀活动的祭期、祭品、

1　中国第一历史档案馆藏宫中诏书第一二九号。

仪注、祝辞及所用器皿形式图等，是满洲萨满祭祀礼俗的集大成者。为使其纯一笃实的民族精神得以延续，乾隆帝亲自为该书作序，于每一卷修成，"必亲加厘正，至精至详"，期望此书成为满洲祭祀活动的准则，"庶满洲享祭遗风，永远遵行弗坠"。

隆重的祭礼

坤宁宫位于交泰殿后，帝宫中轴线南向正中，宫广九楹。左边东暖殿和右边西暖殿，建于康熙三十六年 (1697)，东暖殿中悬挂乾隆帝御笔手书《坤宁宫铭》，其中有云：

昔在盛京，清宁正寝。建极熙鸿，贞符义审。思媚嗣徽，松茂竹苞。神罔时恫，执豕酌匏。

坤宁宫外景

这段文字充分表达了乾隆帝祭神时的虔诚。其中"执豕酌
匏"一句讲的是，祭祀时，将院子中的一根叫作"索莫"(somo)
的杆子立起，称之为立杆祭天。索莫杆子顶端有一个用锡做成的
斗，形如浅碗，祭祀时杀猪一口，男子们脱帽向索莫杆子行礼，
妇女不得参加。人们还将猪肠及肺肚等内脏放在包锡的斗中，用
来喂饲乌鸦。据说，此举是因为乌鸦救过满洲祖先，因此，满洲
人以报恩的方式加以祭祀。这在《满洲实录》中有详细记述，并
配有《神鹊救樊察》图。鸦鹊作为满人的图腾，是绝对禁止捕
杀，绝对忌食的。其宗教意义在于，标志出神灵的来路，并建立
起与它的连接。

坤宁宫左右之东西暖殿又与昭仁、弘德二殿相对。东暖殿
之东为永祥门，稍北为基化门；西暖殿之西为增瑞门，稍北为端
则门，俱为西出。宫东庑为寿膳房，西庑为寿药房，宫后北正中
为坤宁门，门东西两庑，西庑西北隅为太医值房。坤宁宫、永祥
门、基化门、增瑞门、端则门，皆因袭明制，唯坤宁门承明代旧
名，移御花园之南，是一套自成一体的宫苑建筑群。满族人的神
祇将在这里接受宫堂崇祀的荣光。

坤宁宫的主人是皇后，在明代，这里便是皇后的寝兴之所。
清袭明制，皇后居中宫，主内治。顺理成章，皇后也是坤宁宫朝
祭的主祭人。

朝祭设于日出之前，分为月祭、常祭两种。月祭于正月初三
及每月初一寅时举行，常祭则是在上述日子以外的每天同一时辰
举行。乾隆三十年正月初八日这一天举行的是常祭。

日复一日的祭祀庄重而繁缛。坤宁宫朝祭伊始，预先将镶红片金黄缎的神幔用黄棉线绳穿系其上，悬挂在西山墙所钉雕龙头髹金红漆三角架上，再以净纸两张各四折，并用镂钱四挂于神幔两端，舁（共同用手抬）供佛之髹金小亭连座，奉安于南首启亭门，次于神幔上悬菩萨像，又次悬关帝神像，均置于大炕上，东向供奉。在乾隆帝心中，民族精神和民族传统至关重要。这一场面是萨满教中神无处不在、可随处祭拜观念的再现，也充斥着骑马民族于山巅、于草原享祭神灵的遗风。

朝祭所供神位有释迦牟尼佛、观世音菩萨、关圣帝君，是一个混杂的多神崇拜的排列。将神祇置于炕上进行祭祀，概为满族萨满教祭神之特质。而这些置于萨满教万神殿崇高位置的"客神"，又证明了佛教及汉族文化对萨满教的巨大影响。

炕上另设置红漆大低桌两张，桌上各供香碟三只，净水三盏，方切洒糕分为十盘，以九盘供于桌上，一盘供于桌下。北首炕沿前铺黄花红毡，设司祝叩头小低桌。司俎太监等预先在中间屋内锅前地上，设油厚高丽纸两张，进包锡红漆大桌两张，西向，分为两行，各置于油厚高丽纸上。届时司香点香，司俎太监、司俎等进猪两头于坤宁宫门外之右首，皆北向。

一切准备停当，时辰已到，奏三弦、琵琶之司俎太监二人，司俎官、司俎八人，首领太监二人，依次进入。三弦、琵琶在前，其次十人分作两层排开，均向前盘膝而坐。

这时奏起三弦、琵琶，鸣响拍板。其后司俎萨满巫师二人屈一膝跪，拊掌，司香举神刀授给司祝，司祝乃执神刀进司俎等。

《弘历古装行乐图》（局部）

据清代礼仪制度，清宫新年的私人祭祀，一般都由皇后率众妃嫔执行。据考证，画面中柱子旁边头戴凤冠、立于祭坛前的女性应为孝贤纯皇后。

此刻复奏三弦、琵琶，鸣拍板，拊掌。司祝行一叩头礼，兴，司俎等唱着"鄂啰啰，鄂啰啰……"，用满语俚歌助赞。

司祝擎神刀祷祝三次，诵神一次。擎神刀祷祝时，司俎等复歌"鄂啰啰"，诵神歌三次如前仪。这样往返九次而告一段落。司祝跪下一叩头，兴，然后再祷祝三次，以神刀授于司香。这时又奏起三弦、琵琶，鸣响拍板，众人起立，避于两侧。司香移司祝叩头小低桌于北首。

皇后在北行礼。司俎官、司俎等都退至门外，留司祝、司香、司俎妇人、太监等在内。皇后进至朝祭神位前，合掌致敬。她星眸半闭，双唇轻轻地嚅动着。

皇后仪态端庄，头着染貂朝冠，朝冠上缀红缨，中安金累丝三凤冠顶一座，嵌三等大东珠一颗，二等东珠九颗，三等东珠四颗，四等珍珠三颗，另有小珍珠四十八颗；红缨上周饰金凤七只，嵌二等东珠六十三颗，小珍珠一百四十七颗，猫睛石七块。朝冠后饰金翟鸟一只，上嵌小珍珠十六颗，猫睛石一块。翟尾系镶青金石、金桃花垂挂一件，上嵌二等东珠六颗，二等珍珠五颗，三等珍珠六颗，四等珍珠三百零二颗。额戴镶青金石金约（箍饰）一圈，嵌二等珍珠十三颗，后系镶松石、青金石垂挂一件，嵌二等东珠十六颗，二等珍珠五颗，三等珍珠十六颗，四等珍珠三百二十四颗。颈悬镶珊瑚金领约（项圈）一件，嵌二等珍珠十一颗，三等珍珠四颗，二等珍珠四颗；及珊瑚背云（扁圆状的坠饰）两个，松石坠角（珠玉状的坠饰）四个。耳饰金珥三副，镶头等珍珠十二颗。胸前挂朝珠三盘，中东珠一、珊瑚二。其珠光宝气早已是无以复加，光彩炫目，令人仰慕。

皇后身着石青色朝服朝褂，片金缘，绣文，前后绣有立龙各二，华贵无比。下通襞积（衣裙上的褶裥），四层相间，上为正龙各四，下为"万福万寿"，领后垂明黄绦，其饰珊瑚坠角。厚实的绫缎与精巧的纹饰在月光雪色的映照下，雍容华贵，令人叹为观止。作为一个人口较少的群体，满族人要来统治这样一个巨大的帝国，其招数之一就是在维护旧制的同时，用华丽的仪表来迷眩你的眼睛。皇后的朝袍色用明黄，披领及袖俱石青，片金加貂缘，肩上下袭朝褂处亦加缘，绣文为九条立龙，间以五色云。中无襞积，下幅八宝平水，披领绣行龙二，袖端为正龙各一。袖相接处又有行龙各二。领后垂明黄绦，其饰珊瑚坠角。朝袍内另有朝裙，亦为明黄色，片金加海龙缘，上用红织金寿字缎，下为石青行龙妆缎，皆正幅，有襞积。煌煌粲然，无与伦比。

是时，司祝先跪，皇后随之亦跪。司祝祝毕，皇后向神佛行礼，兴，退。司祝叩头，兴，合掌致敬。司香撤去佛、菩萨前供净水二盏，阖供佛于小亭门，撤菩萨像，恭贮于黄漆木筒。随后，司俎太监等恭舁供佛小亭并所供二香碟移奉于坤宁宫西楹大亭，又将香碟供于前，小亭座移置于后。复移神幔稍南位，这时关帝神像居正中，所供净水并香碟皆移正中，奏三弦、琵琶，鸣拍板，诵神歌。神歌的祝辞曰：

> 上天之子，佛及菩萨，大君先师，三军之帅，关圣帝君：戊戌年生小子乌拉纳喇，今敬祝者，丰于首而仔于肩，卫于后而护于前。畀以嘉祥兮，齿其儿而发其黄兮。年其增而岁其长兮，根其固而身其康兮。神兮贶我，神兮佑我，永我年而寿我兮。

佛 多 妈 妈

祷祝辞中自称"戊戌年生小子"的便是皇后本人乌拉纳喇氏。她生于康熙五十七年 (1718)，于雍正年间被册为皇四子弘历的侧福晋。乾隆帝登极不久就被册立为妃。乾隆十三年 (1748) 三月，孝贤皇后去世后，因宫中无人统摄，时为娴贵妃的乌拉纳喇氏于七月被册立为皇贵妃，摄六宫事。乾隆十五年 (1750) 又册立为后，主内治。

坤宁宫"西大炕供朝祭神位，北炕供夕祭神位"[1]。这一天申

1　嘉庆《大清会典事例》卷八九四。

坤宁宫内景

坤宁宫在交泰殿北面，其规模略小于乾清宫，但体制相同。按满族的习俗，仿沈阳宫殿中清宁宫的形制，把坤宁宫原有的明代菱花槅扇改为窗户纸糊在外侧的吊搭窗，把中间的正门移到东次间，改为双扇木板门，西侧室内增添了大炕与煮肉大锅，作为崇奉萨满教的祭祀场所。

坤宁宫祭神像

时的夕祭，皇后将移祭佛立佛多鄂谟锡玛玛，即所谓"树柳枝求福之神"，或为保婴童而祀。此时未满五周岁的皇子有皇十五子和皇十六子，后者因早殇而未命名，前者即后来的嘉庆帝。如果说朝祭释迦牟尼佛、观世音菩萨、关圣帝君还与中原汉族文化相通的话，那么夕祭之居右的穆哩罕神群、居左的蒙古神和居中的画像神，实即满族"祖先影像"。而"树柳枝求福之神"——佛立佛多鄂谟锡玛玛则完完全全是一个满族特有的宗教神。此神的祭祀与坤宁宫朝祭的其他诸神不同，为求福时所专祭。其祝祭诸神中，唯有佛立佛多鄂谟锡玛玛随时可以附祭求福。

佛立佛多鄂谟锡玛玛在民间亦呼"佛多妈妈"。"佛多"(fodo) 是满语，意思是"求福跳神竖立的柳枝"，"妈妈"或"玛玛" (mama) 是满族对老年妇女的尊称，直译为"柳枝祖母"。佛多妈妈是满族渊源流长的始祖母女神。早在人类洪水时期，就有"佛多妈妈与十八子"的神话。

相传古时候，洪水泛滥，世上一切生灵都被淹没了，一切生命都停止了。只剩下一块石头，叫乌克伸；还有一棵柳树，叫佛多妈妈。它们两个分两处喷火，这样洪水渐渐消退了。后来，它们不知为什么打起来了，阿布卡赫赫 (即天母) 看到后劝解说："不要再打了，你们可以结成夫妻。"石头乌克伸和柳树佛多妈妈结合后，生了四男四女。这四男四女又相互结为夫妻，生儿育女。后来四女都同自己的丈夫反目，把丈夫杀死，带着儿女们向北迁徙，来到了现在的黑龙江下游，成为赫哲等民族的祖先。若干年后，石头乌克伸和柳树佛多妈妈又生了四男四女，他们又互为夫妻，生儿育女。接下来四女又与自己的丈夫反目，杀夫后带着儿女们向南来到了现在的黑龙江上游，成为达斡尔、鄂温克等民族的祖先。再后来石头乌克伸和柳树佛多妈妈又生了一男一女，他俩结成夫妻，生儿育女，经过世代繁衍生息，由此孕育了后来的满族。

关于佛多妈妈的神话还有柳叶生人，柳枝变美女与人结合生育了满洲，女真天母阿布卡赫赫的女阴变成柳叶，落到人间，生育了万物与族群，佛多妈妈也是由女阴——形体为柳叶演化的女神，等等。

因此，皇后所祭"佛立佛多鄂谟锡玛玛"只是为省音而称为"佛多妈妈"，她是柳叶之神，同时也是生殖神、祖先神，她具有守护与赐福的神力，是满洲的保护神。

如此求福祭礼的仪式，必须在祭前数日，由行祭祀的司俎官、司俎与司香等，选无事故的满洲九家，攒取棉线并绸片，敬捻线索二条，并缝纫小方戒绸三片。在酿醴酒前一日，司俎官二员带领司俎二人、司俎萨满巫师二人前往瀛台，会同奉宸苑官员监视，砍取高九尺、围径三寸之完整柳树一株，以黄布袱包裹赍至，暂置于洁净处，届期安设树柳枝石于坤宁宫户外廊下正中，柳枝悬挂上镂钱净纸条一张与三色戒绸三片。

神位仍如朝祭仪式，悬挂神幔供毕，大低桌上供香碟三只，醴酒三盏，豆擦糕九碟，煠糕九碟，打糕九盘。炕沿下供醴酒一樽。西炕南首设求福红漆高桌一张，桌上供醴酒九盏，煮鲤鱼两大碗，稗米饭两碗，水端子两碗，其煠糕、豆擦糕、打糕皆于桌上，各以九数层累摆列。高桌后西炕上设褥二床，以练麻一缕

《弘历岁朝行乐图》（局部）

系于神箭之上，以九家中攒取之各色棉线捻就两条线索，暂悬挂于神箭之上，神箭立于西炕下所设酒樽之北。其捻就黄绿色棉线索，绳上以各色绸片夹系之，其首端系于西山墙所钉铁环，末一端则穿出户外，系于柳枝。一切就绪，司香妇人等铺上叩头用的黄花红毡。

　　此时，皇后亲诣行礼，入坤宁宫，立于南首。司俎首领太监、司俎太监等如朝祭仪式，席地列坐，奏三弦、琵琶，并鸣拍板。司祝进，擎神刀，诵神歌，祷祝三次：

　　　　佛立佛多鄂谟锡玛玛之神位，戊戌年生小子乌拉纳喇，今敬祝者，聚九家之彩线，树柳枝以牵绳。举扬神箭，以祈福佑，以致敬诚。悯我戊戌年生小子，悯我戊戌年生小子，绥以多福，承之于首。介以繁祉，服之于膺。千祥荟集，九叙阜盈。亦既孔皆，福禄来成。神兮贶我，神兮佑我。丰于首而仔于肩，卫于后而护于前。畀以嘉祥兮，偕老而成双兮，富厚而丰穰兮，如叶之茂兮，如本之荣兮。食则体腴兮，饮则滋营兮。甘旨其献兮，朱颜其鲜兮。岁其增而根其固兮，年其永而寿其延兮。

太监等随歌不住唱和"鄂啰啰，鄂啰啰"，似在驱赶附体的恶魔。

祷毕，司香举线索、练麻、神箭授于司祝，司香及司香妇人异西首所设求福高桌移出户外，供于柳枝前。司祝左手擎神刀，右手持神箭，随出户外，立于桌前。这时司香妇人在槛内铺上一块黄花红毡，皇后在槛内东首而跪。司祝于桌之右首，对柳枝举扬神箭，以练麻拂拭柳枝，再次诵神歌。祷毕，司祝东向鞠躬，举扬神箭，奉练麻于皇后，皇后三拃而怀之。是时，鸣拍板，司祝再次诵神歌，太监等再次附和唱诵"鄂啰啰"。

于此皇后一叩头，兴，坐于西炕所铺褥上，将桌上供酒淋洒于柳枝上，并将桌上所供糕点夹于柳枝所有枝杈之间。同时，司香及司香妇人将求福高桌置于原处，司祝也进于神位前，举扬神箭，又如前诵神歌一遍。祷毕，再次奉练麻于皇后，皇后三拃而怀之，如前仪。每一拃，太监等仍歌"鄂啰啰"。司祝以神刀授于司香，取神箭上所系之线索两条，其神箭亦授于司香，司香以神箭置于原处。

皇后进于神位前，跪于常祭行礼处。一司祝奉一条线索于皇后系挂。另一司祝于西首跪祝，祝毕，一叩头，起身合掌致敬，皇后也同时一叩头，然后起身，仍回坐于西炕所铺褥上。司祝及司香等将所供福胙盛于碟内请皇后受福，受福毕，这套仪式才告结束。然而，即便是皇后还宫，所余福胙均不得出户，俱分给司俎及宫中太监等食之，不能有分毫剩余。鱼之鳞刺也须由司俎官等持出，投于洁净河中。柳枝上所夹之糕点亦令众人食之，不得稍有余剩。皇后所挂线索，过三日后方可解下，并由皇后本人亲持入坤宁宫，授于司祝，司祝接受后贮于一囊内悬挂起来，皇后一叩头后还宫。

整个仪式庄重肃穆，虽然佛多妈妈在神格上似逊于朝祭其他三神位——释迦佛、菩萨与关公武圣，但在其亲疏上，祭柳枝求福之神却是"一切礼仪，俱行之已久，灿然美备，无可置议"[1]。因此，对于满洲人来讲，那释迦牟尼佛乃是至上神，是非敬不可的；那观世音菩萨也是大慈大悲，没有不礼的道理；那关圣帝君则是忠义的化身，又是要做给汉人们看的。以上三神是尊而不亲，唯有"佛立佛多鄂谟锡玛玛"才是满洲人的祖先神、保护神，在诸神中，她卑而不疏，植根于满洲人祖祖辈辈精神家园的中心。

受 胙 神 肉

正当坤宁宫中等人唱着神歌"鄂啰啰"的时候，主厨太监早已将两口活猪准备就绪。这两口猪便是朝祭所用的"神猪"。老

1　《钦定满洲祭神祭天典礼》卷一"祭神祭天议"条。

满洲的习惯，这神猪原必须是家养的，也必须是纯黑色的。选定后在猪的耳朵上作一记号，便可称为神猪。神猪要特殊喂养，待膘肥肉厚时方能宰杀。后来，没有家养神猪的话也可以购买他人养的猪，但必须遵循的戒律是，其重量至少要在二百斤左右。皇家的神猪就自不必说了。

司祭的人们把神猪的嘴和蹄用麻绳捆绑起来。因释迦如来、观音是不茹荤、不视杀生的，故司香敬请如来、观音安奉于西暖阁内大佛亭，置于神幔后西大炕正中绘花红漆抽屉桌。待到把关帝神像移至正中，所供净水并香碟祭神之物摆放妥当之后，奏起三弦、琵琶，鸣响拍板，人们回坐原处。这时司香妇人敛毡三折铺于近炕沿处，司香举台盏授以司祝，司俎太监等便将大大的神猪舁置炕沿下，猪首西向摆放好，司俎萨满巫师上前屈一膝跪下将猪按住，司俎官及司俎首领太监、内监等又一次奏起三弦、琵琶，鸣起拍板，拊掌。在这当儿，司祝跪于炕沿下那三折红毡之上，斜向西南举台盏，献净水一次，司俎等照例唱着神歌"鄂啰啰"。献毕，司祝致祷，以二盏净水合注于一盏之中，司俎萨满巫师执住猪耳，司祝接过那盏净水，将水灌入猪耳内。

按《重订满洲祭神祭天典礼》，"太古无酒，用水行礼"，即"用净水灌猪耳，古名曰元酒"。满洲人的信仰，当水灌入猪耳内后，要观察猪的耳朵动不动。如果猪耳马上抖动，则是吉兆，意味着神灵已经接受了这一神猪，人们当下欢呼行礼；如果猪耳不动，就继续灌水，直至抖动为止，如果还不动，就要更换神猪了。

一切进行顺利，司祝停止灌水，唱起神歌。神歌的主祭人仍然是皇后，祝辞很短，唱道："上天之子，三军之帅，关圣帝君：戊戌年生小子乌拉纳喇，戊戌年生小子乌拉纳喇，敬献粢盛，嘉悦以享兮。"祭奉的神祇是关圣帝君。唱罢，司祝以台盏授予司香，并向神猪叩头，瞬间三弦、琵琶、拍板戛然而止。司俎萨满巫师执猪尾移转猪首向东，司俎太监等进前舁猪暂顺于包锡大桌之上。

此时，司香举台盏授于司祝，司祝接受台盏。众人舁第二口猪入门，然后献净水灌猪耳如前仪，获得猪耳抖动的吉兆后，也将其置于包锡大桌上，令二猪皆首西向横卧。

每张包锡大桌前，各有两名司俎妇人举一银里木槽盆预备接血。司香妇人撤出毡垫，进上红漆长高桌，置于西炕前，以接血木槽盆列于高桌上，撤去所供糕点。司俎太监左手行刀，将尖刀刺入神猪的心脏。待到其气绝后，司俎等人转猪首顺桌向南直放，一只去其皮，按节解开，分成九块，煮于大锅内。不过其头上留一小撮毛，用红绒头绳扎着。另一只头、蹄及尾俱不去皮，唯燎毛弄净，亦煮于大锅内。据说煮猪的汤，是进关后从东北盛京清宁宫的锅里舀出来的，用专车运到北京，以此来弘扬祖宗一脉相承，启发后人慎终追远之志。

坤宁宫的正殿就像是一间极大的厨房，灶王爷的神位也设在这里。这里有井臼，有柴米油盐酱醋茶，还带有宰割场，安有两口大锅。锅是特别的大，说是能够煮一整头肥猪。

司俎们将脏腑置于锡里木槽盆内抬出，置于另外的房内，整理洁净后抬进，置于盛血的木槽盆边。一司俎萨满巫师进前屈

一膝跪于高桌前，灌血于肠，并将其煮于锅内。司俎太监等置皮于木槽盆内，撤去包锡的两张大桌及油厚高丽纸，一下子宰割时落下的血污全无，一切动作井然有序，绝无慌乱。唯有猪胆与猪蹄甲贮于一红漆小木碟内，置于炕上所设之大低桌北首边上。

等肉熟至七八成时，司俎太监细切胙肉一碗，摆设一双筷子，供于大低桌正中。以二猪之肉分置两银里木槽盆内，前后腿分设四角，胸膛向前，尾桩向后，肋列两旁，合凑毕，置猪首于上，复以膁肷连油整置于鼻柱上，供于神位前长高桌。

祭牲摆放的同时，司香点燃香柱，司香妇人铺好黄花红毡，设司祝叩头小低桌一张。这时，一司香举净水碗，一司香举空碗，二人齐进拱立。司祝进跪，又一司香举台盏授予司祝，司祝进跪献净水凡三次，其间所有奏三弦、琵琶的司俎太监，鸣拍板的司俎官、首领太监、司俎以及拊掌的司俎萨满巫师等均进前列坐，司祝每一献，即将献之净水注于空碗内，复自盛净水碗内挹新净水注于二盏内，以献神祇。每一献，司俎等齐歌"鄂啰啰"。三献毕，司祝以台盏授于司香，一叩头，兴，合掌致敬。三弦、琵琶、拍板戛然而止，众人俱起立，退下。司祝跪祝之。皇后亲诣行礼如前仪。神肉前叩头毕，撤下祭肉。

按清皇室的规定，凡坤宁宫朝祭，礼成后撤下的祭肉，不得出户，盛于盘内，于长桌前按次陈列，或皇帝率皇后受胙，或率王大臣等食肉之处，请旨遵行。皇后会在东暖阁率贵妃以下受胙分尝，同时还要向慈宁宫的太后、太妃们恭进。如遇皇帝、皇后不受胙之日，则令值班大臣、侍卫等进内食之，谓之钦点坤宁宫吃肉。

这神肉对于他们来说，绝非什么美餐。所谓神肉立念腽诚，却不放盐，味道当然不会太好吃，仅在使人缅怀满族先人外出狩猎野餐的情景。皇帝钦点坤宁宫吃肉，大臣没有拒绝的道理。然而，祭肉不好吃是现实，不仅汉大臣难以下咽，就是在京的满大臣，在经历了中原文化百余年的熏陶后，也颇有些难以接受。因此，有的太监与大臣关系熟的，便悄悄塞给他一包盐，撒在肉上，遮一遮腻味。宫中的太监们更是乘机搞小动作，开始是私藏好肉，把一些不怎样的肉拿出来给大臣们吃，弄得人们越发不要吃了，最后竟还发生过太监将神猪肉偷出去卖掉的事。乾隆帝发觉后很是气恼，曾命令吃肉时派御前侍卫到现场监督，发现作弊者立即治罪。

乾隆八年 (1743)，乾隆帝首次到盛京谒陵，并在清宁宫举行祭礼活动，当时就曾将不遵守祭祀习俗的王公大臣们训斥了一通。其谕如下：

> 尔等得与朕在清宁宫内祭祀，皆祖宗所赐之福，亦系满洲之旧例也。今观满洲旧例，渐至废弛。且如怡亲王弘晓不佩小刀，是何道理？朕敬阅《实录》内载皇祖太宗谕曰："今宗室之子弟，食肉不能自割，行走不佩箭袋，有失满洲旧俗，后之子孙，何所底止！"是太宗当时是教训诸子，早念

及后之子孙，遗弃旧俗矣。况怡贤亲王，昔时恪守制度，尔等之所共知。弘晓纵不顾祖先成宪，独不念及乃父乎？ [1]

这一维系民族感情、增强民族意识的政治需要，乾隆帝在《钦定满洲祭神祭天典礼》卷首表达得十分明确："皇上训示，谨遵缮成全部，永远奉请自王以下宗室、觉罗 [2] 以及奉祭觉罗神之满洲人等……庶为臣仆者，仰沐皇仁，满洲旧俗不致淹没，而永远奉行矣。"

食祭肉毕，司俎太监等撤出皮骨、皮油，送交膳房，其骨、胆、蹄甲由司俎官送至洁净处火化后，投之于河。随将神幔收卷，其所挂纸钱，待存俟月终便贮高丽纸囊内，除夕送赴堂子，与堂子内所挂净纸及神杆一同火化。

至此，一场几分神秘、几分粗犷的坤宁宫朝祭仪典宣告结束，而一日两祭——朝祭和夕祭的仪典将周而复始，一天天地沿续下去。

这一天，乾隆帝未亲诣朝祭 [3]，他在用心灵与祖先的灵魂对话。整个仪典几乎用去了一个时辰，太阳已经照亮了全部紫禁城的屋宇，与白雪相间的瓦垄闪烁着刺眼的光芒。

这时，乾隆帝的视线由仰视苍穹，转而正视那被阳光映白的地平线，这是用理念、用儒家的理性精神来统治着的庞大帝国。在苍穹与地平线之间，对于大清皇帝来讲，这仅仅是仰视与平视

1　《清高宗实录》卷二〇二。

2　满语，原意不明，可能是一处满族的居住地，因以为姓。依清制，凡显祖塔克世本支之子孙为宗室，腰束黄带子；旁支为觉罗，腰束红带子。

3　据光绪《大清会典事例》卷一一八二，"请坤宁宫朝祭、夕祭神"，"皇帝不亲诣行礼"。

的区别，而实现这一转变，却在清兵占领了盛京以后，进行了短短几十年的政治试验之后就顺利地完成了。这不能不说是中国历史上的奇迹。

然而在仰视与平视之间，却有一条巨大的鸿沟，这中间充斥着代表理性的深厚的儒家文化。对于这种文化深层的现象，似乎不可能像军事进攻那样迅速予以瓦解。入关后的满洲皇帝敏锐地捕捉到沟通彼此的方法，既没有终止吃不带盐的肉以祭神的故俗，又很快与留着大清发辫的汉族士大夫一同尽享吟诗作画的雅兴了。

乾隆三十年正月初八日的太阳完全升起来了。

二 大内起居　皇家用度

四时许，乾隆帝于养心殿起床。赴中南海同豫轩进早膳。

在这里引出了皇帝的回部爱妾香妃的故事。内务府是皇帝的大管家，皇帝的吃喝拉撒睡都由它来管理。这时，首要之务是乾隆帝将在数日后第四次巡幸江南。

寅正至卯正　四时至六时　更衣　早膳

在那个年代，天家皇室与民间黎庶，包括达官显贵，有着绝对的本质区别，相距之遥差着几重天，不可度量。皇位不仅宣示着至高无上的国家权力，而且其所彰显的等级浸透在一个庞大、丰富的文化体系之中。宫廷禁苑，似海似渊，深得够不着边。"天不变，道亦不变"，这是千百年来一条实实在在的道理。

乾清宫自明代至清初，一直是皇帝的寝宫。作为"天子之常居"，它对应的是天文上紫微垣中的天皇大帝星。乾清宫至乾清门之间的甬道代表着天空紫微垣前方的"阁道"，雄伟阔大，巍巍乎穷极宏丽。

养心殿位于乾清门之西，遵义门之内，并不在紫禁城的中轴线上，在这座雄伟的建筑群中算不上显赫。自雍正帝始，已将养心殿缮葺一新，成了皇帝寝息常临之所，不再去那乾清宫。

雍正帝何以移皇帝寝兴之所出乾清宫而至养心殿，实难琢磨。而自此以后，清帝何以皆未迁出养心殿，更是一个谜。

有人说，这是出于皇帝安全的考虑，似有些道理，但也不尽然。明朝以乾清宫为帝后所居，妃嫔亦得以次进御。那乾清宫后暖阁为明嘉靖帝的寝宫，设屋凡九间，有上有下，上下共置床二十七张，天子随时随处居寝，制度殊异，简直像是在迷宫里捉迷藏。这大概是为了安全吧，却还是有"壬寅宫变"的爆发。嘉靖二十一年 (1542) 十月，在妃嫔曹氏、王氏的策动下，十多名宫女合谋，欲绞杀皇帝于乾清宫。此后，还发生了"红丸案""移宫案"等，乾清宫成了多事之宫。

清代的皇帝入主紫禁城后，实际上，只有康熙帝长住乾清

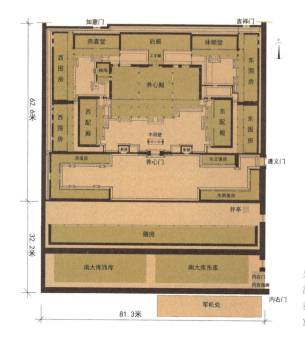

养心殿平面图

采自故宫博物院古建部编《故宫博物院藏养心殿历史影像》，故宫出版社，2023年

宫，顺治帝经常在养心殿居住，最后死于养心殿。继雍正帝后，乾隆帝缵膺大宝，设寝宫于养心殿，相仍无改六十余年。

养心殿的殿座呈工字式，前后殿共十二楹，中为穿堂，东西配殿十楹，后殿左右围房二十余楹。前殿七楹，中三楹为当阳正座，后殿五楹，前朝后寝，穿堂相连，便于皇帝往来。

后殿明间设有坐榻，东次间设宝座、紫檀长条案，西次间有紫檀大龙柜、坐榻。东、西稍间即龙床之所在。一个寝宫两张龙床，比起明嘉靖帝的一个寝宫二十七张床已算少的。

寝宫内陈设非常豪华，亦非常雅致。两间卧室中，以东室更为精美，龙床通体镶嵌玻璃水银镜，床上铺着大红毡、明黄毯，这些都是只有皇帝才能享用的特殊物件。据乾隆三十年十一月二十六日（1766年1月6日）的宫中档案记载："用红花氆氇（藏族地区出产的一种羊毛织品，可以做床毯等）十一丈二尺，计氆氇二个，除用下剩七尺，做养心殿后殿大褥单二个。"如此算来，每个褥毡用氆氇五丈二尺又五分，实在是张硕大的龙床。

"请　驾"

约摸到了寅时正刻，乾隆帝御寝的后殿东稍间里有了动静，这是皇上要起床的信号。当班的太监也有所警觉，一般情况，这阵子乾隆帝也该起驾了。早睡早起，吸天地阴阳之正气，这是清宫里祖宗定下的家法。这时太监与宫女们不吭不响地聚集到后殿。

皇上屋里的灯一亮，在房内的两个值夜太监，迅速到寝室的门口候着，两个在宫门口值夜的太监便向另外两个做粗活的太监打招呼。寅正时宫门已经下锁了，做粗活的太监从养心殿外打来一桶热水，在门外预备着。由于这些亲侍与皇上天天打头碰面，因此只需请跪安不磕头，只听到东室里传出一声"恭请皇上圣安"，候在外面的人便知道这当儿皇上开始下地了。在后殿门口值夜的两个太监才敢开始放其他的太监、宫女迈进寝宫的门槛，寝宫半掩的大门也就打开了，宫门的戒严算是解除了。

这时，值夜的太监连同在初八日白天当班的太监、宫女齐刷刷地向寝宫里行跪安礼，冲着寝宫里皇上的人影喊一声"恭请皇上圣安"。礼毕，该干什么就忙乎什么去了。等皇上寝宫挑起半个门帘时，就暗示寝室里可以进人了。

先进去的宫女是司衾的，给皇上叠好被子，跟着用银制的净盆端好一盆热水，净盆下有黄龙缎面的软垫，伺候着皇上净脸。皇上净脸后，净盆由太监传出寝宫将剩水倒掉，并将净盆洗净。这些年皇上已不多去西头的"净房"洗漱了。

等到皇上用煳热的毛巾擦完脸，仰着脸养神儿，专门负责梳头的太监头顶着黄云龙缎面套的包袱迈入了寝宫的门槛。这包袱里裹的是梳头剃须的家伙，只见他双腿向正座请了跪安，把包袱从头顶上捧下，然后向上一举，由宫女接过来，接着呼喊一声清脆的："恭请皇上圣安，奴才给您请万安啦！"侍寝的在卧室里回应一声："进来吧，XXX！"这是替皇上传的话。

梳头太监进屋后向皇上磕头，然后打开黄云龙套包袱，拿出梳子、篦子、剃刀等工具。皇上要天天梳头、编辫、剃须，十天还要剃一次头。有言道"伴君如伴虎"，这才是真正地老虎嘴上拔毛呢。

在皇上梳头的同时，司帐、司衾的两个宫女已整理好床上的一切，退出寝宫，只有伺候梳头的太监捧着匣子在旁边侍立着。

寝室外面的一间为皇上更衣、沐浴所用，管服饰的太监此时已准备好当天的服装鞋袜。乾隆三十年正月初八日的《穿戴档》记载：上（指乾隆帝）戴小毛熏貂缎面冠，穿黄绛丝面貂皮边青白臁皮朝袍，白布绒袜，月白春绸厚丝棉套裤，青缎羊皮里皂靴。腰系祖母绿空钮带，正珠数珠。

管服饰的太监伺候着皇上穿戴停当，侍寝的宫女把寝室的窗帘打开，在廊子下盯着窗帘的总管太监，像得到一声号令一样，

养心殿东暖阁内景

养心殿内卧房

率领着几个随从太监，在廊子的滴水底下，一齐跪在台阶上，高呼一声："恭请皇上圣安！"几乎是同一时刻，皇上由寝宫走出，这在宫里叫作"碰头彩"，图个君臣吉祥。

卯正一刻，内请乾隆帝起驾，乘四人暖轿至同豫轩进早膳。

御膳与御穿戴

养心殿南为养心门，门南为御膳房，再南为南库。御膳房之匾额"膳房"，为圣祖康熙帝的御笔。明朝时，养心殿之南为祥宁宫，宫前向北者曰无梁殿，是嘉靖帝炼丹之所，清皇室的御膳房就设在这遗址上。

按清宫的法度，皇帝有御膳房，皇后有内外膳房，寿康宫皇太后有外膳房，皇子、皇孙娶福晋后则有饭房。膳房管理，总管大臣无定额，特旨简派。雍正元年 (1723) 奉旨，总领授为二等侍卫，饭房人授三等侍卫、蓝翎侍卫。第二年奏准又添设主事一员，汉军笔帖式二员，此外还有尚膳正、尚膳副等职名，正副俱系侍卫。乾隆十五年 (1750) 奉旨：内右门内太监等预备膳之膳房，着改为内膳房，其饭房着改为外膳房。乾隆二十年 (1755) 奏明，每届十年，钦派王大臣等将内膳房、外膳房所用金银器皿共同查验数目，将不堪应用者，奏明交广储司银库，并依原式打造。以上俱可详见于《钦定总管内务府现行则例·御茶膳房》。

《大清会典》规定，皇上所食稻米取诸玉泉山下，受玉泉山水灌溉之稻田。御膳日常用水必取之于玉泉山的泉水。每天都有马或驴子拉的水车，水车上蒙盖着象征皇家的明黄缎，往返于紫禁城与玉泉山，取玉泉山之泉水以供御用。御膳房不用牛肉，唯用牛乳，由庆丰司专供。其余山珍海味及诸干鲜菜蔬，皆由专处所贡。

据《养吉斋丛录》，膳房恭备御膳，其物品及某物，为何人烹调，须逐日开单具稿，呈内务府画行。进膳之物按时备供，不设饮。皇上一日只用膳两次，卯正二刻早膳，未正二刻晚膳，申酉以后如需饮食，则内宫别有承应之处，所用饮食随意命进，无定制供给。

御膳房在宫里是个大机关。房内有百余个炉灶，都排成号，规矩非常严格。一个炉灶配有三个人，一是掌勺的，二是配菜的，三是打杂的。由此估算，御膳房内的作业人员也要有三四百号（御膳房设官员及厨役等三百七十多人）。打杂的对各种菜、各种原料，必须先进行择、选、挑、洗、刷，各项程序必须做得异常精细，工作完备以后，经内务府派来的笔帖式逐件检查，合格后才交给配菜。配菜的则经过割、切、剁、片，把各种菜、各种调料准备好，又经过另外一个笔帖式检查，按照膳谱的配方，检查一遍，然后准备传膳。"传膳"的指令一经下达，由掌勺的按照上菜的次序，听总管的指挥安排，做成一道道的菜，并按顺序呈递上去。这段时间里内务府的人，御膳房的总管、主事，眼睛盯着每一个菜盛进碗里或碟里。碗和碟都是银制的，如果菜里有毒，银就会呈现黑色。

菜做好后交给太监，用黄云缎包好，按次递上。黄云缎包袱不到餐桌前绝对不许打开，宫廷里对膳食管理非常严格，生怕

乾隆款匏制银里盖碗

故宫博物院藏

有人暗害，平常任何无关人员都不许进出御膳房。几乎哪一道菜是哪一个人洗的，哪一个人配的，哪一个人炒的、做的，都清清楚楚，将来如果怪罪下来，或是受奖赏，都可赏罚分明，有个着落。

据《啸亭杂录》记载，乾隆帝自奉俭约，深惜物力。初即位，不许街市用金银饰，禁江浙组绣，代以刻丝（缂丝）。御膳房日用五十金，皇上屡加核减，至岁末年用仅二万余金，近侍因资金匮乏而叫苦不迭，而皇上却不予理睬。

而《春冰室野乘》所记载的情况就大相径庭了。故事是，乾隆帝一次召见臣下汪由敦，问："卿昧爽（拂晓之时）趋朝，在家亦曾用点心否？"汪对曰："臣家计贫，每晨餐不过鸡子四枚而已。"皇上愕然曰："鸡子一枚需十金，四枚则四十金矣，朕尚不敢如此纵欲，卿乃自言贫乎？"汪不敢质言，则诡词以对曰："外间所售鸡子，皆残破不中上供者，臣故能以贱值得之，每枚不过数文而已。"皇上乃颔首不再追问。

如照前《啸亭杂录》所载，御膳房岁用仅二万金。而如依《春冰室野乘》所记，御膳房每枚鸡子需十金，那么御膳房一年之中仅能做两千枚鸡子的御膳，这岂不是天大的笑话。因此，

《啸亭杂录》之作者定为御用，故而一副装腔作势的颂圣口吻；而《春冰室野乘》的笔者也过于野逸，分明是在调侃乾隆帝与他的臣子汪由敦，虽然情趣盎然，却言之无信。

宫里的祖宗传下来的家法很有些不寻常，康熙帝爱吃什么？雍正帝爱吃什么？乾隆帝又爱吃什么？恐怕无人知晓。不但外人不知道，连伺候他们的厨子也不知道。说皇帝、皇后、皇太后爱吃些什么，这是宫中的大忌讳，宫里的什么事，皇帝的一举一动都要上档，而唯有宫闱之事与皇帝爱吃什么，绝不写，也写不成，这是不许让人知道的事。

因此，皇帝、皇后、皇太后绝不会像下馆子那样，点上几样菜让厨役去做。皇上吃饭每次要几十种，甚至上百种菜，把这些菜都摆上来，任皇上随意挑选，今儿爱吃这一口，明儿兴许爱吃那一口。这又是宫廷里的规矩了，就是吃菜不许过三匙。据说其家法特别严格，这样其他的人就更难猜透皇上准定吃某道菜了，这叫作天意难测。今天，人们通过审阅上百年的《御茶膳房档案》，从中才能看出一些蛛丝马迹。

乾隆朝以前的帝王饮食，一般以偏温热的鹿、熊、狍、鸡、牛、羊为主；而乾隆帝则以滋阴的燕窝、鸭子等食品为主，几乎是餐餐都要有燕窝做的菜或汤。其主副食之丰盛，与《黄帝内经》所倡"五谷为养、五果为助、五畜为益、五菜为充"，以及精粗相宜、荤素搭配的中原饮食养生之道相合。

同时，在乾隆时期的御膳中，仍然保留着满族膳食的习惯，特别是他们入关前所食用的一些食品一直保留着，如鹿尾、鹿筋等，但用量较前是大为减少。后来形成的所谓满汉全席即是以乾隆御膳为蓝本的。

《周礼·天官·冢宰第一》云："膳夫掌王之食、饮、膳、羞，以养王及后、世子。凡王之馈，食用六谷，膳用六牲，饮用六清，羞用百有二十品，珍用八物，酱用百有二十瓮。王日一举，鼎十有二，物皆有俎。以乐侑食，膳夫授祭，品尝食，王乃食。卒食，以乐彻于造。王齐，日三举……"自古以来，君王的膳馐就是一个朝廷礼仪的过程，而到清朝，这个过程开始有所减省。

乾隆三十年正月初八日的《御茶膳房档案》载：

> 寅正一刻请驾，卯正一刻同豫轩进早膳……

乾隆帝的四人暖轿前头少不了打灯笼的太监，后面随着手持各式家伙的随从，先是金香盒二、金提炉二、金水瓶二、金盂一、金盥盆一，合称金八件。还有持拂尘的，抬金杌、金交椅的，卤簿之定物一样不少。暖轿后是一队侍卫，皆持豹尾枪、仪刀、弓矢、黄龙大纛。一行人呼啦啦地出养心殿的养心门，向东再出遵义门，然后奔南，出隆宗门，再出西华门，这才算是出了紫禁城。再向西去，便是所谓"三海"中的中南海，时称西苑。

西苑周不过十里，然以胜朝遗迹，加之国家百余年延美承平，时复葺缀，"一亭一榭，各标胜概"。西苑的东门榜曰西苑门，入门为太液池，池内可以泛舟。乾隆帝暖轿一行人循池岸而南过日知阁，阁后左门东南为春及轩，轩左为交芦馆，又左为芸斋。芸斋稍南为宾竹室，室南为蕉雨轩，轩南曰云绘楼，楼西有室，曰韵磬。又西南为清音阁，过清音阁沿堤而南便是同豫轩。

西苑一隅

其邻为宝月楼，与北向的瀛台隔池相望。

今天，乾隆帝就要在这同豫轩进早膳。

同豫轩与宝月楼都建于乾隆年间，皆具有园林自然清新的雅趣。这从同豫轩的对联中便可窥得一二。其东室联曰：鱼跃鸢飞参物理，耕田凿井乐民和。内室额曰大圆镜，曰小方壶。联曰：夏屋畅清，吟风篁半岭；春城通晓，望烟树万家。西室联曰：丽日和风春澹荡，花香鸟语物昭苏。

置身于此，尽览天然野趣，而得幽隐之便。

二十年 (1755)，乾隆帝御制《同豫轩得句》，云：

> 因迥为高得轩榭，蜃窗俯处见闾阎。
> 对时育物恒关切，士习民风藉验觇。
> 春色满皇州入咏，后乐以天下同忱。
> 心殷保泰戒鸣豫，周易分明注福谦。

二十八年 (1763)，乾隆帝又御制《同豫轩》诗，云：

> 埼岸周遭镜影皑，中央金碧焕瀛台。
> 东南缀景兹堪憩，西北遵王方递来。
> 窗俯六街验蕃庶，民犹三代慎栽培。
> 日同固可然艰矣，言倡斯非益戒哉！

此时回部极西爱乌罕部之爱哈莫特沙汗及哈萨克西部乌尔根齐部之哈雅布汗、启齐玉苏部之努喇丽汗、巴图尔汗依次奉表贡马。

乾隆三十年 (1765) 新正后没几天，即初八日之前的一天，乾隆帝再作《同豫轩》诗，云：

> 新旧萃藩封，三接不可缺。
>
> 赍与宴并行，所以联情悦。
>
> 涓休月之六，嘉飨答韶节。
>
> 同豫此临憩，紫光待整设。
>
> 轩墀既静佳，瓯研亦清洁。
>
> 羲经在棐几，玩象观辞说。
>
> 雷出地奋轧，抚辰敬斯切。

据"因迥为高得轩榭"与"轩墀既静佳"两句可知，此轩建筑在一座高台之上，从这里可以"窗俯六街验蕃庶"。这些诗句为今晨乾隆帝的早膳涂上了一层神秘的色彩，而令这层色彩更为浓郁的倒是与同豫轩相邻的宝月楼。

《钦定日下旧闻考》卷二三载：

> 宝月楼，乾隆戊寅年建，与同豫轩、茂对斋东西相望，北对迎薰亭，南临皇城。楼上恭悬皇上御书，额曰仰观俯察。联曰：佳兴四时同，图呈范里；清光千里共，鉴彻池心。楼下东室北间，额曰错绣，曰卷绡。联曰：云容水态从头会，秋月春风取次拈。又曰：玉宇近高寒，栏凭十二；庆霄增朗彻，界俯三千。又曰：烟云舒卷揽胜赏，松石古澹怡远情。南室额曰芳援，曰玉萃。联曰：云敛琳霄目因迥，水澄兰沼意俱深。又曰：写影水中央，万川同印；澄辉天尺五，一镜常悬。又曰：风物似登瀛，景呈瑶岛；云山疑卷画，影漾金波。宝月楼西为茂对斋，联曰：舒卷天真任岚霭，飞

沉自得乐禽鱼。茂对斋右为涵春室，室内额四，曰花港，曰
渌净，曰鱼乐，曰晚春，皆御书。斋西为延赏亭。

前文已引过这首御制诗——《题涵春室》，其中有："宫城近
六街，市语何喧阗。昨岁幸遇丰，物价平于前。婚嫁率乘时，景
象熙京廛。"也许这些诗文太容易作为市井传说的材料，一个风
流的传奇故事很快有声有色地从宫中传了出去，并在民间广泛
流传。

这个隐匿在神秘色彩里面的人物就是出身维吾尔族的香妃，
她在宫中的称谓是容妃。由于乾隆帝御制诗与前代帝王陈后主、
隋炀帝、李后主、宋徽宗迥异，诗中绝不带酒色之辞，更无卿卿
我我之语，因此诗中也就看不到香妃的倩影。然而，乾隆帝不写
香妃，并不意味着身边没有这么一位西域美人。传说，宝月楼就
是乾隆帝特别为香妃所建。香妃入宫后思念故乡和亲人，乾隆帝
将她的一部分族人迁居北京，于西长安街路南建回子营、清真
寺。这样香妃便可以登宝月楼眺望族人的居处房舍，以慰乡思。
因此宝月楼俗称拜望楼。

1914年，在紫禁城西南部设古物陈列所，其中展示了一幅
《香妃戎装像》，说明文字中有如下描述：

> 香妃者，回部王妃也。美姿色，生而体有异香，不假熏
> 沐，国人号之曰香妃，或有称其美于中土者。清高宗闻之，
> 西师之役，嘱将军兆惠一穷其异。回疆既平，兆惠果生得香
> 妃，致之京师。帝命于西内建宝月楼居之。楼外建回营，毳
> 幕韦鞲，具如西域式。又武英殿之西浴德堂，仿土耳其式建

《戎装仕女像》

这幅俞涤凡临摹的油画原藏于热河避暑山庄，1915年迁运至京入藏古物陈列所，并曾在故宫浴德堂陈设。时任内务总长朱启钤见此画像，猜测像主大概是乾隆帝的回部妃子"香妃"，展示牌即以此画为"香妃戎装像"。不过，有多位学者曾指出此像并非香妃。原作藏于台北故宫博物院。

筑，相传亦为香妃沐浴之所。盖帝欲借种种以取悦其意，而稍杀其思乡之念也。讵妃虽被殊眷，终不释然，常出白刃袖中示人曰："国破家亡，死志久决，然决不肯效儿女子汶汶徒死，必得一当以报故主。"闻者大惊，但帝虽知其不可屈而卒不忍舍也，如是者数年。皇太后微有所闻，屡戒帝弗往，不听。会帝宿斋宫，急召妃入，赐缢死。[1]

关于香妃的身世，现代史学家已有详细的考证。所谓"香妃"，即由容妃附会而来。她的曾祖是回疆白山派著名领袖阿帕克和卓之弟喀喇玛特，喀喇玛特之子墨敏生子六人，其第三子阿里和卓即是容妃的生父。阿里和卓死，容妃随其五叔额色尹、六叔帕尔萨与胞兄图尔都长大。故容妃与回疆叛乱之小和卓霍集占是远房堂兄妹。额色尹一家曾反对霍集占等叛乱，清军平回疆后迁居北京。现存清宫档案中一份《容妃遗物折》，记载容妃死后其所遗衣物分送各处，名单中即有"丹禅"（娘家人）公额思音（即额色尹公爵）、帕尔萨、图尔都之妻（即容妃之嫂）及

1　孟森《香妃考实》一文附录一《香妃戎装像并原附事略》。

容妃之姊妹。这份档案中所载容妃的娘家人甚明。

容妃约在乾隆二十五年 (1760) 初入宫，时为二十六岁。二月初四日新封和贵人，并赏赐珍珠、首饰、金银、缎裘等物。乾隆二十七年 (1762) 晋封容嫔，乾隆三十三年 (1768) 晋封容妃。容妃病逝于乾隆五十三年 (1788) 四月十九日，享年五十四岁。她在内宫住了二十八年，颇得皇帝宠爱。容妃死后，葬于清东陵纯惠皇贵妃园寝。她的神位在明楼东部第二排第一号，墓已被盗掘，且常年失修，墓穴塌陷。1979年至1982年，考古部门将地宫清理修整，清理出头骨、部分残骸、六颗牙齿和一条花白的发辫。经医学鉴定，其体型与维吾尔族属相符，棺木上有尚能辨认的用维吾尔文书写的古兰经文。这座墓穴的主人，应是乾隆的维吾尔族妃子容妃无疑。

同时，平定回疆后，迁来北京之维吾尔族确实不少。霍集斯、额色尹、图尔都等封为王爵、公爵、台吉，例归理藩院管辖，而大批留京的乐工、匠艺人等则编成一佐领，任命白和卓为佐领，归内务府管辖。为了安置他们，在西长安街路南建房一百四十七楹，以资居住。并在其西建一清真寺，为维吾尔族奉教礼拜之地，乾隆帝还为清真寺亲作碑记。[1]因之，西苑南墙之外成为香妃瞻望以寄托乡思之所也是事出有因。

然而，在乾隆御制诗中，西望的不是香妃，而是乾隆帝本人。乾隆帝在同豫轩吟哦"窗俯六街验蕃庶"，这是二十八年 (1763) 的事。在此之后，三十四年 (1769) 又御制《宝月楼》诗，云：

1　参阅戴逸《乾隆帝及其时代》第九章《关于香妃的传说》一节。

冬冰俯北沼，春阁出南城。

宝月昔时记，韶年今日迎。

屏文新莆禄，镜影大光明。

鳞次居回部，安西系远情。

乾隆帝的诗句并不难懂，他还注释："墙外西长安街内属回人，衡宇相望，人称回子营，新建礼拜寺正与楼对。"其实，不用在乎此楼为谁而造，因为楼上的帝妃与楼下的回子营所具有的同族关系似已明明白白，且乾隆帝常临于此，并且以此景为题的诗颇多，也是不争的事实。

民国元年 (1912)，中南海改为总统府，开辟南门，宝月楼适居其中，即就此楼改为府门，即今日中南海临长安街之南大门——新华门。同豫轩遗址便在此东侧不远之处。

今天，乾隆帝早膳的膳单是：挂炉肉野意热锅一品、燕窝挂炉鸭子 (一品)、火熏撺鸭子热锅一品、糟春笋肥鸡 (一品)、香蕈春笋东坡肉一品、绿豆菜炒肉丝一品、小葱虾米炒豆腐一品、鹿筋炖鸭子一品、肥鸡徽州豆腐一品、青韭炒肚丝一品、黑糖糕一品、年糕一品、枣泥卷一品、猪肉馅包子一品、豇豆粥一品、三仙鸭汤一品、老米溪膳一品……后送果子粥一品。虽说与《周礼》的王膳相比已不那么讲奢华的排场了，但是其丰美、精细也不是民间所能比的。

依宫里的法度，如没有特别意旨，任何人都不能与皇上同桌用膳。皇太后、皇后也不例外，妃嫔就更不必说了，一般都在自己宫中用膳。

正月初七日，奏事太监早已传旨，明晨乾隆帝要到同豫轩进早膳。内务府上下早就做了准备。

卯正一刻，皇上迈入同豫轩，太监们早已先在此布好了膳桌。正堂的中间是皇上的膳桌，此外还在两旁摆设有三张方桌。膳食从膳房送进来后，迅速按规矩在膳桌上排列好，同时也在另三张方桌上设摆各种菜肴、饽饽等，这叫作"额食"。平日，皇上用膳之后，便将大多数未下过筷的菜肴及额食桌上的食物原封不动地赐给后妃、皇子或王公大臣们，而受这剩膳的人们无不感恩戴德，出府跪迎，叩谢龙恩。

清宫的这套进膳礼仪，源于《孝经》："礼者，敬而已矣。"敬的极致便是区别长幼尊卑，尊亲、养老、祭祖、祭神。

皇上进膳时，另有四个体面的太监垂手站在皇上的身旁和身后，还有一个老太监侍立于一旁，专给皇上布菜。除去几个时鲜的菜外，各种御膳早已上了桌。传膳的老太监喊一声"膳齐"，方请皇上入座。这侍膳的老太监专看皇上的眼色，皇上用眼看哪个菜，他便把哪个菜挪到皇上跟前，再用羹匙给皇上舀进布碟里。如果皇上尝了后说一句"这个菜还不错"，就再舀一次，跟着侍膳的老太监就把这个菜往下撤，不能再舀第三匙。假如要舀完第三匙，站在旁边的四个太监中为首的那个太监便发话了，喊一声："撤！"这个菜就十天半个月的不能露面了。为首的那个太监是执掌家法的，这是皇上也不能破的家法。老祖宗早就定下的家法是要皇上谨慎小心，切勿贪食，免遭人算计，下毒。

说到宫中使用的食具，有金、银、玉、瓷、珐琅、翡翠、漆以及玛瑙制作的盘、碗、匙、筷等，这些都是民间不能有的。瓷器多由江西景德镇的官窑每年按规定烧制。御膳房里，除瓷器外，金银器也很多，一般保持在三千多件。这一天，乾隆帝进膳还用了热锅与暖碗，是用来为膳食保温的。

乾隆帝进膳的速度之快在宫内是闻名的，不消一刻，他已经推开餐具起驾了。

比较起膳食来，清宫服饰保存的满族特征要更多一些。早在崇德年间，皇太极就以金史为鉴，认定本国言语、衣冠不可轻变。他谕示诸王、贝勒等：服制者，立国之经。我国家以骑射为业，不能改变国初之制。后来乾隆帝更进一步阐明，辽、金、元诸君，不循国俗，改汉、唐衣冠，致使传之未久，趋于灭亡，深感可畏。所以力主不改祖宗服制，并制定了完整的清代冠服制度，明显地保存了满族旧制。譬如，缀有红缨的覆钵形夏冠和折檐的冬冠，均以顶子[1]作等级的标志；此外还有披肩和箭袖，即马蹄袖。然而从乾隆年间所定冠服制度及清帝服饰的演变来看，都大量沿用了明代的旧制。例如，皇帝礼服的重要标志十二章[2]，就是参照明代帝服的规定，只是把位置改动了一下。乾隆帝把这种沿袭解释为遵循古礼，但这种古礼并不是满族人的祖制。

1　或作顶戴，清代用以区别官员品级的帽饰。清制，从皇帝到各级官吏，都要在所戴冠帽上用各种宝石和金属装饰品区分官爵品秩，不得僭越。因而成为功名、前程的代称。以红宝石为最高，依次为珊瑚、蓝宝石、青宝石、水晶、砗磲、素金、镂花阴文金顶、镂花阳文金顶。通常皇帝可以赏给无官的人某品顶戴，亦可以对次一等官另赏加较高的顶戴。如革职或降职时，即革除或摘去所戴顶子。

2　古代祭祀礼服上的图案。最早的记载见于《尚书·益稷》。天子在最隆重场合，穿十二章礼服。其次，视礼节轻重而定。

皇帝的冠服有冬、夏之分，其中服装按不同用途，分为规格最高的礼服，包括端罩、衮服，是举行大典时穿的；规格稍次，又称龙袍的吉服；日常穿着的常服；巡狩穿用的行服；还有雨天穿的雨服等。皇冠也有朝冠、吉服冠、常服冠、行服冠等多种。同时在以上种类中又有不同的料质、颜色、饰纹，再加上替换衣件又多，因此，皇上的冠服实在是琳琅满目，应有尽有。

皇帝的冠袍带履，由内务府的四执库管理，随时伺候穿戴。

以乾隆二十九年十二月十九日（1765年1月10日）乾清宫宫殿监副侍马国用、张玉致四执库守侍陈琏、王进忠、赵进玉的一份行帖[1]为例，便可窥见乾隆帝衣服库里的存物一斑：

夏披肩

十二章龙袍前式

1 中国第一历史档案馆藏《宫中档案》第二五七七号。

上用貂尾缎台布里冠三顶，内貂尾根一顶；

黄妆缎面红片金里大坐褥二个，台子系内库；

黄妆缎面月白云缎里小坐褥二个，台子系内库；

青素缎面月白云缎里大坐褥四个，台子系内库；

赏用石青上用素缎面六等貂皮长褂十件；

石青上用素缎面乌云豹长褂十七件，皮子丰毛系内库；

石青上用素缎面猞猁狲长褂四件，丰毛系内库；

石青上用素缎面黑豹皮长褂一件，皮子丰毛系内库；

石青上用素缎面天马皮长褂十件，皮子丰毛系内库；

石青官用素缎面青下颌长褂六件，皮子丰毛系内库；

……

乾隆帝明黄色缎绣彩云金龙朝袍

这是一件清代乾隆帝春秋两季御用朝袍。此服绣线劈丝纤细，晕色柔和自然，绣工匀齐严密，尤其是光彩夺目的金龙，在彩云飞蝠的衬托下，极具威严，栩栩如生，代表了清代高度发达的丝织刺绣水平。

宫中袍褂用料之考究令人咋舌。各种绸、缎、纱、罗、缂丝自不必说，孔雀羽毛、金线、穿珠装饰以及珍贵皮毛，都是由宫中派员到江宁、苏州、杭州三织造衙门监督生产的。袍褂等衣服也是由宫廷如意馆画师先画样，经皇帝审定，再由三织造精制而成，穿戴之昂贵，不言而喻。

再者，衣服库上用的皮毛来源又是怎样呢？据乾隆三十年(1765) 正月户部郎中刘某的一份咨报案文："乾隆二十九年十二月初十日，据山海关副都统咨准，吉林将军咨宁古塔副都统所委，防御章京德尔赛呈送内务府貂皮二千四百三十四张，进关缘由咨报，前来相应，抄录清字原文，知照内务府。可也。"由此可见，东北地方是宫中所用皮毛的主要供应地。

皇家后勤：内务府

明代的内廷混乱，进而导致社会动荡，最终落得国家覆亡的悲剧。这在很长的时间里时时敲打着紫禁城新主人的脑袋。

明朝内廷机构不断扩大，竟设有十二监、四司、八局共二十四衙门，仅服侍帝后的太监、宫女就达数万人之众。宫监权势更是日益膨胀，以致内而服食起居、库藏、赏赉，外而军营、厂狱、矿关、开采，无不以宦官领之。甚至皇帝阅批文书，都要由秉笔太监代理。于是乎，一时间内监擅权，贪赃枉法，残害忠良，朝纲大乱。

清朝鉴于明朝内监祸国的教训，从创国之初，就注意内廷机构的建置和限制宦官的权力。爱新觉罗氏以八旗制度兴起于东北，太祖努尔哈赤曾宣令各旗主所属之包衣佐领专供旗主役使。满语的"包衣"就是汉语的"家奴"。皇帝领有上三旗，即拥有上三旗之包衣。为了统一管理三旗包衣，特别设立了内务府衙门。内务府堂官叫总管内务府大臣，满语称包衣昂邦，即包衣大。《大清会典》曰：总管内务府大臣"掌上三旗包衣之政令与宫禁之治"。

内务府初设，规制比较简陋。《清史稿·职官志五》载："初制，设内务府，以旧属司其事。入关后，明三十二卫人附之。设内管领处，置内管领八人。设茶饭处，置总领各三人，饭上人三十有五人，茶上人十有七人。承应长十人，庖长三人。"这样简单的机构与人员，显然不能适应入主中原后皇室内廷的需要。加之顺治帝年幼，需要懂宫廷规矩礼仪的内监服侍，于是在顺治十年（1653）仿照明朝内监制，废除内务府，设立十三衙门。

十三衙门设置后，内监又活跃起来，他们"广招党类，恣意妄行"，相济为恶。顺治十五年（1658），顺治帝的亲信太监吴良辅受贿案发，并涉及大学士陈之遴等许多重要官员，这些人皆被处分，而独有吴良辅因受皇帝庇护而未被绳之于法。顺治十八年（1661）正月，顺治帝患痘，而犹于初二日亲送吴良辅至法源寺落发。正月初七日，顺治帝驾崩。太后即传世祖遗诏，先诛吴良辅，而后废十三衙门，复设内务府。顺治帝在遗诏里说："祖宗创业，未尝任用中官，且明朝亡国，亦因委用宦寺。朕明知其弊，不以为戒，设立内十三衙门，委用任使，与明无异，以致营私作弊，更逾往时，是朕之罪一也。"这个遗诏代表了以太后、四大辅臣为首的满洲贵族统治者的意志，即严禁内监擅权，保持内务府干练、淳朴的作风，以使最高统治者保持勤俭进取的精神，完成统一全国的大业。

内务府自复设以后，终清一代，未有更改。但随着内廷机构和各项规章制度的不断完善，内务府在十三衙门的基础上，逐步建立起了广储、会计、掌仪、都虞、慎刑、营造、庆丰等七司，并设上驷、奉宸、武备三院，以及御膳房、御药房、内管领处、敬事房、三织造等机构。

设立内务府以管理宫廷事务，为前朝官制所未有，是清朝的一个创举。凡内务府职员选除、财用出入、宴飨祭祀、膳馐服御、赏赉赐予、教习训导之事，皆统管于内务府大臣。内务府大臣管辖之下，设敬事房以管理太监，太监的人数也由明代的数万人减至三千人，并规定太监品级最高不过四品。只许在宫中供洒扫役使，严禁干预政治。

乾隆帝待太监最严，命内务府大臣监摄。凡预事之差者，必改易其姓为王，以其姓多难辨，宵小无由勾结。乾隆初年，乾隆帝选秦、赵、高三字为奏事太监之姓，借此以自儆。其中秦为先朝之旧阉，偶有过失，谴罚必严。

据记载，一日乾隆帝于乾清宫西暖阁阅窗中，望见西廊下有二职官自南而北，一太监自北而南，交臂不顾，竟不让道。遂严谕总管太监约束，毋许肆慢，谓再不谨遵，当将总管太监一并治罪。由此可见，乾隆帝严厉约束阉寺不使其纵恣越轨。

内务府总管大臣要由皇上特简，管员无定额，一般为四至六人，最多时为九人，最少时为二三人。凡皇家的衣、食、住、行等各种事务都由内务府承办。内务府总管大臣统称为堂官，其办公之处为内务府堂。设有坐办堂郎中一人，他是内务府中最主要的办事官员，上可代总管大臣，处理一切事务；下可指挥群僚，查七司三院题本、堂稿、黄蓝册以及文职铨选等事。主事二人，秉承堂郎中之意旨，办理行政事务。主事之下，设笔帖式若干人分掌各项具体事务。

内务府下设的主要办事机构有：

广储司，为内务府库藏及出纳总汇之所，掌"库藏出纳之政令"。下设银、瓷、缎、皮、茶、衣等六库。上文提到的衣服库即其衣库。每库设员外郎三员，其下设司库，无品级司库、委署司库等分掌库藏之事。又设银、铜、染、衣、绣、花、皮等七作，另设帽房、绒线房。各设司匠、领催、匠役，以承做各项活计。

会计司，掌"征三旗庄赋、园赋而稽其出纳。凡选宫女太监则掌其政令"。乾隆三十年 (1765) 正月初八前一日《御茶膳房档案》载："正月初七日，御花园挑选女子，赏女子八百五十四人，用菜一百七十四桌，每张热锅一个，用猪肉一斤八两，蒸食一盘，炉食一盘。"如此之类的事亦属会计司操办。

这里所说的选女，当是宫中的选看秀女。

秀女是皇帝及皇子、皇孙、亲王、郡王等择妻的对象，自顺治年间成为一项定制。每隔三年进行一次，由户部下发行文，命将应选秀女逐级呈报。秀女一般为八旗官家十三至十七岁的少女，出身须在满洲或蒙古护军、领催以上，汉军笔帖式、骁骑校以上，备选为妃、嫔、贵人等，或为近支宗室指婚。另有一种情况，每年进行一次，按例引看内务府所属内佐领、内管领下秀女。选女程序首先由总管内务府奏准，咨行宫殿监奏请皇帝钦定选看秀女的时间、地点。届时，由宫殿监率各处首领，在太监的关照带领下引看，然后引出，赏食宫饭、车银。所赏车银由广储司支领。此种形式的秀女是补充为内庭各主位下随侍之宫女。至二十五岁遣还本家，任凭婚嫁。

以上两种情况中，十三岁以上秀女，经选验未中者可聘嫁，未经选阅者一律不准私自婚聘，违者，自都统、参领、佐领、骁骑校、领催、族长及本父母皆分别议处。

此次选秀女，一下子就集中了八百余人。疑属于选看内廷各宫随侍宫女。[1]

掌仪司，"掌内廷礼乐之事。考太监之品级。凡果园之赋覆焉"。前文坤宁宫朝祭应由该司经营。

都虞司，"掌府属武职官之铨选，覆官兵之俸饷、赏恤。凡山泽采捕之事掌焉"。

慎刑司，"掌谳三旗之狱"。凡审拟罪案，设处官员，太监治罪，官员降调开复处分，行取囚粮等均由该司管理，凡徒罪以上，及杖一百以上，枷示刺字，须交刑部办理。

营造司，"掌宫禁之缮修，率六库三作以供令"。凡宫禁之

---

1 清制规定内廷各位下使用宫女数额为皇太后十二名，皇后十名，皇贵妃八名，贵妃八名，妃六名，嫔六名，贵人四名，常在三名，答应二名。

内缮修工作及炭薪陶冶等事都由它管理。据《大清会典》载，凡二百两以上工程，归工部，或总理工程处，营造司所掌只是零星小工程。所谓六库三作为：木库、铁库、器皿库、柴库、炭库、房库，铁作、花爆作、油漆作。

庆丰司，"掌牧牛羊之政令"。凡宫中所用牛羊肉和奶酪的供应都由该司负责。上文也已提到御膳房与庆丰司之间的关系。

另外，还有"掌御马之政令"的上驷院，"掌备器械以供御，官用皆给焉，掌工作之禁令"的武备院，其下机构、职官与编员也不在少数。奉宸苑是总理皇家苑囿事务的内廷机构，雍正六年(1728) 设奉宸苑堂官，定为三品卿职。乾隆十四年 (1749) 定为卿二人，"掌苑囿之禁令"。隶属于奉宸苑的苑囿有：景山、瀛台、长河、玉泉山稻田厂、南苑、圆明园、畅春园、清漪园、静明园、静宜园等处所。

乾隆十六年 (1751) 还成立有御船处 (管船处)，管理各园河道所用船只事务。包括在热河行宫、汤泉行宫、盘山行宫、黄新庄行宫各设总管、苑丞等职，管理行宫陈列等事项，并于各行宫设立千总武职，任守护之责。

另有掌关防管理内管领事务处，亦名内管领掌关防事务衙门。承应内廷洒扫糊饰，供应宫内酒菜及各种器皿，并管理该管领下户口、田产、官员俸饷，兵丁钱粮之收管出入。所属官三仓、恩丰仓、酒醋房、青菜库、内外饽饽房、车辆库、家伙仓、蜡备仓、冰窖、苏拉处等。

管理三旗银两庄头处，简称钱粮衙门，掌三旗各庄粮税征收，治其赏罚与其优恤之事。

官房租库，掌内外城官房之租课，按月征收，以供营造司之用。

还有御茶膳房，如前所述，供大内之食饮膳馐。所属有茶房及膳房。茶房又分清茶房、御茶房。膳房分内膳房、外膳房。内膳房之下分四局，即荤局、素局、点心局、饮局，后又添设饽饽局。并附设肉房、干肉库等。

御药房，掌供内廷所用药材和丸散之事。设有员外郎、主事、库掌等职官。

御书处，掌宫廷镌刻碑帖事务，包括摹刻、拓裱皇帝御笔和御制诗文，以及制作宫廷用墨。

武英殿修书处，掌缮刻装潢各馆书籍之事。

另设造办处，掌制造一切内廷器用。附设有如意馆、金玉作、铸炉处、造钟处、炮枪处、鞍甲作、弓作、珐琅作、玻璃厂、铜鋄作、舆图房、匣裱作、油木作、灯裁作、盔头作，并设有活计库以储存制成物品。各种器用必有账目，往来必有行帖，如乾隆三十年 (1765) 正月的《如意穗账》记：正月初五日，敬胜斋拴紫檀嵌玉如意用苹果绿如意穗一个。又正月初六日，胡世杰传旨要三色如意穗子二十六个，换乾清宫等处如意穗用二十一个，下剩月白如意穗五个。由此不难得知宫中各项账目之细致。

同时，内务府还对雍和宫、宁寿宫、中正殿等处设官管辖，

看管陈设，轮流值宿。并管理景山官学、咸安宫官学、蒙古官学、长房官学，负监视督理之责。

牺牲所，掌喂养祭祀需用牲畜等事。初隶于太常寺，乾隆二十六年 (1761) 归并内务府，以内务府大臣轮流值年管理，下设兼管司员等职。不用说，前述坤宁宫朝祭之牺牲——两口肥大神猪便是由该处提供的。

另有御鸟枪处，掌御枪之承应。养鹰鸽处，掌饲养鹰、狗随围进哨，以供苑畋之事。管辖番役处，掌缉捕之事。

三旗参领处及三旗包衣各营，设守卫宫城的护军骁骑、前锋等营，备紫禁城宿卫及扈从、仪仗等事。

内务府还在江宁、苏州、杭州设三织造，每处各设监督一人，分掌所驻地方供应皇帝和皇族及官用缎匹，岁终奏销造册呈内务府，以副册送广储司查核。

又设织染局，掌织造皇室所用缎纱染彩绣绘之事。顺治十八年 (1661) 设，原隶工部，康熙十二年 (1673) 改为内务府管理。乾

隆十六年 (1751) 移织染局于万寿山。

乾隆二十六年 (1761) 又设总理工程处，凡宫殿之修理费用在二百两以上者，俱归工程处。置官有勘估大臣、承修大臣、查验大臣，办事司员除设委署主事一人，其余皆由各司院临时派员兼办。

内务府又下设盛京内务府，置总管大臣一人，以盛京将军兼充，分设广储、会计、掌仪、都虞、营造各司，置库使、催长等职，分任盛京宫殿陈设、物品储藏、营造诸务，并福陵、昭陵祭祀守护等事。

设陵寝内务府，在蓟州设东陵总管内务府大臣，以马兰镇总兵兼充，并在各陵设司员、管领等职；在易州设西陵总管内务府大臣，以泰宁镇总兵兼充。两陵各驻有包衣三旗兵丁，备供各陵祭祀守护等事。

内务府另一重要机关是敬事房，是管理太监、宫女及宫内服役人员的机构。具体管理帝后的生活并负责宫内陈设、打扫、守卫，传奉内务方面的谕旨。敬事房设大总管、总管、副总管、首领等宦官。他们分别编入内务府三旗各内管领下，其升迁调补、奖惩、钱粮均由内务府大臣裁定。可见清廷对太监管制相当严格。

再者就是乾隆朝的南府，顺治初袭明旧制设教坊司以供宫中奏乐演戏诸事。雍正七年 (1729) 改教坊司为和声署。自乾隆朝在南府排戏，嗣后关于奏乐演戏遂由南府任之。后来又改称升平署。

内务府除设有上述机构之外，或因时因事设置了一些临时机构，以致机构和职官不断膨胀，除去直属机构外，还有若干附属机构，职官吏役之众以万计。乾隆时期的内务府应是当朝之第一官衙。

档案中的第四次南巡

自二十九年岁末至三十年年首，朝廷首推之政要当属圣驾即将南巡。

乾隆二十九年十二月二十四日（1765年1月15日），内阁奉上谕："前经礼部奏请，于正月初五日举行祭辛典礼，是以降旨于初九日启銮，恭奉皇太后安舆巡幸江浙。但初五日在立春以前，为时尚早，应俟春后初辛举行，于义方协。所有祈谷典礼，着于十五日举行，启銮之期，着改为十六日。"

此谕之前的十二月二十二日，乾隆帝对以下奏报的朱批是："知道了，钦此。"

恭照明春圣驾南巡，随往江浙大臣、官员兵役、执事人等，前曾奏明，统以六千马匹核计随往，余俱留往。

又经奉旨，令各衙门将应行减派人员，自行奏减各在案。今据各该处册报，随往渡黄上船人数共二千八百七十一人，比照上属三千二百三十人之数，共减去三百五十余员。各臣等按其品级之大小及差使之缓急，照从前之例酌量分派，共需马五千二百四十一匹，尚未及奏明，统以六千马匹核计之数。至渡黄以及各名胜处原奏派马俱在四千匹以内，今照依原奏或按人减马，或按差减人，渡黄时应需马三千五百零四匹，各胜处应需马三千五百三十九匹。谨开列清单进呈，俟发下时，行知两江总督查照，并交兵部照例办给马匹，一面知照各该处将单内随往名胜处所减派人数，自行通融办理。至船只一项，仍令该督遵照从前原定章程，预备上用船只及装载御用什物等船，敬谨预备，其随往官兵人等需用船只，可按从前奏定船数，将现在该省所有船只照单内人数分别派拨。至浙省应如何给票监放之处，即照江省之例一体办理，应令两江总督转知浙江地方，遵照可也。谨奏。[1]

早于以上谕旨，内务府在二十九年下半年就已为皇上南巡作筹备。这一情况具体体现在内务府的《来文簿》中。

十月十一日，值年旗为转知内阁抄出，明年皇上南巡裁减各该处随围官员、兵丁等事。

十三日，提督衙门为咨送随围南巡之兵丁等数目事。

十四日，銮仪卫为支领皇上南巡沿途需用蜡烛事。

十九日，銮仪卫为明岁带往江南去轿上帏子等物，由本府交次处代往事。

三十日，镶黄满为支领江南随围副都统安太帮银事。

十二月初，山东巡抚为咨明年南巡需用车数数目，并押车员

---

1 《乾隆朝上谕档》第四册，第一六○○号。

弁职名查照事。

初五日，工部为咨送南巡途间需用柴炭印票事。顺天府为知会明岁南巡车辆价银预先领给事。上驷院为领取伊处随往江南官员等应得帮银事。

初十日，右翼前锋统领努三为咨送明年随往江南去，参领侍卫八格等应得赏银事。

到了十二月十二日，至内务府办理预领应得赏银事的骤然增多，想必南巡随往人员已经敲定：

镶红护军统领弘方为领取随往江南之护军参领保□等应得赏银事。

值年旗为转知经总理行营王大臣奏，为明年随江南去之官员、兵丁等得给赏银事。

提督府为领取明年随江南去之伊处官员等应得赏银事。

三旗鸟枪营为领取随往江南去之护军校富德应得赏银事。

正红护军统领庆太为领取随往江南去应得赏银事。

三旗虎枪营为领取随往江南去蓝翎侍卫阿尔苏那等应得赏银事。

向导处为领取随往江南去之前锋护军参领五福等应领赏银事。

都察院为领取随往江南去之副都御史吕制应得赏银事。

左翼前锋统领马常为领取随往江南去前锋参领应得赏银事。

正蓝护军统领德苏为领取随往江南之护军参领那苏图等应领赏银事。

左翼前锋统领为领取随往江南去之护军校等应得赏银事。

正白护军统领弘方为领取随往江南去之护军参领瑞华等应得赏银事。

镶黄满为得给明春随往江南去之署理副统德勒克应得帮银事。

镶黄护军统领为领取随往江南去之护军参领等应得赏银事。

正黄护军为领取随往江南去之护军参领等应得赏银事。

镶黄蒙为随驾南巡去之副都统弘昀得给赏银事。

銮仪卫为备差江南围之更夫得给赏银事。

銮仪卫为咨领备差江南随驾銮仪使常岱赏银两事。

上驷院为随驾南巡之大臣塔克图得给赏银事。

銮仪卫为领取随往江南去之伊处校尉宝成应得帮银事。

上驷院为领取往江南去之侍卫等应得赏银事。

另外，工部为咨查次年皇上南巡沿途茶膳房等处需用冰块数目事。顺天府为咨明年江南去之本府需用之车辆数目事。

十四日，镶白护军统领为领取伊部往江南去应得赏银事。

镶蓝汉为领取副都统范时绥随往江南去应得赏银事。

正红护军统领庆太为领取随往江南去之护军校来福应得赏

银事。

户部为领取伊部侍郎于敏中等随往江南去应得赏银事。

礼部为领取随往江南去之侍郎双庆应领赏银事。

镶白旗为领取随往江南去之护军参领等应得赏银事。

镶蓝护军统领定住为领取随往江南去之护军统领全德应得银事。

正红护军统领庆太为领取随往江南去之护军参领等应得银事。

镶蓝护军统领为领取随往江南去之护军校四保应得赏银事。

十五日，光禄寺为领取随往江南去之伊处傅为贮应得赏银事。

又，工部为知会明年南巡沿途需用冰块，照预备事。

十六日，兵部为知会明年随往江南去，各处应领本价银两事。

正蓝满为领取随往江南去之官员等应得赏银事。

十七日，顺天府为咨查江南去之车辆、人员职衔事。

侍卫处为领取随往江南之伊处主事福保等应得赏银事。

工部为知会随往江南去之侍卫应领赏银事。

十八日，銮仪卫为支领随驾江浙去銮仪使明之恩赏银两事。

十九日，正蓝蒙为支领随往江南领催泰山两个月银粮事。

正黄满为咨送派出江南送粮披甲人数目事。

二十日，正蓝满为领取随往江南去之披甲人顾祖成应领赏银事。

正黄汉为领取随往江南去之披甲人等应得赏银事。

二十一日，户部为给发南巡派出之官兵等应支路费银两事。

侍卫处为领取往江南去侍卫应得赏银事。

正红汉为领取随往江南去之披甲人顾思应得两个月钱粮事。

正黄蒙为往江南去之前锋护军等应得赏银事。

至此，户部为给发明年驾幸南省派出官兵人等支给路费银两事致件内务府。

二十二日，正黄护军统领为派出江南去之护军戴明阿赏给事。

正红满为领取往江南去之披甲人等应领两个月钱粮事。

正黄满为领取往江南去之披甲人等应得两个月钱粮事。

正红满为领取往江南之军机处披甲人等应领赏银事。

正黄为转知往江南去之官员等预领满俸业经户部给发事。

镶黄为护军统领富玉派往江南去之官员应得赏银事。

正红满为领取往江南之伊旗披甲人等应得领赏银事。

正红满为支领往江南去之披甲人穆特布赏银事。

正红满为领取往江南去之伊旗佐领德承应领赏银事。

镶黄满为咨领江南应差人六十七赏银事。

二十三日，向导处为知会往江南去官兵等派出阿管理事。

二十五日，镶黄满为转知明年江南去之大臣官员等应领先得给帮银，业经户部发事。

二十八日，礼部为知会，驾幸江南改为正月十六日起銮事。

至此，内务府为乾隆第四次下江南的筹备工作似乎缓慢下来。

二十九日以后，只有一件来文，即正黄满为领取派往江南去之披甲人乌拉齐应得赏银事。

内务府《来文簿》的记录，为了解乾隆帝南巡的筹备情况添加了丰富而生动的资料。而内务府的赏银事仅仅是乾隆南巡支出的一小部分，据估计，每次南巡的开销至少也要300万两银子。耗资之巨早为世人所诟病。就在其第二次南巡后不久，一位耿直的官员就上疏批评南巡是一种花费过于昂贵的享乐。

《乾隆南巡图之驻跸姑苏》（局部）
美国大都会艺术博物馆藏

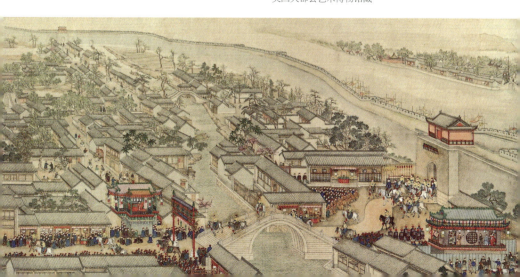

其实，乾隆南巡放在18世纪的世界任何地方都可以说是最为壮观的政治之举。如他的诗中所说："问俗来南国，诘戎重本朝。"南巡一路，他有机会会见地方官员和江南的各界精英、观摩军事训练、巡视江河堤坝、调查盐务和皇家织造、访问学堂和书院以倡导学术风化、视察当地农业、接触农民等。南巡不仅加强了清廷对中国南方的民事管理，而且或有展示其军事力量、锤炼军队方面的考量，大量随往江南的绿营与八旗官兵脱离京城安逸的生活去经历旅途的锻炼，构建了一个机动性的以马背和营帐为标志的朝廷形象。在政治上，外出巡视也往往为乾隆帝摆脱官僚体制所施加的束缚提供了一种可能，即直接参与管理庶务，了解民情，并从中发现管理上的弊病。在经济上，乾隆南巡，就当时的国帑而言，也完全在可以承受的范围之内。

三　恭读圣训　鉴往知今

六时三十分，乾隆帝前往乾清宫西暖阁读前朝圣训。先朝皇祖金戈铁马开创基业的事迹令他热血沸腾。同时，遵循儒道、选拔秀民的祖训又使他冷静从事。在这里，他接受着双重的训导。

卯时　六时至七时　读圣训

《大清世宗宪皇帝圣训》

圣训主要是辑录皇帝的训政言论，举凡政治设施、用人行政、经济措施、民族关系等，靡不备焉，为教化后世子孙和臣民。

是日《穿戴档》载，乾隆帝于同豫轩用过早膳之后，直奔"乾清宫西暖阁视事"。视的什么事？该档并没有交代。

关于乾清宫，在前面已经提到。据《清世宗实录》卷一载，雍正帝登基后谕示内务府总管等："朕思乾清宫乃皇考（康熙帝）六十余年所御，朕即居住，心实不忍，朕意欲居于月华门外养心殿。"这样他将皇帝的寝兴之所移出了乾清宫。

乾清宫里的龙床似乎已被皇上冷落了。然而，后来的皇帝们仍然在此"临轩听政，岁时于内廷受贺、赐宴及常日召对臣工，引见庶僚，接觐外藩属国陪臣，咸御焉"。[1]

更为重要的是，当朝皇帝要在此阅读前朝皇帝的圣训。前辈治国理政当然会带有不同风格，皇祖康熙帝是以身垂范，宽以待人；皇考雍正帝则事必躬亲，高度独裁。乾隆帝又该何去何从？他似乎走上了一条折中路线，如他所说："朕仰承圣训，深用警惕，兹当御极之初，

---

1 《国朝宫史续编》卷五四《宫殿四·内廷一》。

时时以皇考之心为心，即以皇考之政为政。惟思刚柔相济，不竞不绒，以臻平康正直之治。"[1]他似乎在寻找宽松与威压之间的平衡点。

1 《清高宗实录》卷四。

粲然备陈的乾清宫

乾清宫，广九楹，通面阔近三十米，深五楹，通进深十四米有余，建筑面积一千四百余平方米。重檐庑殿顶，上覆黄琉璃瓦，自台面至正脊通高二十余米，檐角卧九兽，上层檐单翘双昂七踩斗拱，下层檐单翘单昂五踩斗拱，殿内外梁枋饰金龙和玺彩画，三交六椀菱花槅扇门窗。殿内明间、东西次间相通。

通向乾清宫的汉白玉甬道
小川一真摄

殿内正中设宝座,左右列图史、玑衡、彝器,门楣南向,悬挂着"正大光明"匾。据说,此匾上的字原来是顺治帝所书,后康熙帝摹勒上石,原迹藏于故宫御书处,后乾隆帝摹拓成匾。后来嘉庆二年 (1797) 十月二十一日酉刻乾清宫突遭大火,火势先是从乾清宫的东暖阁东面穿堂的楠木格子烧起,虽宫中组织了泼水救火,但因天干物燥,已无力回天,乾清宫化为灰烬。匾额被毁,嘉庆帝又命人重新摹拓并悬挂,相沿至今。

殿前露台上设有铜龟、铜鹤各二,晷影、嘉量各一,宝鼎四尊。中为甬道,与乾清门相属。左右丹陛南出者二,东西出者各一。据记载,乾清宫的陛墀是明代取西山汉白玉石为之,每间一块,长三丈,阔一丈二尺,厚二丈五尺,凿为五级,以万人拽之,筑成如此万年不动之基。时人有诗云:"历陛升阶自玉墀,文石栏楯光陆离。"

乾清宫殿内
喜仁龙摄

丹陛之下有文石台二座,上安设社稷、江山金殿,为顺治十三年 (1656) 五月所置,每日遣宫监致祭,供奉香烛。宫之东为昭仁殿，殿后室曰五经萃室，西为弘德殿。昭仁殿之左东出者为龙光门，弘德殿之右西出者为凤彩门。乾清宫始建于明永乐十八年（1421），正德、万历年间两次毁于火，万历三十三年（1605）重建。清袭明制，顺治元年（1644）兴修，顺治十二年（1655）重建，康熙八年（1669）再度修缮。为此，康熙帝谕令工部："前奉太皇太后（即孝庄文皇后博尔济吉特氏）谕，谓乾清宫、交泰殿栋梁朽坏，宜撤旧重建，以为朕宫……其毋事华丽，止令朴质坚固……"

清代皇帝常在这里御宴庆典，每逢庆典"乾清宫广集簪裾，肆筵授几。斯时也，蟾光鳌炬，焜耀堂廉，彩树琼葩，杂罗樽俎。许笑言之勿禁，宽仪法之不纠"，更是"天浆下赐金屈卮，酒行以次光风吹"。康熙帝与乾隆帝都曾在此举行过著名的千叟宴、宗亲宴，尤为盛事。

乾清宫作为常日临御之地，殿内球图法物，粲然备陈，而且专藏实录、玉牒、宝笈、琼函。顺治年间被召赐入乾清宫的大臣如此描述："……殿中书数十架，经史子集、稗官小说、传奇时艺，无不有之。中列长几，商彝周鼎、哥窑宣炉、印章画册毕具，庑下珠兰、建兰、茉莉百十盆。"

其中藏有太祖努尔哈赤实录，内附战图，共八册，乃盛京旧本，记载了努尔哈赤以一次次战争及军事胜利崛起于白山黑水之间。乾隆帝"以尊藏之峡，子孙不能尽见"，于乾隆四十四年（1779），命依式重摹两本，一本藏上书房，一本恭送盛京珍藏。

殿中还藏有《乾隆南巡图》，凡十二卷，盛于雕漆匣，装池极精。第一卷《启跸京师》，第二卷《过德州》，第三卷《渡黄河》，第四卷《阅视黄淮河工》，第五卷《金山放船至焦山》，第六卷《驻跸姑苏》，第七卷《入浙江境到嘉兴烟雨楼》，第八卷《驻跸杭州》，第九卷《绍兴谒大禹庙》，第十卷《江宁阅兵》，第十一卷《顺河集离舟登陆》，第十二卷《回銮紫禁城》，蔚为大观。

另藏有众多的玉牒，又称宗室玉牒、觉罗玉牒，以显祖宣皇帝塔克世之本支为宗室，其伯叔兄弟之支为觉罗。每遇丁年，纂修玉牒一次。其私生子则不入属籍，赐姓曰觉罗禅。修牒时，以黄皮、红皮别之，修成分藏于乾清宫正殿及东暖阁。玉牒例由宗人府开馆纂修，据《清高宗实录》记载，宗人府进呈新修玉牒。乾隆帝亲诣乾清宫东暖阁恭阅行礼，然后送皇史宬尊藏。

东暖阁匾曰抑斋，西暖阁匾曰温室。东暖阁、西暖阁作为乾清宫的组成部分，亦是清帝政治活动的重要场所，因此这里的陈设格外庄严凝重。

西暖阁两侧安有格架，陈设各种书画古玩，外覆纱帘缎罩以作保护。长几上摆列着周代青铜虎錞一具，其体素面，呈倒置，形态肃穆。錞，即《周礼》之金錞，也作錞于，为古时军旅乐器，常与鼓配合，用来在战争中指挥进退。《周礼注》

战国青铜虎钮錞于
湖南博物馆藏

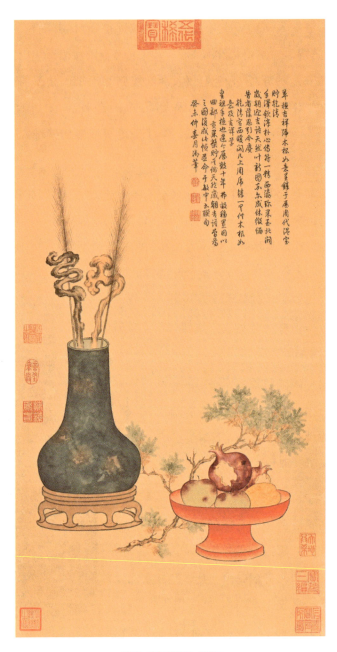

乾隆《岁朝图》局部

云："以芒筒捋之，其声极振，众乃叹服。"《国语·晋语》："战以镎于、丁宁，儆其民也。"虎镎的陈设使阁内既典雅又不失阳刚雄健之气。如乾隆二十八年 (1763) 御制《题岁朝图》诗云："镎于历周代，温室贮乾清。手泽钦淳朴，心传符一精。"

在西暖阁内书案上还陈放有晋王廞璧水砚一方，高案上陈放有元代澄泥龙珠砚一方，另外于东暖阁的书案上陈放有晋玉兰堂砚一方。这三方砚都是清建国之初所有之物，因而乾隆帝"每一濡毫，式钦手泽"，必油然缅怀先皇初创之丰功伟绩。

同时，阁内还藏有五方镌刻乾隆帝御题的砚，即汉砖多福砚、宋端石九芝砚、宋端石荷叶砚、宋端石睿思东阁砚、松花江玉翠云砚。这五方砚是乾隆帝登极克承大统之前所用之物，将之置于西暖阁内，无非是昭示当今皇上性行敦朴、追慕儒家道统之念。

在阁内的陈设中，尤以皇祖康熙帝的旧物最为显赫，比如他生前御用之"敬天勤民"印玺。另外，长几铜镎内供有两柄木根如意，亦为康熙帝时之宝物。一名执友，上刻"黄山主人延龄长命客"，乾隆帝曾屡次为之题咏以志念。另供有两枝吉祥草，乃康熙帝亲手栽植，御制《题岁朝图》诗序记："乾清宫西暖阁几上周虎镎一具，供木根如意及吉祥草，皇祖手植也。逮今历数十年弗敢移置……"

乾隆帝还作有《乾清宫五屏风铭》识语，记载他十二岁进宫时，"每侍皇祖于乾清宫，得瞻御座后屏风集诸经铭语"的情景。

这也是祖孙俩的一种缘分，在上百名同辈中，独有他"特被恩宠，迥异他人"。六十九岁的康熙帝对这位十二岁的皇孙"亲授书课，教牖有加"。

《清宫词》注上如此写道："高宗天挺奇表，芝庭方广，隆准顾身。十二龄时，谒圣祖于圆明园之镂月开云，见即惊爱，命宫中养育，抚视周挚。"相传十二岁的弘历能背诵宋朝大儒周敦颐的《爱莲说》，康熙帝偶举以试之，他不仅背诵如流，且融会贯通，解释透彻，康熙帝对其喜爱有加。

他曾随康熙帝秋狝射鹿，时年甫十二，赐居避暑山庄的万壑松风读书。一日，御舟泊晴碧亭，他遥闻皇祖呼名，即趋岩壁而下，康熙帝顾谓"勿疾行，恐致蹉跌"，爱怜异常。

鹿角椅

清代自太宗皇太极起，常将行围中所获鹿角制成鹿角椅。椅背刻有隶书乾隆御制诗一首，作于乾隆三十七年（1772），从诗句中可知，此椅系用康熙帝亲猎之鹿角制成。

乾隆帝每忆此景无不感慨，曾作诗《恭瞻万壑松风图感而有作》，云：

当年诸孙行，惟我承恩最。

赐居亭畔室，虬枝森一带。

盛夏如秋深，日夕静相对。

谡谡吹衣襟，谷神守清泰。

转瞬成昔游，感企瞻图画。

康熙帝往木兰秋狝，他也随往，入永安莽喀围场。皇祖用枪射中一只大熊，见熊已倒地，便命他往射，意在让他得到初次打围就猎获大熊的美名和吉兆，不料差点出了大祸。他刚刚上马，那头受伤的大熊突然立起。年方十二岁的他面临这一庞然大物的拼死反扑，毫不惊慌，控辔自若。这时皇祖赶快再发一枪，将熊击毙。待康熙帝回到帐中，亲述于妃嫔说："是命贵重，福将过予。"

这段经历也是乾隆帝永生不得忘怀的。因与皇祖的这段亲情，乾隆时期，乾清宫俨然是清代皇室列祖列宗，尤其是皇祖康熙帝的旧物陈列室。乾隆帝本人也在一天之中精力最为充沛的早晨来此阅读列祖列宗的实录、圣训。这便是乾隆帝正月初八日在乾清宫西暖阁视事的内容。

乾隆帝每日盥沐、进早膳之后，如在宫中，必于乾清宫西暖阁或弘德殿及养心殿暖阁，览阅先皇实录、圣训，除巡狩、斋戒外，日以为常，寒暑不问，从未间断。实录、圣训皆收存于内阁大库，每前一日，中书启钥，用黄绫袱包裹，盛以楠木匣，次日早同奏章送入御览之处，以行成制，恪守不懈。

"体皇祖之心为心"

皇考雍正帝突然驾崩，关于其死因的种种说法扑朔迷离，让人难以看清其中的真相。登基之初，乾隆帝改变了皇考在位时的一些具有标志性的威压政策。虽然他一再表示："内返窃深惭恧，每自思念受皇父深恩，时聆训诲，至谆且详。又为之择贤师傅，以受业解惑，切磋琢磨，从容于藏修息游之中。"而在人们的感

《乾隆皇帝殪熊图》

图绘乾隆帝与黑熊相遇的场景。为了表现乾隆帝的勇猛剽悍，不仅绘他独自与熊对峙毫无惧色，而且将本是强大的黑熊描绘得怯弱胆小，它畏缩在树后的紧张神态，烘托出乾隆帝履险如夷的博大气度。

觉上，他更热衷于渲染祖孙之间带有亲昵色彩的承继关系。

乾隆帝对皇祖康熙帝推崇备至，常讲要"体皇祖之心为心"，"法皇祖之事为事"。以皇祖为楷模，效其所行，法其所事，达到皇祖所取得的伟大成就，在此基础上有所发展，功业更著，这是乾隆帝毕生追求的目标。

如果说，乾隆帝初登皇位，在二十五岁的年华即成为流御华夏、抚有万方的皇帝，这时在他的心底，一定会将他本人与皇权的最初结合予以考虑，他需要这至高无上的皇权吗？皇权将为他带来些什么？回答或许是，年轻的皇帝仅仅希望万众仰慕他的才华。

的确，乾隆帝从小受到非常好的教育。六岁就学，九岁受书于谨厚刚诚的庶吉士福敏，据说他能过目成诵，课业长进很快。后来，他又从十七叔果亲王允礼学火器，从二十叔贝勒允祎学骑射。加之他本人勤学苦练，技艺日增，深通家传妙法。

雍正十一年 (1733) 正月，雍正帝封他为宝亲王，从此命他代祀北郊，并让他了解对准部用兵的军机大事。雍正十三年 (1735) 春，贵州苗疆骚动，雍正帝特命他与果亲王允礼等为办理苗疆事务大臣，直接处理涉及改土归流是否坚持实行的重要政务。

正是由于即位前的政治训练，乾隆帝继承皇位后，即宽大为政，以代严苛之弊，罢开垦、停捐纳、重农桑及汰僧尼之诏累下，使得万民欢悦，颂声如雷。当时，吴中地方流传的民谣唱道："乾隆宝，增寿考；乾隆钱，万万年。"乾隆帝初继大统，就得了"万方忭舞"的好名声。

整整三十年过去了，乾隆帝已渐入老年，春秋五十有五，但

寫真世寧擅繢我少
年時入室瞻猷者不
知此是誰
壬寅暮春御題

政治生命正如日中天，尚在中年，论其政治，应属安定成熟期；论其世道，该算是盛世中的稳定升平期。

《清圣祖仁皇帝圣训》卷三七中一段有关赏赉的记事，乾隆帝不知读了多少遍："康熙二十二年癸亥正月乙卯（十三日），上召大学士、九卿、詹事、科道等，赐上元节宴于乾清宫。宴毕，谕曰：'从来君臣之分，虽甚尊严，上下之情，贵相浃洽。观古昔盛时，惟堂廉不隔，用成交泰之美。今卿等朝夕勤劳，出入奏对，朕心时切嘉念。特将内厩马匹，择其驯良于控御者，颁赐卿等，加以内纩，卿等其各承受，示朕优眷之怀。'"皇祖求贤若渴之心昭然可见。每读至此，乾隆帝不由得浮想联翩。

在清朝兴起的过程中，有很多明朝的文臣武将是坚决反对这个来自东北的政权的，他们或为明朝君主出谋划策，或口诛笔伐攻击大清的统治者。在清朝的统治即将成为事实或已经成为事实时，还有不少人宁可为明朝君主而死，甚至举家殉难，也不肯接受清朝的统治。这给乾隆帝的先祖带来了驰骋沙场也未曾有过的震撼。

清朝开国元勋范文程说过："治天下在得民心，士为秀民，士心得，则民心得矣。"这番话准确道出了清朝统治者对知识分子社会地位与作用的认可。

在汉族传统观念中，主张优礼和崇拜"天地君亲师"，知识

◀《平安春信图》
图绘乾隆帝弘历少时为皇子时，与皇父雍正帝一起在竹林旁赏梅的情景。"竹报平安""梅传春信"，故名《平安春信》，也寓意国泰民安，帝业兴旺。有人说这幅画是乾隆帝登基前的信号。其事未必然，其理未必不然。

分子的社会地位与国君和祖宗相提并论。因此以满族为主的清朝统治者为维持其统治，早就有重视包括汉族在内的知识分子的传统。除自太祖、太宗及顺治帝以来一般的振兴文教之外，从康熙十八年 (1679) 起，还开创了"博学鸿词"科，作为发展文化和笼络文人学士的特殊措施。康熙帝为此发布谕旨："自古一代之兴，必有博学鸿儒，振起文运，阐发经史，润色词章，以备顾问著作之选。朕万几余暇，游心文翰，思得博学之士，用资典学。我朝定鼎以来，崇儒重道，培养人材。四海之广，岂无奇才硕彦，学问渊通，文藻瑰丽，可以追踪前哲者？凡有学行兼优，文词卓越之人，不论已仕未仕，令在京三品以上及科道官员、在外督抚布按，各举所知，朕将亲试录用。其余内外各官，果有真知灼见，在内开送吏部，在外开报督抚，代为题荐。"当年三月初一，被荐举的博学鸿儒有一百四十三人，授以翰林等官。

雍正朝也曾特谕内外大臣荐举博学鸿词，但是"诏书初下，中外大吏，以事关旷典，相顾迟回。逾年，仅河东督臣举一人，直隶督臣举二人，他省未有应者"[1]。乾隆帝继位后便要求各地加紧办理，使雍正朝不能实现的举博学鸿词再见重光。乾隆元年 (1736) 九月二十八日，乾隆帝亲自在保和殿主持考试，应试的士人有一百多名，最后取中十五名。十月五日，乾隆帝在养心殿接见了这十五人，并分别授以翰林院编修、翰林院检讨、翰林院庶吉士之职。

乾隆三年 (1738) 二月二十四日，乾隆帝在紫禁城文华殿首举

---

1 《清史稿》卷一〇九《选举志四》。

经筵大典。大典之上先由讲官阿山、任兰枝进讲《论语·为政》中"道之以德，齐之以礼，有耻且格"一节。讲完后，乾隆帝发表学习体会说："政刑者，德礼之先声；德礼者，政刑之大本。舍德礼而求政刑，必成杂霸之治。即政刑而寓德礼，乃见纯王之心，一而二，二而一者也。若云德礼之外，别有所谓政刑，则非圣人垂教之本意矣。"乾隆帝讲完，讲官班第、孙嘉淦进讲《尚书·虞书·舜典》中"咨十有二牧，曰食哉惟时"一节。乾隆帝又阐发其义曰："自昔圣帝明王，以尧舜为极则。尧之命羲和也，曰敬授民时；舜之咨十二牧也，曰食哉惟时。其重民天而厚民生之心，若合符节。而探本究源，则莫切于时之一字。知其时，则恒雨恒旸，动关深宫之虑，祁寒暑雨，时切蔀屋（贫者之居）之忧。夫其川泽山林，非时有禁，宫功鼖鼓，非时不使，犹其后焉者也。"随后，大学士张廷玉等又做了一番总结。整个过程，讲官和侍班官一直跪听皇上阐发经义，唯值讲官有站立宣讲经义的机会，待张廷玉讲完，各位大臣向乾隆帝行二跪六叩礼，算是礼成，经筵大典结束。

在天下文人的心目中，乾隆帝再一次加深了他是一位能遵循儒学之道的圣王印象。

清朝的政权，说到底应是满族贵族与汉族地主的联合统治，其中尤为特殊的是将孔子作为其正统文化思想的象征。还在关外之时，满族人就在盛京修建孔庙，祭祀孔子。入关后在北京国子监旁建起孔庙，尊孔子为"大成至圣文宣先师"。顺治十四年（1657）又改称"至圣先师"。康熙帝南巡时，曾亲自去曲阜祭祀孔子，写下了"万世师表"的匾额，高悬于大成殿中。雍正二年

（1724），孔庙失火，清政府拨款修葺。八年（1730），孔庙完工，雍正帝派皇五子弘昼、淳郡王弘曔前往告祭。

乾隆朝的尊孔更是超过其他任何一个朝代，其热忱在清帝中也是数第一的。乾隆三十年以前，他曾于十三年、二十一年、二十二年和二十七年四次到山东曲阜祭祀孔子；乾隆三十年之后，又四次至曲阜祭孔。他以天子之尊，先后八次到当地向孔子顶礼膜拜，创造了空前绝后的历史纪录。

乾隆帝第一次到曲阜祭孔时，还写下了《阙里孔庙碑文》：

登夫子庙堂，躬亲盥献，瞻仰睟仪，展敬林墓，徘徊杏坛，循抚古桧，穆然想见盛德之形容，忾乎若接。夫闻圣人之风，诵其诗，读其书，皆足以观感兴起。况亲陟降其庭，

《圣迹全图》之孔子小像
这是清乾隆十二年（1747）由于敏中写绘进呈的袖珍本孔子生平图传，全书共110幅图，专供皇帝闲暇时阅览。

观车服礼器，得见宗庙百官之美富，有不益增其向慕，俯焉
而弗能自已者欤？

字里行间充满着对孔子发自内心的敬仰之情。

遥想顺治帝当年，尽管在入关后力图学习汉文经籍，但是
却并不能独立起草汉文制敕。事实上，当他最初亲政时，甚至不
曾亲自批注汉文奏章，而是向某一大学士口述上谕，然后由大学
士内三院臣僚书红成文。这就给了大学士们相当大的斟酌处理
的权力。当时大学士陈名夏就有好几次改动了重要文件中的措
辞，或者干脆在最后书红时删掉某些他不同意的辞句。顺治帝
在处理政务时，要花越来越多的时间与大学士们一起讨论，制
定行政命令。在这方面，顺治帝对他的大学士们是既支配，又
依靠。

到了康熙帝与雍正帝的时代，情况有了根本性的改变。他们
不仅深谙汉学，倡导宋学，而且周围已经形成了一个供其驾驭的
汉族文人集团。

从乾隆朝起，清政权建立已逾百年，其统治愈加巩固，清朝
已成为中国历史上又一个正统政权。

因此，这时与其说乾隆帝还在利用汉族士大夫集团，不如说
他已经融入了中华民族的传统文化，且如士大夫一般行事。他一
反过去大清仇视明朝忠臣义士的态度，而表彰他们为明朝殉难的
节操。在乾隆帝认为，两军对峙，各为其主，竭忠效命是天经地
义的事。

乾隆帝很敬佩著名反清人物史可法、刘宗周和黄道周等人

张宗苍《乾隆帝松荫挥毫》（局部）
故宫博物院藏

的大无畏气概，称："史可法之支撑残局，力矢孤忠，终蹈一死以殉。又如刘宗周、黄道周等之立朝謇谔，抵触金壬，及遭际时艰，临危授命，均足称一代完人。"如此之高度评价，在当时连他们的后代都是不敢想象的。

乾隆帝不仅希冀人们将其视为仁慈的文殊菩萨，也希冀在人们心中，他是一位儒家正统文化统治者的完美代表。他提到应该襃奖的明朝官员还包括：守城战死与被俘处死之人，不甘国破而在家自尽之人，抛弃妻子、田园为明朝复国流离颠沛之人，至死不肯到清朝当官之人。在乾隆帝看来，牺牲战场算是"舍生取义"，能保持臣节者可称"疾风劲草"，因而表示要抛弃前嫌，遵照封建正统观念予以表彰。他说："凡明季尽节诸臣，既能为国抒忠，优奖实同一视。"乾隆帝还命令大学士、九卿、翰林、詹事、科道等官，根据《明史》《通鉴辑览》等书所载史实，查核人头，考其事迹，按照原官给予谥号。

乾隆帝这样做，不仅是观照汉族文人所钟情的艺术、文学和哲学的品味，而且意在博得汉族士大夫的政治支持，使那些恒志于"为天地立心，为生民立命，为往圣继绝学，为万世开太平"的儒生们为之叹服。同时，他也逐渐成为深谙汉文化的一代天子。

乾隆帝酷爱汉字书法，造诣较高，长期书写不倦，从北京皇宫到各地名胜，所到之处，无不题字，墨迹之多，罕与伦比。

他还精于诗词文赋，喜欢舞文弄墨。仅编成的《御制文集》就有九十二卷，收文赋一千三百五十余篇。《御制诗集》四百三十四卷，收诗四万一千八百余首，数量之多，历史上还无人能与其相提并论，可算是我国作诗最多的帝王。

乾隆帝还痴迷于历朝历代的古玩文物、珍版图籍、书法绘画。他以国家最高权力者的身份大力搜集天下古玩。在他的倡导下，开创于宋代的金石学又在乾隆朝盛极一时，臣子们争先恐后地为皇帝考据器物，由此出现了《西清古鉴》《秘殿珠林》《宁寿鉴古》及《石渠宝笈》等，共有数百卷之多。

作为少数民族出身的清朝皇帝，掌握汉族文化，无疑是维护其统治的有效手段。乾隆帝非常重视读书人，不同意蔑视书生的世俗偏见。他个人即自诩为书生，并且称赞他左右的王公、大臣都是书生。当上皇帝不久，乾隆帝即公开为"书生"正名，说："朕自幼读书宫中，讲诵二十年，未尝少辍，实一书生也。"并带着赞扬的口吻表示："书气二字，尤可宝贵，果能读书，沉浸酝酿而有书气，更集义以充之，便是浩然之气。人无书气，即为粗俗气、市井气，而不可列于士大夫之林矣。"

乾隆帝合上圣训，凝视那已被阳光映白的地平线，感叹皇祖对汉文化的精熟深通，感叹皇祖优待秀民的高明政策，更感叹汉族古老文化的源远流长与博大精深。

"正大光明"匾额之后

乾隆帝在内臣的簇拥下，走出西暖阁。每当他从这里走过，都要下意识地微微侧目去看那悬在殿堂中间的"正大光明"匾额。那一瞬间，他心中不免会掠过一丝孤独。这份孤独就藏在那匾额之后，无论匾额后面是否有确立储君的密诏，这都是他一个人要承担的重大谋略和秘密，更何况如今他已是五十五岁的人了。

密立储君开创于雍正帝，是由在位的皇帝选定继承人，秘密写名，装在锦匣里，藏于"正大光明"匾后。一旦皇帝驾崩，便取下锦匣，打开事先写好的谕旨，看选定谁为皇储，然后由他继位当皇帝。它不同于中国传统的嫡长子继承制，有一定的选贤任能之妙。甚至若发现预立者有问题，还可以更换；同时，它和原来清朝不立储君法也完全不同，可以避免"仓猝之间，一言而定大计"可能出现的失误。另外，皇帝虽然立了储君，却又不公之于众，被立的皇子本人不知道，其他的皇子也不知道。这样既可以防止皇帝与储君之间的矛盾，又可以防止诸皇子与储君及皇子之间为争夺储位而进行的争斗。再者，也防止了攀龙附凤之辈乘皇子争夺皇位之争结党营私，对国家造成危害。

皇位更替，"有嫡立嫡""无嫡立长"的原则长期以来对君权

乾清宫"正大光明"匾　樊晔亲摄

金瓯永固杯

的转移产生着一些作用。康熙帝晚年出现的储位之争，前后持续了不少于二十年的时间。尽管雍正帝是皇位之争的胜利者，而他作为当事人，还是非常厌倦这种争斗的。所以他即位之后，当其宝座基本坐稳，便着手解决皇位继承问题。为此，他于雍正元年(1723)八月十七日，在乾清宫西暖阁召集总理事务王大臣、满汉文武大臣、九卿等，向他们面谕建储之事。"我圣祖仁皇帝，为宗社臣民计，慎选于诸子之中，命朕缵承统绪，于去年十一月十三日，仓猝之间，一言而定大计。薄海内外，莫不倾心悦服，共享安全之福。"然而，"圣祖之精神力量，默运于事先，贯注于事后，神圣睿哲，高出乎千古帝王之上，自能主持，若朕则岂能及此也"。由此，他道出了对"仓猝之间，一言而定大计"之法的不同认识。

"皇考当日，亦曾降旨于尔诸臣曰：'朕万年后，必择一坚固可托之人，与尔等作主，必令尔等倾心悦服，断不致贻累于尔诸臣也。'朕自即位以来，念圣祖付托之重，太祖、太宗、世祖创垂大业，在于朕躬，夙夜兢兢，惟恐未克负荷。向日朕在藩邸时，坦怀接物，无猜无疑，饮食起居，不加防范，此身利害，听之于命，盖未任天下之重也。今躬膺圣祖付托神器之重，安可怠忽，不为长久之虑乎？当日圣祖因二阿哥之事，身心忧悴，不可殚述。今朕诸子尚幼，建储一事，必须详慎，此时安可举行？然圣祖既将大事付托于朕，朕身为宗社之主，不得不预为之计。"

于是，雍正帝阐明了他的建储办法。"今朕特将此事，亲写密封，藏之匣内，置之乾清宫正中，世祖章皇帝御书'正大光明'匾额之后，乃宫中最高之处，以备不虞。诸王大臣咸宜知之，或收藏数十年，亦未可定。诸王大臣等当各竭忠悃，辅弼朕躬，俾朕成一代之令主，朕于尔等亦必保全成就，笃厚恩谊，岂非家国天下之大庆乎。朕意若此，诸王大臣其共议之。"当下在场诸王公大臣异口同声："皇上圣虑周详，臣下岂有异议，惟当谨遵圣旨。"

雍正帝见到诸王公大臣完全赞成，龙心大悦，对大家说："尔诸臣既同心遵奉谕旨，朕心深为慰悦。"于是命令其他诸臣退下，只留总理事务王大臣，当众将密旨封于锦匣，收存于乾清宫"正大光明"匾额后，认定万无一失后才离去。这是中国历史上第一次推出秘密建储制度。

被雍正帝写在密旨上的第一个被预立的秘密皇太子是谁？十二年后，雍正帝驾崩，这个秘密终于大白于天下。正是当年十三岁、以英俊与才华出于众兄弟之上、曾受到皇祖钟爱的弘历，也就是后来的乾隆帝。

乾隆元年 (1736) 七月初二日，乾隆帝于养心殿西暖阁召见总理事务王大臣和九卿，谕遵皇父之制，密立储位。"国本攸系，自以豫定为宜。惟有循用皇考成式，亲书密旨，照前收藏。"着总理事务王大臣亲看宫中总管太监，将装有密旨的锦匣收存于乾清宫"正大光明"匾额之后。并宣谕，待将来皇子年齿渐长，"识见扩充，志气坚定，万无骄贵引诱之习，朕仍应布告天下，明正储贰之位"。这位密旨中指定的储君，就是孝贤皇后富察氏所生皇次子永琏。不料乾隆三年 (1738)，九岁的永琏患了重病。十月十二日，乾隆帝亲奉皇太后至宁寿宫探视，然而永琏竟于当日去世。乾隆帝悲痛万分，下谕辍朝五日，并谕和硕庄亲王允禄、和亲王弘昼及军机大臣：

> 二阿哥永琏乃皇后所生，朕之嫡子，为人聪明贵重，气宇不凡，当日蒙我皇考命名永琏，隐然示以承宗器之意。朕御极以后，不即显行册立皇太子之礼者，盖恐幼年志气未定，恃贵骄矜，或左右谄媚逢迎，至于失德，甚且有窥伺动摇之者。是以于乾隆元年七月初二日遵照皇考成式，亲书密旨，召诸王大臣面谕，收藏于乾清宫正大光明匾之后。是永琏虽未行册立之礼，朕已命为皇太子矣。今于本月十二日，偶患寒疾，遂致不起，朕心深为悲悼。朕为天下主，岂肯因幼殇而伤怀抱，但永琏系朕嫡子，已定建储之计，与众子不

同，一切典礼，着照皇太子仪注行。

不久，礼部奏行皇太子丧仪，皇上素服七日，若临皇太子金棺处，释缨纬。官员军民人等，在京四十日、外省二十日停止嫁娶作乐，煞是郑重。

直至乾隆四十八年 (1783) 九月三十日的上谕，仍然能看到乾隆帝对此事所怀遗恨。谕曰："朕登极之初，恪遵家法。以皇次子乃孝贤皇后所生嫡子，为人端重醇良，依皇考之例，曾书其名，藏于乾清宫正大光明殿匾额后。乃禀命不融，未几薨逝。遂命大学士鄂尔泰、张廷玉将其名撤出，追谥为端慧皇太子。"

乾隆十二年十二月二十九日 (1748年1月29日)，乾隆帝遭受到第二次大的打击——他心爱的皇七子、孝贤皇后所生永琮，年方二岁，以痘殇。他悲伤地谕告王大臣：

> 皇七子永琮，毓粹中宫，性成凤慧，甫及两周，岐嶷表异。圣母皇太后因其出自正嫡，聪颖殊常，钟爱最笃，朕亦深望教养成立，可属承桃。今不意以出痘薨逝，深为轸悼。建储之意，虽朕衷默定，而未似端慧皇太子之书旨封贮，又尚在襁褓，非其兄可比，且中宫所出，于古亦无遭殇追赠概称储贰之礼。但念皇后名门淑质，在皇考时，虽未得久承孝养，而十余年来，侍奉皇太后，承欢致孝，备极恭顺。作配朕躬，恭俭宽仁，可称贤后。乃诞育佳儿，再遭夭折，殊难为怀。皇七子丧仪，应视皇子从优，着该衙门遵旨办理，送入朱华山园寝。

乾隆帝两次欲立嫡子为储君，均未能如愿，痛定思索，认为此举有所不妥，因而遭到祖宗的谴责，才有此难。他在宣布处理永琮丧事的上谕中说："复念朕即位以来，敬天勤民，心殷继述，未敢稍有得罪天地祖宗。而嫡嗣再殇，推求其故，得非本朝自世祖章皇帝以至朕躬，皆未有以元后正嫡绍承大统者，岂心有所不愿，亦遭遇使然耳，似此竟成家法，乃朕立意私庆，必欲以嫡子承统，行先人所未曾行之事，邀先人所不能获之福，此乃朕过耶。此朕悲悼之余，寻思所及，一并谕王大臣等知之。"

两次痛失亲子，这对于乾隆帝的精神打击是异常沉重的，而打击尤甚的是他们的亲生母亲——皇后富察氏。在永琮夭折之后，她悲痛欲绝，终在乾隆十三年（1748）春伴随乾隆帝东巡的途中，一病不起，逝于返京的御舟之中。

"二十二载伉俪相得"，一旦永诀，乾隆帝陷入极度的悲痛之中，而宗庙社稷付托不得其人的烦恼，更是忧得他日夜不得安宁。他变得暴躁易怒，抓住皇后丧葬中一些细微末节的问题兴师问罪，在平静的宦海中掀起了重重波澜。在皇后死后的半年中，有一百多名大臣或被革职，或被降级，或被罚俸，甚至被处死。乾隆帝的雷霆之怒从外廷袭到内廷，当时已二十一岁的皇长子永璜首遭祸殃。永璜在皇后去世后，因为死去的不是自己的亲生母亲，故而没有表现出十分的哀痛。这是乾隆帝所不能容忍的。同时遭祸的还有皇三子永璋，乾隆帝曾一度对他产生过好感，并寄予希望。但在皇后去世时，十四岁的永璋的表现也令乾隆帝不满。乾隆帝在盛怒之下，断然宣布，此二人断不可承继大统！为了表明自己的决绝之意，乾隆帝对天发誓："朕为人君，于常事尚不食言，于此等大事，又有食言之理乎？"永璜遭此严重的鞭挞，抑郁寡欢，终至染疾在身，一年以后，于乾隆十五年 (1750) 三月十五日命归黄泉。永璋也在惶恐不安中于乾隆二十五年 (1760) 死去。

皇后死后的第二年，即乾隆十四年 (1749)，皇九子早殇，未命名；又过了两年，即乾隆十六年 (1751)，皇十子早殇，未命名；乾隆二十年 (1755)，皇十三子永璟早殇；乾隆二十七年 (1762)，皇十六子早殇，未命名。一连串的家庭悲剧接踵而来，使乾隆帝一次次地受到精神上的挫伤。

从表面上看，乾隆帝是一位多子的皇帝。名义上曾拥有十七位皇子，但有七位皇子不满五岁即夭折，其他十位虽长大成人，却只有六位活过了三十岁。能够考虑立为皇储者，已是寥寥无几。那为数不多的几位长大成人的皇子，又难以令他满意。皇八子永璇刚愎自用，不为乾隆帝喜欢。皇十一子永瑆诗文精洁，尤善书法，名重一时。士大夫得其片纸只字，视若珍宝，乾隆帝亦深爱其才。但永瑆天性阴忮，好以权术驭人，不讲信义，唯知逢迎权要，守财如命，持家十分苛虐，不是做君主的料。

这时，乾隆帝欲立为皇储者是皇五子永琪。永琪为愉贵妃珂里叶特氏所生，其母于雍正年间入宫，乾隆初年被封为贵人，乾隆六年封愉嫔，乾隆十年封为愉妃，死后以贵妃入葬。

永琪少时能讲满语，骑射娴熟，深得乾隆帝喜爱，这是乾隆三十年正月间乾隆帝心中装着的皇储 (这一年永琪被封为荣亲王)。

想到这里，乾隆帝坦然迈过乾清宫的门槛。

又记：皇五子永琪于乾隆三十一年 (1766) 死去。乾隆三十年以后，乾隆帝仅生一子，即皇十七子永璘。这是一位好游嬉，不喜读书，不务正业的公子哥儿。他曾半开玩笑地对人说："使皇帝多如雨落，亦不能滴吾顶上。"乾隆三十年，继皇后乌拉纳喇氏随乾隆帝南巡至杭州，与乾隆帝发生龃龉，竟一气之下剪去发辫，触犯满洲禁忌，从此被冷落。第二年乌拉纳喇氏于孤寂冷漠中死去。乾隆帝令治以皇贵妃之礼，并削夺其皇后位号。她所出的皇十二子永璂自然也被排除在立储之外。

母以子贵，天经地义，而雍正朝与乾隆朝却有不同的选择。雍正帝最宠爱的是年羹尧之妹，原藩邸的侧福晋年氏，雍正帝对于尚在幼年的年氏之子福惠是比较器重的。年氏与其子福惠虽都死在雍正帝之前，可是在秘密立储时福惠还在，雍正帝却选中了嫔妃等级低下的钮祜禄氏所生的弘历，这说明他择嗣的依据不是生母，而是皇子本人。

乾隆帝则有不同，皇后富察氏在乾隆帝心目中更受爱重。乾隆元年 (1736)，永琏被密定为皇太子。皇太子早夭后，此后的立储，乾隆帝仍然掺杂着对皇子生母的好恶，这种感情因素对于他选择储君起着较重的作用。

乾隆三十八年 (1773)，乾隆帝秘密立储，被选中承继皇位的是皇十五子永琰 (即位后改名颙琰)，为令贵妃魏佳氏于乾隆二十五年 (1760) 所生，即后来的嘉庆帝。

全新时代并未如期而至。乾隆帝所期许的"我朝圣圣相承，乾纲独揽，政柄从无旁落"宏愿也未得以实现。由于雍正帝设计秘密立储制度的核心政治理念是有利于在位皇帝的政治统治，因

《乾隆帝妃与嘉庆帝幼年像》

所绘场景为楠木装修的室内,一妃嫔与一儿童立于楼下的窗前。根据画上的黄签"今上御容,嘉庆二十年十二月初一日敬识"可知,此图描绘的是乾隆帝的第十五子嘉庆帝的孩提时代,那位贵妇可能是后尊为孝仪纯皇后的生母魏佳氏。作者是谁,现在已不可考了。背面有字口"思永斋换下"。知此贴落曾悬挂于圆明园长春园思永斋中,后被换下并带回宫中。

此，实际上这种以孝忠于在位皇帝为立储基本条件的、由上而下的"选拔"制度一经出现，就已经为清代后期皇权的弱势命运埋下了伏笔。

以表面上平静的政权过渡为基本特征的秘密立储，最终换来了储君在后来政治作为上的压抑与无能。看看清代后期一代不如一代的皇帝，就会令人感到，他们并不是政治斗争的强者，而是政治强人手中的玩偶，政柄旁落终成定局。尽管说后来的皇帝素质每况愈下，和生育率过低，可供选择的皇子太少有关。然而，由此也可以进一步证明，这套皇位继承制度在设计之初就有着严重的缺陷，因为它本身排斥了包括生育能力在内的其他重要选拔条件。秘密立储，最终非但未能解决结党营私、攀龙附凤的旧病，而且还使皇权政治患上了软骨、阳痿的新症。这实在不是什么好法子。

四 重华联句 君臣之道

七时许，重华宫茶宴开始。紫禁城好像是一个诗的王国，而乾隆帝本人就是那至高无上的国王。君臣二十多人联赓对诗，他们用华丽的辞藻来赞美一尊雪象。这场隔年残雪是下在上年腊月二十三日的「二寸沾」，相去已有半月，然而与会的人们仍兴致高昂。

辰初至巳初　七时至九时　更衣　小憩　联赓对诗

皇上到乾清宫西暖阁读圣训的当儿，早在黎明前就候在乾清门外的二十四名当朝重臣，在奏事官员的带领下，由乾清门鱼贯进入内廷。如果这时有人去眺望天空，会感受到它的肃穆。太和殿前的天空很大，已经留在身后。宫墙高耸，接下来的本来晴好的天空变得狭长。

乾清门是紫禁城内廷的正宫门，正南是太和、中和、保和三大殿，过了此门则是乾清、坤宁、交泰三殿，连同东西六宫，共为十五宫，构成了内廷的主体建筑群，正合星辰紫微垣两藩十五星。

乾清门门广五楹，中三陛三出，各九级。四周围以汉白玉石栏，门前有两座鎏金的铜狮。门之东为内左门，西为内右门，皆南向。乾清门一带既是有清一代御门听政处，也是联络外廷与内廷的咽喉要道。

四任"丞相"

头一天，内务府总管王常贵传旨："正月初八日叫汉大人进重华宫作诗，茶膳房伺候果盒。钦此。"

正月初八日行请轿舆，官宅伺候，乾隆帝用丰登宝盒一副，赏郭什哈昂邦、汉大人用鼓盒、果盒十二副。

赏阿哥师傅张泰开、汪永锡[1]、李中简、倪承宽、卢文弨、金

1　清宫档案中记录正月初八日，二十三名大臣参加重华宫茶宴对诗联句。但实际参加对诗的大臣有二十四名，最后一名汪永锡似是临时加入的。

牲、谢墉、汪廷玙、刘星炜、奉宽、陈兆仑菜三桌。每桌熟锅一个、荤菜二盘、素菜二碗、点心二碗、粉汤。

赏懋勤殿翰林王际华、陈孝咏、蒋楫早晚菜二桌。

赏南书房翰林董邦达、窦光鼐、彭启丰、钱汝诚、裘日修早晚菜二桌，共四桌。每桌八碗，内有荤菜二碗、素菜二碗、热锅二个、点心二盘、粉汤。

上记初八日在皇宫中有饭局的十九人中，除去阿哥师傅李中简、懋勤殿翰林陈孝咏、南书房翰林董邦达[1]三人，其他十六人等均参加了重华宫茶宴对诗。

另外，除去观保一位，傅恒、刘统勋、阿里衮、陈宏谋、舒赫德、阿桂与于敏中都是在清史中有传的赫赫有名的人物。他们中间的四位还是乾隆年间的四任"丞相"，其影响一直延续到乾隆末年。

其一是傅恒，他是现任首席军机大臣。满洲镶黄旗人，出身于显赫隆盛的簪缨世族富察氏家族，曾祖哈什屯，曾

大学士一等忠勇公傅恒像

1　据《乾隆三十年王公文武大臣等职名黄册》，董邦达正月初六日胃气疼，正月十五日病。因此，在正月初八日这一天，他很可能胃疾复发，只参加了皇宫饭局，而在重华宫茶宴中缺席。

任内大臣；祖父米思翰，任过户部尚书；其父李荣保是察哈尔总管。傅恒是李荣保的第十子。更为重要的——傅恒是孝贤皇后的弟弟，也就是说他是乾隆帝的小舅子。

同满族大多数官员一样，傅恒没有科甲头衔，而是以侍卫登上仕途。乾隆五年 (1740)，被任以蓝翎侍卫，为六品以下的小官。两年之后即授总管内务府大臣，管理圆明园事务。由此官运亨通，步步高升。乾隆八年 (1743)，擢户部右侍郎。十年 (1745) 六月，任军机处行走。十一年 (1746) 七月转左侍郎；十月，授内大臣。十二年 (1747) 二月，充会典馆副总裁；三月，迁户部尚书，授议政处行走，兼銮仪卫事；六月，充会典馆正总裁。十三年 (1748) 三月，命傅恒等总理皇后丧仪；四月，加太子太保、协办大学士；六月，充经筵讲官。

时遇大兵征讨大金川逆酋莎罗奔，经略大学士、首席军机大臣讷亲久战无功被杀，二十五六岁的傅恒登上了首席军机大臣之位，成为清代历史上最年轻的宰辅。

乾隆十三年 (1748)，对于皇帝和他的大臣们来说，几乎都是充满坎坷的一年，而傅恒却是一个例外。对他来说，这是时来运转、飞黄腾达的一年。

这一年九月，傅恒被任命暂管川陕总督，经略军务，受命于危难之中。随即晋升保和殿大学士，位至卿相，前往金川主持征讨。为了保证傅恒用兵无阻，将士听命，乾隆帝还不吝赏格，不惜权力，打破常规，赐傅恒花翎二十、蓝翎五十、白银十万两，作为嘉奖军前立功将士之用，其奏章许于沿路开看。十一月，傅恒启行，乾隆帝赐宴重华宫，亲至堂子行告祭典礼，并命皇子及大学士来保等送至良乡。

两个月后，傅恒刚抵达四川，乾隆帝又颁布了对他的嘉奖令：晋衔太保，加军功三级。傅恒年不过三十，出师尚未立功，便骤然晋至三公之位，如此恩典实在是出人意外。

一个月后，即乾隆十四年 (1749) 正月，傅恒亲自督师攻下金川险碉数座的奏报递达京城。傅恒还表示要亲任其难，直捣逆酋巢穴，于四月间奏捷。

但是，乾隆帝通过傅恒的奏章，已知前线缺粮缺马，军需供给匮乏，需要速战速决；而金川叛民的碉卡险隘林立，易守难攻，"攻一碉难于克一城"。当他听说傅恒要誓与金川战争相始终时，唯恐傅恒年轻气盛，因求功心切而陷在这场进退两难的战争里。因为，对乾隆帝来说，用傅恒督师的真正用意，不在于克复一地一域，而在于历练大臣，帮傅恒树立威望。

因而，傅恒刚刚小有奏捷，乾隆帝便又下令班师，召傅恒还朝。其旨称："傅恒自奉命以至抵军，忠诚劳勋，超出等伦。办事则巨细周详，锄奸则番蛮慑服，整顿营伍则纪律严明，鼓励戎行则士气踊跃。且终宵督战，不避风雪，击碉夺卡，大著声威，诚克仰副委任。……经略大学士傅恒乃朝中第一宣力大臣，素深倚毗，岂可因荒徼小丑，久稽于外？朕心实为不忍！即擒获渠魁，扫荡巢穴，亦不足以偿劳。此旨到日，傅恒着即驰驿还朝。"乾隆帝唯恐傅恒有违旨意，还搬出向不预政的崇庆皇太后谕令傅恒罢兵。

遏必隆腰刀
乾隆十三年赐傅恒平定金川用过。

旋踵而来的欲加之恩，不仅令满朝文武心中惑然，即傅恒本人也感慨交集，诚惶诚恐。他上疏坚请进兵，力辞公爵。在傅恒来说，此时唯有肝脑涂地，效命疆场，方能报答皇帝的不世之恩。

傅恒没能揣摩到圣上的真实意图，这使乾隆帝心急如焚。他手谕傅恒，以数千之言，反复谕令其班师还朝，声称"大学士辅弼元臣，抒诚赞化，名耀旂常，正不必与兜鍪阃帅争一日之绩"。

而傅恒真可谓吉人天佑，就在他踌躇再三，对班师还朝颇有勉为其难的苦衷时，金川土司莎罗奔等因久战乏力，畏死乞降。于是历时两年之久的金川之役以傅恒亲往督师告捷。

从此，傅恒便以本朝第一功臣的地位，在朝廷中树立起了军功威望。他不仅完全取代了讷亲的地位，以太保保和殿大学士一等忠勇公的头衔，担任军机处领班大臣，而且备受荣宠，成为名副其实的乾隆朝宰辅大臣。一直到乾隆三十五年 (1770) 七月病殁，他执掌枢垣达二十年之久。

傅恒作为椒房贵戚，又早年入侍禁宫，论阅历自是比不上那些起自微官末秩的达官显贵。如果说他的能力和识见高人一筹，那也只能归结为其宽厚谨慎的秉性。他为人雍容谦和，礼谦下士，恭谨事上，给人一种与世无争之感，不仅与同朝的大臣们相处融洽，即使高高在上的皇帝，也会因对其摆布随意，得心应手而倚毗尤深。

与傅恒同时的清人赵翼在《檐曝杂记》中描述说："傅文忠(傅恒)文学虽不深，然于奏牍案卷，目数行下。遇有窒碍处辄指出，并示以宜作何改定，果惬事理，反复思之，无以易也。余尝以此服公。"傅恒非科举出身，却能在那些出自文宗士子之手的文翰中找出纰漏。一次，他为两江总督尹继善在乾隆帝南巡时增华扬丽之事，命司属代作诗文相嘲，其属员诗中有"名胜前番已绝伦，闻公搜访更争新"之句，傅恒闻后，将"公"字改作更为熨帖的"今"字。这使颇为自负、以文学才子自诩的赵翼也心服口服。

傅恒的确是个有福的宰相，乾隆十三年由皇后之死而掀起的一场轩然大波，终于在傅恒主外廷、乌拉纳喇氏主内廷之后平息了下去，着实过了不少年的太平日子。傅恒本人不仅轻而易举地成了紫光阁群英图中的第一功臣，而且成了名副其实"德心孚契"的太平宰相。

然而好景不长，边境再起事端。作为清王朝属国的缅甸，于乾隆二十七年 (1762) 冬对云南边境发动进攻。泱泱大国，岂能受小国之辱。乾隆帝一向认为"我大清国全盛之势，何事不可为"，于是便在收复失地之后，接受了云贵总督杨应琚的建议，于乾隆三十一年 (1766) 出征讨伐缅甸。

这是一次穷兵黩武而又毫无所获的战争，先是杨应琚惨败，继之明瑞身亡。在连续受挫之下，乾隆帝不得不派出朝廷重臣傅恒，命傅恒为经略，阿里衮、阿桂为副将军，舒赫德为参赞大臣。很明显，这是一场只能胜不能败的战争。

乾隆三十四年 (1769) 二月，傅恒率师启程。三月底，当他抵达云南之后，便不顾当地气候恶劣，不听众人关于宜待霜降瘴消之后出师的建议，马不停蹄地出兵入缅。傅恒是在用自己的性命来诠释对皇帝的忠诚，并真正做到了鞠躬尽瘁，死而后已。

傅恒出师三个月后，与缅军相持于老官屯一带。在双方胶着的过程中，清军因水土不服，染瘴病而死亡的人数与日俱增，队伍已由三万人减至一万人，傅恒本人也染上了非常可怕的瘴疠。

战争实在无法打下去了。卧病在床的傅恒更是骑虎难下。虽说乾隆帝已有撤兵之旨，但傅恒因难以复命而犹豫不决。正在这时，缅甸方面遣使求和，傅恒又一次体面地于乾隆三十五年 (1770) 春班师还朝，却不幸于当年七月因瘴疠而与世长辞。

傅恒的死，使乾隆帝深为震悼，如失左右手，他亲临其第酹酒，赋诗咏之：

> 瘴徼方欣舆病回，侵寻辰尾顿增衰。
> 鞠躬尽瘁诚已矣，临第写悲有是哉！
> 千载不磨入南恨，半途乃夺济川材。
> 平生忠勇家声继，汝子吾儿[1]定教培。

1　傅恒的几个儿子都得到乾隆帝的倚重。长子福灵安，多罗额驸，云南永北镇总兵，病死于征缅之役。二子福隆安，和硕额驸，尚乾隆帝女和嘉公主，理藩院尚书，一等忠勇公。还有福长安，官至户部尚书，封侯爵。尤其是他的另一个儿子福康安，更是乾隆朝最重要的将军，功勋显赫，官至武英殿大学士，生封贝子，死后追赠嘉勇郡王。诗中的"汝子吾儿定教培"真正落到了实处。关于福康安的身世，有人怀疑他是乾隆帝的私生子，所以特受宠任。传言颇多。

一年以后，乾隆帝出巡畿辅，驻跸天津行宫，而此地恰恰是傅恒去年自云南前线还朝复命之地。触景生情，乾隆帝感慨万分，又赋诗追念故人：

> 去岁滇南力疾回，恰斯面晤忆生哀。
>
> 朴齐即景依然也，前席言人何往哉！
>
> 自古同为阅世客，祇今谁是作霖材？
>
> 自怜无助涓埃者，后进方当竭力培。

乾隆三十九年 (1774) 二月，乾隆帝路经傅恒墓，赐奠并再赋御诗：

> 佳城咫尺跸途旁，莅止因之酹桂浆。
>
> 已历廿年资辅弼，又惊三载隔阴阳。
>
> 先兹于汝应相恨，后此顾予转自伤。
>
> 无忘昭陵虽有例，那教赐奠痛文皇。

傅恒之死时时激起乾隆帝的悼念之情，足见其在皇帝心中的地位，他确实是与乾隆帝同心同德的"济川材""作霖材"。乾隆三十年 (1765) 正月初八日，傅恒作为重华宫茶宴上与君对诗的第一臣子，也是情理之中的事。而后乾隆帝累赋御制诗悼念故人，也算是对当年重华宫茶宴上傅恒作诗颂圣的一种特殊回报。

其二便是被乾隆帝称作"真宰相"的刘统勋。

刘统勋，字延清，山东诸城人。雍正二年 (1724) 进士，考选庶吉士被点为翰林，授编修之职。先后值南书房、上书房，四迁至詹事府詹事。当乾隆帝登基时，刘统勋已是正三品的大员。但

刘统勋行书苏轼诗

故宫博物院藏

是，官阶虽高，却始终不得要职，充其量不过是皇帝的文学侍从而已。

然而，性情简傲的刘统勋以清介、持公闻名于朝野，在当时鄂尔泰与张廷玉两势力之间，他是少有的几个既不依附鄂党，也不投靠张党的人。这是初政之后为大臣朋党而忧烦困扰的乾隆帝，在汉人中选中刘统勋的重要原因。

乾隆元年 (1736)，刘统勋被擢为内阁学士，授命从大学士嵇曾筠赴浙江学习海塘工程。在浙期间授刑部侍郎。乾隆四年(1739)，刘统勋丁忧回籍。乾隆六年 (1741)，即被召回朝廷晋为左都御史，成为执掌台垣 (即监察机构，皆为言官) 的权要人物。

刘统勋几乎是刚刚上任台垣，便以刚直闻名朝野。乾隆六年十二月，他上书弹劾了当朝的两大权臣：讷亲和张廷玉。

当时，讷亲正走红，为乾隆帝倾心倚任，欲以其取代前朝老臣鄂尔泰和张廷玉。

但刘统勋却直言："讷亲年未强仕，综理吏、户两部，典宿卫，赞中枢，兼以出纳王言，时蒙召对。属官奔走恐后，同僚亦争避其锋。部中议覆事件，或辗转驳诘，或过目不留，出一言而势在必行，定一稿而限逾积日，殆非怀谦集益之道。请加训示，俾知省改，其所司事，或量行裁减，免旷废之虞。"

又疏言："大学士张廷玉历事三朝，遭逢极盛，然晚节当慎，责备恒多。窃闻舆论，动云'张、姚二姓占半部缙绅'……请自今三年内，非特旨擢用，概停升转。"

这两份奏折，一是说讷亲权重，一是说张廷玉势大，均为切中时弊之言。但具折之人，却不能不承担相当的风险。虽说作为言官，有"风闻奏事"不以为过的权限，但台谏终归是专制皇权的御用工具，最终须取决于皇帝的裁断。

所幸乾隆帝处理此事相当明智，他既不否定刘统勋所奏，亦不峻加指责讷亲和张廷玉。只是颁旨说："朕思二臣若果声势赫奕，擅作威福，刘统勋必不敢如此陈奏。今既有此奏，则二臣并无声势可以箝制僚寀可知，此国家之祥瑞也，朕心转以为喜。"

不难看出，乾隆帝并不满意刘统勋所奏。作为专制皇帝，他要独断乾纲，不允许任何人妄议朝政，因为这样直接关系到皇上的体面和尊严。因而，他声称"弹劾大臣，有关国体"，并以提防宵小无知之徒由此以参劾大臣为幸进之阶为名，下令将刘统勋的两份奏折明发大小官员，以谕禁止之意。

通过这次上疏，当年已四十三岁的刘统勋被逐渐磨掉棱角，由一名骨鲠之士变成了唯知尽职勤事的廉能之臣。在以后八年任都察院左都御史之职期间，再也无此铮铮有声的奏折了。而刘统勋的政绩也以鞫谳案狱、充当钦差为最多。乾隆中期有关地方大吏的贪黩枉法之案，几乎无不经由刘统勋鞫审，足以证明乾隆帝对刘统勋的信任和重寄。而刘统勋查鞫案狱的奇闻轶事，也随着官书和野史的载录、传闻不胫而走。

然而，刘统勋的仕途并非长盛不衰。乾隆十九年 (1754)，加太子太傅。五月，命协办陕甘总督，赐孔雀翎。二十年 (1755)，清廷议驻兵巴里坤、哈密，命刘统勋察勘。因不谙军旅，贻误军务，又妄议退兵，惹怒了皇上，被革职查办，押解来京逮治。当时刘统勋的处境十分悲惨，他的儿子刘墉（官翰林院侍讲）受其牵累，被夺职不说，在京其他诸子皆下刑部大狱，家产也被查抄籍没。

但乾隆帝毕竟不是昏君，旋怒解。他深知刘统勋为风骨之臣，"且遇事辄抒所见"，比之模棱怯避、缄默自全者胜过百倍。因此，宥其过犯，谕令"统勋在汉大臣中尚奋往任事，从宽免罪"，发往军营，令以司员办理军需，效力赎罪，并释放了其子。刘统勋于乾隆二十一年 (1756) 自伊犁返回，旋授刑部尚书。至乾隆二十六年 (1761) 拜东阁大学士，兼管礼部、兵部，成为朝廷中仅次于傅恒、来保的宰辅重臣。

刘统勋科举出身，虽不以诗名，然偶有吟作，必出手不凡。乾隆年间，桐城张廷玉预告归里，刘统勋奏敕撰送行诗，门下士如赵翼等故旧拜访刘统勋，并令拟作，卒莫有称意者。时刘统勋于枢廷中，自握笔管为之，其中一联云："住怜梦里云山绕，去惜天边雨露多。"恭缮进呈，乾隆帝见后大加褒赏。而同时送行诗中，无有出刘统勋之右者。

傅恒死后，乾隆帝对刘统勋更是倚恃为左右手，而且改变了汉人不得居军机大臣首辅的军机规制，破例于乾隆三十六年(1771)任命刘统勋为首席军机大臣。

然而，刘统勋在这个位子上为时不长，在乾隆三十八年(1773)寿终于"宰相"的职任上。

刘统勋故世时，乾隆帝亲临其第祭奠，竟至流涕谓诸臣曰："朕失一股肱！"既而曰："如统勋乃不愧真宰相。"并称其"神敏刚劲，终身不失其正"，遂谥文正，成为清朝大臣中第一个初殁得谥"文正"的人。而这须出自皇帝特旨的赐谥，"非品学德业无愧完人者未足当此"。

这第三位是生前备受乾隆帝宠重，死后却为乾隆帝深恶痛绝的于敏中。

于敏中，字叔子，江苏金坛人。乾隆二年(1737)，在科场上一举夺魁，摘取鼎甲桂冠，授翰林院修撰。自此后，于敏中以文翰受知于乾隆帝，累迁侍讲，典山西乡试，督山东、浙江学政，入值上书房。乾隆十八年(1753)，官拜内阁学士。乾隆十九年(1754)，擢兵部侍郎，为从二品的大员。

于敏中虽官场得志，翔步青云，但家中却屡有不幸。先是其生父于乾隆二十一年(1756)亡故。两年后，嗣父于枋继而病殁。接着又是他的生母谢世。

清代官吏遵丁忧守制之规，凡遇父母丧亡，官吏须持服三年，方为行孝。但长时间离任往往有失去升迁机会的可能，所以，在官场上常常出现官员匿丧不报的情况。对于功名心极强而又迫切需要钻营的于敏中来说，接二连三的丧亲之痛实在是微不足道，而归梓赴丧倒成了拖累，令他难以接受。因而，乾隆二十三年 (1758)，当他在嗣父殒殁、回籍治丧后，便未将相隔不久的生母之丧上报。然而，世上没有不透风的墙，于敏中的这桩丑闻很快传播开来，并惊动了台谏言官。

乾隆二十四年 (1759) 正月，御史朱嵇举书弹劾，称于敏中"两次亲丧，蒙混为一，恝然赴官"，指责这位熟读"四书五经"的科举状元不行孝道。乾隆帝虽然明察秋毫，并在群臣中留下明察太过、师心自用的形象，然而这次却采取了文过饰非的态度。

对于御史的纠参，乾隆帝降旨为其开脱说："于敏中守制回籍，陈请归宗，原为伊本身生母起见。若非归宗，则于例不得受封，此亦人子至情。至回籍后，复丁母忧，伊闻命暂署刑部侍郎时，未经具折奏明，此一节原未免启人訾议。但于敏中才力尚可造就，刑部侍郎缺出，一时未得其人，是以降旨起用。"乾隆帝还公开斥责朱嵇"污人名节，不无过当"，告诫诸臣不要妄发言论。

在乾隆帝的保全下，于敏中不但毫发无损，而且由署侍郎实授刑部左侍郎。至次年，即乾隆二十五年 (1760)，又奉命在军机处行走，入值枢垣为军机大臣，相业可望。

乾隆二十七年 (1762)，他获得了在紫禁城内骑马的资格，据乾隆二十九年十二月十四日 (1765年1月5日) 的内务府《来文簿》载，当时准备随往皇帝出巡江南，领取应得赏银的于敏中已是户部侍郎了。

于敏中何以如此获宠于乾隆帝？归根结底还是他本人的才气。《啸亭杂录》说："然其才颇敏捷，非人之所能及。其初御制诗文，皆无烦定稿本，上朗诵后，公为之起草，而无一字之误。……其得膺天眷，在政府几二十年，而初无所谯责者，有以哉。"

另外，与上两位不常作诗的丞相略有不同，于敏中有《素余堂集》存世。更重要的是他与爱作诗的乾隆帝算是有一种特殊的诗缘。

据说，于敏中于朝中得势之后，乾隆帝命他专责政事，便把复诵皇帝诗文的差事，交给了为其后进的梁国治。一天，两人一同被召见，于敏中以梁国治掌诗本，于皇帝诵诗时便不甚留心，只是目视梁国治，使其默记。但梁因入值未久，对军机处那些不成文的规矩还未得要领，也不晓得于敏中目中之意。召见完毕，于敏中等待梁将诗文誊写在案，却久等不至。及于敏中派人去

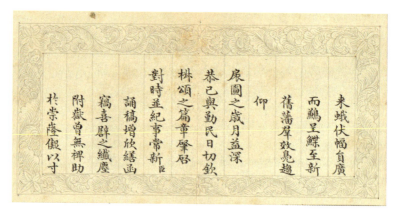

于敏中书御制元旦试笔

台北故宫博物院藏

问，梁才如梦方醒，茫然不知所措。因事关二人职守，于敏中见梁已计无所出，便说道："待老夫代公思之。"于是，一人独坐于斗室之中，约一刻钟，将乾隆帝所诵之诗文录出，所差只有一两个字，梁国治当即为之折服。于此足见于敏中才气之不凡。

乾隆三十年 (1765) 后，于敏中的仕途更是青云直上，于是年擢户部尚书，七月，充国史馆副总裁。三十三年 (1768)，加太保之衔。三十六年 (1771) 为协办大学士。至三十八年 (1773)，于敏中的官运达到了登峰造极的程度：三月，他奉命充《四库全书》正总裁；八月，晋升文华殿大学士兼户部尚书；九月，充国史馆、三通馆正总裁；十一月，在专供皇子读书的上书房为总师傅，兼翰林院掌院学士。这一年于敏中在朝廷中的地位已经十分显赫，在军机大臣的序次中，他排第三，仅在刘统勋、刘纶之后。由于乾隆帝的宠信，他的权势陡然大增。无论在京城还是出巡外地，于敏中总是作为随侍不离皇帝左右，朝廷中的许多重大决策，都有他的参酌和定见。于是，于敏中宠极而骄，连刘统勋也不放在眼里了。

乾隆三十八年 (1773)，朝廷下诏征集遗书。安徽学政朱筠疏请开局辑录《永乐大典》中的古书，得到于敏中的支持，但大学士刘统勋却以"谓非政要"，加以反对。刘统勋时居军机大臣之首，又先于敏中十二年拜内阁大学士，无论是地位还是资历都在于敏中之上。而于敏中却恃皇帝宠眷，与刘统勋抗颜相争，并终遂己愿。乾隆帝宣谕特开《四库全书》馆后，由他担任正总裁主其事。

此事，近代学者梁启超曾有论说："康熙中叶以来汉宋之争，到开四库馆而汉学派全占胜利。也可以说是：朝廷所提倡的学风，被民间自然发展的学风压倒。当朱筠初奏请开四库馆时，刘统勋极力反对，结果还是朱说实行。此中消息，研究学术史者不可轻轻放过也。"[1] 依梁启超说，朱筠属汉学家，刘统勋为宋学家，四库开馆则是汉学派殆占全胜的枢管。

是年十一月，以廉能方正立朝的大学士刘统勋过世，于敏中顺理成章取代了他的位置。毫无疑问，这对于敏中来说，是一件意义非常的事情。他不仅由此跃居为首揆军机大臣，且不再因刘统勋那一身正气而心生畏惮了。于是，长年夹着尾巴做人的于敏中放开了手脚，原形毕露。他培植私人，接交外吏，广通声气，而且暗行苞苴之私。

乾隆三十九年 (1774) 七月，内监高云从因漏泄朱批道府记载，下廷臣鞫治。在鞫审的过程中，于敏中私结内监的不轨行径被揭之于公堂之上。

乾隆帝对于敏中私结太监一事大为震怒。于敏中作为此时最受宠信的大臣，竟做出如此不合法纪而又不合身份的事情，是乾隆帝万万没有想到的。他不仅愤怒，而且痛心。同时，他也弄不明白，"于敏中以大学士在军机处行走，日蒙召对，朕何所不言，何至转向内监探问消息耶"？

在乾隆帝亲自审问中，于敏中避重就轻，为自己开脱。乾隆帝也没有往下追究，似乎相信了于敏中的供词。其实，更令人信服的解释是，皇上不愿承认自己任人不明，而保住了于敏中，也

1　梁启超《中国近三百年学术史》。

就保住了自己的脸面和尊严。所以，当太监高云从以违制干政，被推出斩首的同时，于敏中非但被乾隆帝从宽免于治罪，而且当刑部议处革职之后，乾隆帝再次颁诏从宽留任。足见乾隆帝此时复杂的心情，他恨于敏中的不忠，却又爱其才优，更想大事化小，小事化了。

于敏中虽操守不佳，却不愧是个栋梁之材。作为首席军机大臣，于敏中每日都要参与国家的大政方针，为乾隆帝赞襄大业，筹划方略。

其时，正值乾隆帝第二次对金川用兵，皇上正外倚能征惯战的阿桂统兵打仗，内恃精明强干的于敏中为他综理国政。正如乾隆帝自己所言："自川省用兵以来，于敏中书旨查办，始终是经其手。"乾隆三十九年 (1774)，清廷已是胜利在望，大功告竣在即，乾隆帝正想对这位才学优长的宠臣加官晋爵，不料，于敏中私结太监一事恰在此时败露。于是，乾隆帝以其功过相抵，如前大学士张廷玉之例，给以世职不再提，将他从宽发落，但却不无讥讽地说："实伊福泽有限，不能受朕深恩。于敏中宁不知痛自愧悔耶？"

乾隆四十一年 (1776) 正月，金川战争克捷，这为于敏中带来了他仕宦生涯中最后的一次辉煌。乾隆帝论功行赏，大赐群臣，于敏中以"办理军务以来，承旨书谕，夙夜殚心，且能巨细无遗，较众尤为勤勚"，赏给一等轻车都尉，世袭罔替。并使他同诸功臣一样，图像于紫光阁中。

于敏中也是喜出望外，他那被阴云笼罩的心情顿时轻松了不少。趁着皇上在兴头上，他乞求翎帽黄褂之赏。

孔雀翎帽和黄马褂，只能是满族武臣获军功者方可穿着佩戴，汉人文职大臣由鼎甲出身者，从无赏花翎、黄褂之例。但于敏中既有是请，乾隆也就欣然允了，并笑而赐诗曰：

儒服由来本称身，乞恩因以画麒麟。
讵图章采荣梓里，亦谓勤劳同荩臣。
缁席宁如赤帝子，莺衣和着鹭翎人。
木天从此增佳话，黄绢原归冠榜宾。

大学士一等轻车
都尉于敏中像

于敏中虽着实得意了一番，却寿数有限。乾隆四十四年 (1779)，他那每年冬季都要发作的老病即所谓"寒疾"加剧，入冬后竟然一病不起。"病喘，遣医视，赐人参"。于十二月病逝，终年六十六岁。

时值腊八佳期，乾隆帝因节庆鲜暇，不得亲自往奠。特遣皇八子携茶酒致祭，优诏赐恤，祭葬如例，祀贤良祠，谥文襄。在一首悼念的诗中，乾隆帝深切地表达了他那种痛失良佐的心情：

遗疏不堪视，挽词那可忘。
悲今如伯施，述古叹文皇。

乾隆帝对于敏中可谓是仁至义尽，但于敏中对乾隆帝却是非忠非义。尽管他生前做得隐讳，但死后很快昭然于天下。

事情的败露竟是由于敏中侄（于时和）孙（于德裕）们的遗产纠纷引起。于敏中尸骨未寒，于家就为财产而大动干戈，讼之公堂。这早已使乾隆帝生疑。于是，便以为于家断明家产分配为名，命大学士英廉等人逐一查检于家的财产。结果查得所藏金银竟合二百万两之巨。

当查讯的结果奏闻朝廷时，乾隆帝勃然大怒，下令籍没于敏中家产，并革掉其妾张氏三品诰命夫人（乾隆三十八年特封），发往曲阜孔庙为婢。这一记载仅见于《朝鲜李朝实录》中，在清朝的官书和清人的笔记中均不见有所透露。可以想象，这件首席军机大臣贪污不职的大案，是被乾隆帝给捂起来了，无论在当时还是事后，从办案到籍没家产都是极其秘密的。

继京城的抄家之后，江苏巡抚吴坛也查明了于敏中之侄于时和在江南吞占家产的情况；继而，又查出苏松粮道章攀桂曾为于敏中在江南雇人修建花园。随之而来的是，乾隆四十六年（1781），举朝震惊的贪污大案——甘肃巡抚王亶望捏灾冒赈案被揭之于天下。

事出偶然，乾隆四十六年三月，甘肃河州苏四十三聚众起事，乾隆帝派和珅、阿桂至甘督办。四月和珅到甘肃后上疏奏报军情，言及入甘境即遇雨。阿桂上报征战之情，亦屡称雨水太多延滞用兵。乾隆帝由此回想到过去甘肃连年奏报干旱，大起疑心，立即警觉起来，降旨询问阿桂："该省向来年年报旱，何以今岁得雨独多，其中必有捏饰情弊。"谕令阿桂和署理陕甘总督的李侍尧仔细访察办理，据实上奏。

案情很快查办到乾隆三十九年 (1774) 初，陕甘总督勒尔谨疏请在肃州、安西两地收捐监粮，欲通过捐监筹集粮食，以备仓储。而民人因输粮入监有了前程之望，亦乐从命。捐监本身似无可咎责之处，但却为别有用心的王亶望所利用。这王亶望何许人也？原来此人并非市井细民，而是巡抚之公子，其性甚贪。这项被王亶望钻了空子的措施，在当时得到管理户部的大学士、首辅军机大臣于敏中的赞同，"即行议准"，并在乾隆帝犹豫未决的情况下"怂恿开捐"，说服了皇帝。

其时王亶望由江苏布政使擢为甘肃巡抚。此人在乾隆帝眼里是个精明的能臣，尤其会逢迎事上。他在赴任甘肃之前，依例须到京陛见，自然也会拜访于敏中。因而，王亶望到甘肃之后，如此胆大妄为，又如此畅行无阻，连总督勒尔谨也安于从事，如果没有于敏中为之从中主持，是很难说得通的。

乾隆四十二年 (1777)，乾隆帝对甘肃捐监一事似乎产生了怀疑，特派刑部尚书袁守侗、刑部左侍郎阿扬阿前往甘肃盘查监粮。袁守侗素以擅长办案著称，然而此次到了甘肃，却将实无一粒监粮在仓的甘肃，说成是"仓粮系属实贮"，使乾隆帝信以为真。假如袁守侗、阿扬阿是受了蒙骗，那么能知道如此机密，为王亶望通风报信的又是谁呢？

把于敏中同甘肃捐监冒赈案联系起来，就不会再有这么多的问题了，也不会觉得他那二百万两家私来得奇怪了。

此案大白之后，乾隆帝下谕，命将王亶望立即正法，令勒尔谨自尽。被处斩的大小官员就有五十余员，可谓是大诛贪官，严惩不贷了。

乾隆四十七年 (1782) 十月二十七日，乾隆帝下了一道长谕，讲述全案经过，训示内外大小官员，其中多处指责于敏中：

> 彼时大学士于敏中管理户部，即行议准，又以若准开捐，将来可省部拨之烦，巧词饰奏。朕误听其言，遂尔允行，至今引以为过。其时王亶望为藩司，恃有于敏中为之庇护，公然私收折色，将通省各属灾赈，历年捏开分数，以为侵冒监粮之地。设此时于敏中尚在，朕必重治其罪，姑念其宣力年久，且已身故，是以始终成全之，不忍追治其罪。

乾隆六十年 (1795)，年已八十有五的乾隆帝，在宣布退位的前夕，仍然没有忘记令他寒心的于敏中。他在详细审阅国史馆进呈的于敏中列传后，又旧事重提，发布上谕：

> 昨国史馆进呈《于敏中列传》，朕详加披阅。于敏中以大学士在军机处、南书房行走有年，乃私向内监高云从探问记载，又于甘肃监粮一事，伊为之从中主持，怂恿开捐，以致酿成捏灾冒赈巨案。……即此二节，实属辜恩，非大臣所应有。使其身尚存，必当从重治罪。

于敏中死后蒙羞，遭到了报应，从此恶名远播。

这第四位是在乾隆帝的十大武功之役中唯一的无役不与的功臣"丞相"——阿桂。阿桂，字广庭，章佳氏，为大学士阿克敦之子。初为满洲正蓝旗人，因在平回部、驻伊犁期间治事有功，改隶正白旗。

作为满族人，阿桂不仅出身簪缨世族之家，又以武功受知于乾隆帝，而且通文学，仕出科举功名，为乾隆三年举人。

阿桂性情沉稳、端重，却不失机敏。先是以荫生授职大理寺，累迁至吏部员外郎。乾隆八年 (1743) 升任郎中，命在军机处行走。这一年，阿桂二十五岁，可谓少年得志。

但阿桂很快仕途受挫，先是因失察库项银物被降调；接着，乾隆十三年 (1748) 的政治风暴又波及到他。这一年，阿桂奉命随兵部尚书班第赴金川军营办事。由于出师不力，乾隆帝重惩群臣，继经略大学士讷亲和总督张广泗先后以贻误军机被乾隆帝处决后，提督岳钟琪疏劾阿桂勾结张广泗蒙蔽讷亲。于是，阿桂被逮，投入大牢。直到第二年，这场突发的风暴烟消云散，阿桂才因父亲年老，只有自己这么一个儿子，而罪过又与贻误军机不同，获释回家。

阿桂作为大学士之子，获释后自然很快官复原职，仍在军机处行走。乾隆十七年 (1752)，擢任江西按察使。次年，召补内阁侍读学士。乾隆二十年 (1755)，为内阁学士，跻身部院大员的行列。但其时正在进行的准噶尔战争，又将阿桂卷入沙场。阿桂先是奉命赴乌里雅苏台督理台站。遇父阿克敦之丧，回京丁忧，旋即回前线，以参赞大臣、镶红旗蒙古副都统驻守科布多。乌里雅苏台和科布多皆为清朝的重要驻防之地，足见阿桂在此时已开始为乾隆帝所重视。但在这次战役后，阿桂虽得到花翎之赏，却也因战前"观望"而受到责备。

紫阁元勋阿桂像

乾隆二十五年 (1760)，清军平定了回部，收复了天山南北新疆的广阔领土。如何来巩固这一地区的统治？就在众人束手无措的时候，阿桂上疏屯田之议。他建议在水土肥沃的伊犁河以南海努克等处屯田。既以回疆民人中娴耕作者屯种，亦增派驻防兵协同耕种。然后，逐渐在当地建设城市，设置台站，并筹备驼马，发展交通。

阿桂的建议得到了乾隆帝的称许，而阿桂也就承担起在新疆屯田的重任。阿桂"由阿克苏率满洲、索伦骁骑五百名、绿营兵百名、回子三百名，越穆苏尔达巴罕至伊犁，镇守办事，搜捕玛哈沁，招抚溃散之厄鲁特，即以绿营兵筑城，回子乘时兴屯，开渠灌溉"。[1] 在号称大沙漠的罕无人迹的回疆进行屯田，不能不说是一次对命运的挑战。然而，命运却不失时机地成全了那些敢于向它抗争的人们。阿桂的尝试居然成功了，是岁大丰，阿桂由此扬名。

乾隆二十六年 (1761)，清廷第一次图功臣像于紫光阁，乾隆帝亲自作赞，平定伊犁回部功臣共五十人，阿桂虽无陷阵杀敌之勋功，却仍名列第十七位。

此后，阿桂似乎与战争结下了缘分。自

1 《钦定新疆识略》卷六。

乾隆二十九年 (1764) 三月，阿桂奉命署伊犁将军，寻调署四川总督；十二月回京，任工部尚书。乾隆三十年 (1765) 正月初八日，他参加了重华宫联句对诗。

阿桂不仅勋名德望，功存册府，而且在诗界也有些名望，有诗篇存世，亦有人评赞过他的诗作。如郭曾炘的《杂题国朝诸名家诗集后》评阿桂诗"英雄出语只天真"。近代北洋政府总统徐世昌撰有《晚晴簃诗汇》，评说读阿桂诗"知勋业根于儒术，诗亦光明俊伟，为有德之言"。陈康祺的《燕下乡脞录》记："阿文成公 (阿桂) 在金川时，曾被岳 (钟琪) 大将军参劾获咎。嗣文成总督云贵，岳适降补云南提督，心常惴惴。文成偶咏诗示岳云：'鸣镝一声山响答，长空飞鸟漫相疑。'岳始释然。"足见阿桂作诗的诚挚之风。

到乾隆三十二年 (1767)，阿桂实授伊犁将军，中间又一度署理四川总督，皆以封疆大吏的身份镇守边疆。在缅甸之役开始后，阿桂很快又作为扭转败局的能将，与阿里衮同为副将随大学士傅恒征缅。

然而，这是一场得不偿失的战争。清廷虽然是最终的胜利者，但却付出了沉重的代价。在那小小的弹丸之地不仅丢下了数以万计的官兵尸骨，而且阿里衮卒于军中，傅恒也身染重疾，回师后不久病故。阿桂成了此战三名主将中的唯一幸存者。

缅甸之役后，阿桂被任命为云贵总督，留驻云南。乾隆三十四年 (1769)，罢总督任，改授副将军，负责筹办撤兵事宜。乾隆三十五年 (1770) 三月，因遣使失当，交部议处，后被革去所兼各职，以内大臣留办副将军事务，令其自效。乾隆帝急欲从缅甸战场脱身，阿桂却在次年二月疏请大举征缅，并请求入觐面陈机密，结果被乾隆帝手诏诘责，命夺官留军效力。此时金川之役再起，清军连连失利，乾隆三十八年 (1773)，定边将军温福所率领的援军在木果木大败。危难之中，乾隆帝和在朝大臣们几乎同时想到阿桂。于是，于军中屡立战功的阿桂，官阶由四川提督、参赞大臣、右副将军、礼部尚书，升到指挥这场战争的前线统帅定西将军。

乾隆四十一年 (1776)，金川之役告捷，清廷第二次于紫光阁图功臣像，在五十人中阿桂居首位。是年又被诏封一等诚谋英勇公，晋协办大学士；次年五月，又官拜武英殿大学士，管理吏部，行走班次列于敏中之前，居为首位。

阿桂自乾隆四十一年入阁拜相，即已是六十岁的老翁。诸多戎马之功使他威名素著，"为近日名臣之冠"。但他毫无骄恣之气，立身严谨，恭谨事上。

乾隆五十三年 (1788)，清朝于平定台湾林爽文之役后，第三次图功臣像，阿桂仍以指示方略，位居功臣之首。乾隆帝还亲自赋诗称赞：

勘外守中，居恒亮功。
驰咨军务，志每予同。
归朝襄赞，翦逆除凶。
三登紫阁，福厚功崇。

乾隆五十七年 (1792)，清廷又获平定廓尔喀入侵西藏的胜利，第四次于紫光阁图功臣像。阿桂作为朝中的老臣，有协谋大劳，本应居于首位，但"阿桂自以此次未临行阵，奏让福康安为首功"，自己甘居第二。为此，乾隆帝赞他"从不言功"。

阿桂以满人拜相，自乾隆四十二年 (1777) 补武英殿大学士后，位次便跃居于敏中之前。但他仍然谨慎小心，"画诺至恭慎，每署日稿尾，虽遇仓猝，运末笔如有力千钧"。他每天早上天不亮就入朝治事，凡事都亲自过问，奏稿亲自阅看，直到他认为准确无误时，方呈送皇帝。而且，每当皇帝的御辇经过他办公的值房时，他都要在房中起立垂手以待，直到皇帝的卤簿仪仗走远，才重新坐下。后人称他是"功大心小"，真是一点也不差。

嘉庆元年 (1796)，做了太上皇的乾隆再举千叟宴，阿桂领班。是年八月，是阿桂的八十生辰，太上皇帝赐"介眉三锡"匾额。并赐御制诗云：

> 黄发未曾更骀背，廿年于是掌丝纶。
> 试看信史今今古，幸我斯时君与臣。
> 耳重目明政何碍，前功后业福犹申。
> 相期矻矻漫言老，七字促成赉寿辰。

此诗，可以说是为阿桂最后图了个"功臣像"。

这一年的九月，阿桂上疏辞领兵部；十一月，以疾乞假。次年八月，卒。后人评阿桂"二十余年为太平宰相，而意犹不自慊" [1]。

---

1 清人王昶编《湖海诗传·蒲褐山房诗话》阿桂小传。慊，意为自满。

建福宫小憩

以上说了不少乾隆三十年 (1765) 正月初八日的后话，算是为重华宫茶宴联句的开场做一些铺叙。

那么，是日离开乾清宫的乾隆帝又移驾何处呢？据《穿戴档》载：辰初一刻，乾隆帝换上大毛熏貂缎面苍龙教子珠项冠，穿杏色缂丝面黑狐腾龙袍，貂皮寻常端罩，珊瑚大鞓带，正珠数珠，至建福宫少坐……

这建福宫建于乾隆五年 (1740)，居西二长街，当时是宫中的小花园，俗称西花园。整座院落从建福门起，以抚辰殿、建福宫、惠风亭和静怡轩四座建筑为核心，依次构成四进庭院。雍正帝薨逝后，乾隆帝守丧期间，在大内养心殿居住了两年多，天气炎热时，宫中竟找不到一处清凉舒适、可以避暑静居的场所，于是乾隆帝便在重华宫以西隙地兴造建福宫，以准备皇太后大故后，在大内守丧居住之用。"以其地较养心殿稍觉清凉，构成邃宇，以备慈寿万年之后，居此守制。"

由于乾隆帝不喜欢原紫禁城宫廷建筑凝重肃穆而失之沉滞呆板的建筑风格，因此在修建建福宫时，他着重将园林自然清新的雅趣引进宫廷，于是建福宫的风貌迥异于其他宫室。这是乾隆帝改变大内建筑风格的最初尝试。汪由敦《松泉文集》卷三《建福宫箴》序有云：

> 潜邸所御，厥名重华，其西有隙地焉。紫禁邃清，宫墙窈窕，乐是爽垲，用葺新宫。清暑宜夏，迎暄宜冬，或疏

或奥，秋月春风。嘉卉旖旎，珍木扶疏，对时育物，宸襟孔愉。肇锡嘉名，颜曰建福。

园内堆筑了较大的假山，又以游廊连接各座建筑，回环入胜，并建筑有进深很浅的二层楼阁，排列于西、北两面，以遮挡背后的高大宫墙。全园不求平衡对称，却布置得错落有致，别具一格。据《养吉斋丛录》卷一七载："大内宫殿，崇宏肃穆，非苑囿比。乾隆五年葺建福宫。宫在抚辰殿后……其间幽邃静丽，各极其胜，花竹树石，布列远近，其规制与内宫殊不同也。"在森严肃穆，陛高堂深的宫廷建筑中，该处另辟蹊径，寻求雅趣，富有清新活泼的气息。乾隆帝将他最钟爱的珍奇文物收藏于此，并经常在花园内写诗赏画。嘉庆时，下令将其全部封存，成了名副其实的宝库。可惜这座风格独特的乾隆早期建筑，到了1923年6月27日，突然起了一场神秘大火，整座花园连同无数珍宝——历代收藏古物一夜间化为灰烬。据当时还住在紫禁城内的清朝末代皇帝溥仪的说法，怀疑是太监们监守自盗，纵火毁灭证据。

乾隆时期，皇上常临幸建福宫，赋咏颇多。十一年 (1746)，御制诗《暮春恭奉皇太后建福宫赏花侍膳之作》云：

新花回雁报春归，韶景长舒爱日晖。
几个绿筠吟凤管，双株红杏舞莱衣。
酒斟北斗升玫陛，寿指南山映琐闱。
恰喜宫中承色笑，芳辰风物总光辉。

▶ 复建后的建福宫 假山

一派皇家繁华缛丽，人工与自然交辉的风光。乾隆帝还作有《建福宫新春》诗，云：

> 禁城景物报和韶，初转寅方玉斗杓。
>
> 漏泄春光梅破蕾，招摇风信柳拖条。
>
> 池心镜面冰将解，墙角银根雪欲消。
>
> 怅拔诗肠量多少？新年觉比旧年饶。

这首诗虽是乾隆八年 (1743) 新春的一首旧作，却与今日乾隆帝的心情颇为近似。乾隆三十年 (1765)，乾隆帝已是有诗作万首的"天子诗人"了。小憩之后，君臣就要在重华宫联句对诗，题目已经初步拟定为"雪×"。

作咏雪的诗，这是乾隆帝的特长，似乎他本人天性喜欢雪景，因之《御制诗集》中写雪的诗比比皆是。即景杂咏不算，单是以雪为题之作就难以胜数。

乾隆帝做皇子时就有诗文《乐善堂全集》，其中著名的有《雪事八咏》，即《东郭履雪》《苏卿吃雪》《袁安卧雪》《谢庭咏雪》《王恭涉雪》《孙康映雪》《陶谷烹雪》《程门立雪》八首，当时还真有一副风花雪月的才子情怀呢，可谓是不在其位，不谋其政。

乾隆帝登极之后，咏雪诗作的风格为之大变，他身上风流才子的影子很快就荡然无存了。到后来竟诵出"发祥捷报新春喜，不问词林问老农"[1]与"望雪心忧得雪喜，吾心忧喜总因民"[2]的

1　乾隆十八年（1753）《正月二日祈谷斋居对雪》。
2　乾隆二十年（1755）《即事四首》。

诗句。

乾隆三十年 (1765) 前，乾隆帝御制的众多咏雪诗，按内容大致可分为写农功、农时、农祥三部分。所谓农功，主要强调冬雪于二麦的作用，农事受益之多少；农时则强调降雪是否合乎节气，利弊多少；而农祥则是抒发盼雪与得雪的忧与喜的心情。这些诗句，不时闪现出乾隆帝重农思想的光彩。

写农功的诗，譬如，乾隆十年 (1745) 的《二月十三日启行谒陵值雪》诗，有"遥峰疑欲镂，新麦未云芊。稍待温暾晃，初耕自觉便"之句。乾隆十三年 (1748) 的《直隶总督那苏图奏报保定得雨雪沾足，批览之余因成此什》云："讵知屯其膏，入土刚一指。此邦麦为秋，默对愁无已。驿递来奏章，保阳沾足美。初雨继以雪，均被数百里。知时利初耕，批阅能无喜。因忆数年春，望雨成例矣。"

乾隆十五年 (1750)，乾隆帝作《雪》诗，有云："新年行乐饶佳兴，都为青畴溥利耕。"同年，乾隆帝在五台山礼佛遇雪，五台山由于地冷，向例不种麦，然而，乾隆帝仍作《雪》诗，有云："山地向寒无宿麦，惟欣泽润夏田肥。"次年，又作《雪》诗，云："鳞塍滋麦根，虬柯缀花蕊。"同年末还有《微雪》，云："未苦成泥泞，方欣润麦芽。晓炊村墅里，缕缕袅烟斜。"二十年 (1755)，有《雪中万寿山》诗，有云："幻似芳韶发葳蕤，润从稃甲(植物种子的外皮) 达根荄。"同年还作有《山东巡抚郭一裕奏报得雪》诗，云："青齐昨岁秋成好，冬麦乘时布种宽。望雪心宁异远近，今朝为尔喜加餐。"

二十四年十二月十一日（1760年1月28日），作《雪》诗，有云："飞蝶活看飘画幰，遗蝗幸卜靖农田。"二十六年十二月初七日（1762年1月1日），又作《雪》诗，云："秋霖余润无资雪，冬麦含萌有雪宜。"次年十一月初五日，乾隆帝再作《雪》诗，云："滂配早占陇麦护，攒团似助盎梅芬。寒增遑避徒杠诮，赈粥施衣且尽勤。"由于普降瑞雪，二麦丰收有望，谕命京师冬月赈粥厂再增加二分之一，赈米再加一倍，并用帑银制作一万五千件棉衣发给乞丐贫民。

二十九年（1764）十二月初六日，一场瑞雪又使乾隆诗兴大发，他作《雪》诗云："甘泽那辞预沾也，硕苗真是莫知如。洒空犹在一阳节，积地已将三寸余。谷稔复斯欣卜麦，怵思美善若何据。"

写农时的诗，譬如，乾隆十二年（1747），所作《春雪（和白居易韵）》，有云："今岁闰在春，二月不妨雪。""破腊悬望余，素景慰心别。已疾气昭苏，宜麦月单阒。""农语有明征，未至清明节。"十四年（1749）十月初八日，京城过早飘起了雪花，乾隆帝赋诗云："初冬霏六出，农瑞纪京华。"十六年（1751），山东奏报得雪，帝诗《闻山东得雪》云："春前甘雪遍青齐，大吏封章火速题。昔岁灾伤真亟矣，三年休息未遑兮。"同年，御制《复雪》诗有云："纵值年余闰，虞伤物苗芽。漫云花信迟，农务重看花。"又《雪霁》诗有云："恍疑冻树花争发，且喜春田麦未萌。"又《闻河南得雪六韵》有云："先春节未过，入夏麦应肥。霡霂困时降，丰亨为众祈。"

十七年（1752），乾隆帝作《春雪》诗，有云："北方多春雪，宜暄不宜冷。着地为新泽，洒空带轻影。东郊麦纽芽，遥看青被町。过虞冻孚甲，吾心为耿耿。"次年迎腊月二日雪，御制诗有云："甘雪刚逢腊，农祥早先春。"

二十年 (1755)《雪》诗云："况是纽芽迟麦垄，及时心为扈农宽。"这一年，乾隆帝曾以久无降雪而祷于玉泉龙神祠，并赋诗："前日谒灵宇，抒诚冀沛恩。由来沾尺泽，始觉沃心源。山色银鳞缬，泉声趵突翻。勾芒幸未达，慰听老农言。"有人怀疑这场雪是否对农时有益，认为麦苗刚刚发芽而遇雪，易伤，乾隆帝则借老农"今麦始纽芽，于雪为宜"的话予以批驳。

二十二年 (1757) 正月二十二日，御制《雪三首》，有云："广甸含膏润，问知冬雪多。得斯诚益善，惟是奉中和。泽被东南亩，花开顷刻科。皇州七百里，沾否忆如何？"

二十四年 (1759) 降雪时节偏晚，乾隆帝作《御园雪泛》诗："土膏喜助润方达，孚(孚)甲虞伤冷太过。北地虽然此常有，需沾濡耳不需多。"本来已是晚雪，二月十八日又降夜雪，为此乾隆帝作诗云："泽诚继曩利欣溥，冻不伤萌害应稀。积砌成圭增旋旋，飘空散蕊想飞飞。朝来融润香生土，玉染遥峰一抹巍。"到了年末，冬雪频仍，乾隆帝想到去岁三冬无雪，颇有感慨地咏诗云："田将前度添余润，泽较去年沾两回。"

二十五年 (1760)，继腊月十六日微雪，腊月二十日复雪。因是月二十九日立春，乾隆帝认为该场雪很合时令，故云："泽继三朝敷渥足，春光十日兆和嘉。"又云："装梅宫植舒梅萼，利麦盆签润麦芽。"二十六年 (1761) 正月初九日夜雪，御制诗有云："喜真出望外，感亦切由衷。"又《见新耕者》诗云："腊雪优沾土脉

《乾隆赏雪图》
故宫博物院藏

滋，欣看举趾不违时。"

然而，由于时令不合，御制诗中亦有抱憾者。二十七年 (1762) 初春北方的一场降雪，就引出乾隆帝的慨叹。《蒙阴积雪，三依皇祖诗韵》云："瑞雪春朝遍野封，节迟遇闰未兴农。山灵盖不违尧命，示我诗情在玉峰。"同年九月二十二日，立冬日一场微雪，乾隆帝亦觉不合时节，故云："应节适可止，欠年贫者嗟。"二十九年 (1764) 正月十四日，有微雪。乾隆帝认为这是场好雪，故作诗云："韬月定何碍，宜田喜不禁。庭除渐团聚，径向玉中寻。"乾隆御制写农时的诗，具体而明朗，以兴农为主导，时有分析，有较高农学价值。

写农祥的诗，有九年 (1744) 的《望雪》诗："悯我农家呼作麦，倩谁仙术化为银。如膏雨纵堪迟待，无奈傍徨结念频。"有十三年 (1748) 作的《雪》诗："同云未肯放冬晴，冻雨均沾继瑞霙。着地消溶无定态，随风飘舞可怜生。鸳楼有玉皆垂珮，鸡树非春率斗荣。卜麦慰余饶韵事，竹炉文火煮三清。"乾隆十四年 (1749) 正月中旬，另一首《雪》诗云："密洒徐飞三日连，玉霙盈尺积鳞田。纵无白战搜吟兴，可少春来纪瑞编。"接连着正月底，乾隆帝作《雪》诗云："卜麦东无斁，祈农志弥寅。"十四年末，又有《雪》诗云："洒宇霰先集，漫空雪继纷。诗人应得句，祝史不烦文。频叠邀鸿贶，寅虔先慰欣。"《雪后瀛台即景》诗还有"况我欢生卜麦田"之句。入腊月后，十一日赋《雪》诗，有"诗人漫自闻方玉，农父应知早得金……占年三白真堪喜，底抚流阴感不禁"等句。立春前二日又得雪，乾隆帝诗云："今年诗卷添颜色，叠咏银花点玉田。"转年正月初，又雪，乾隆帝兴奋不已，咏《雪》诗："梅阁风增馥，瑶台夜有光。斋居届祈谷，敬慰意何长。"在另一首《夜雪》诗中有云："正值祈农真是瑞，不须筮易定知和。前朝积玉栖鸳瓦，又喜新英点凤柯。"

十六年 (1751) 正月，连降瑞雪，乾隆帝连作《雪》诗："节景佳尤信，农祥喜是真。麦占符去岁，甘雨更期旬。""纷糅琼蕊玉楼飘，第一农祥应扈谣。"二十年 (1755)，《二月朔日复雪》有云："优渥三农庆，饮承大造仁。独思郊野处，宁乏冻僵人。"是时，征伐准噶尔部的西征军士分队正经过河南之境，却传来河南巡抚蒋炳的报雪奏折，降雪必将为军队的行进带来突如其来的困难，同时麦田得雪又是农家之幸，身为一国之君又作何反应呢？见《河南巡抚蒋炳奏报得雪》诗有云："优沾春雪报中州，庆为三农卜麦秋。亦虑征人劳跋涉，权其轻重喜胜忧。"这是乾隆帝重农思想的体现。到年末，战事仍在继续，十月十三日，北方地区下了一场初冬雪，乾隆帝在战与农的权衡中，仍然为农庆而讴歌："策渡衣单缘彼廛，占农麦好致予欣。祥霙沾较常年早，六幕钦调励敬勤。"又《雪后悦心殿腊日》诗云："刚觉天膏希迤日，果然腊雪庆迎年。粥香惟祝农祥应，冰戏还思士气骞。"问题很简单，在乾隆帝看来，粮草充足才能支持战争取得最终的胜利。

二十一年 (1756)，乾隆帝作《立春日瀛台雪中春望二首》，云："初岁欣占第一祥，缤纷瑞叶应勾芒。"二十三年 (1758) 正月初三日，又遇新春雪，有"欣逢甘雪维三日，早报新春第一祥"之句。二十四年 (1759) 正月，乾隆帝作《闻保定得雪》，喜不自胜："寸余积素旋开晴，清苑闻沾四寸盈。乍喜利田还起惧，得无饰奏慰予情。"十八日，他在另一首诗中云："晓起园林皆积玉，明称田野遍施金。"二十二日，在一首名为《夜雪》的诗中写道："那惜庭梅瘦，端欣陇麦肥。"二十六年 (1761) 正月初二，咏有"继泽询农详，戒满凛天眷"诗句。后《甘肃巡抚明德奏报得雪》诗云："二月十九雪，数千里而遥。偏南则沾雨，齐豫歌渥饶。近北雨继雪，盈寸旋亦消。甘抚今奏至，同日六花飘。西北边寒地，本无秋麦苗。此泽利春耕，深慰吾望翘。天恩何修得，乾惕励旰宵。"

董仲舒的《春秋繁露·王道》篇曰："五帝三王之治天下……天为之下甘露，朱草生，醴泉出，风雨时，嘉禾兴，凤凰、麒麟游于郊。"如果人君有道，天下大治，"天瑞"就会"应诚而生"。于此天恩与圣恩，天道与王道相汇，形成灿然复兴的治世。因此，御制诗中的"天恩何修得，乾惕励旰宵"才是农祥诗的归结点。

二十九年 (1764)，三冬瑞雪频降。正月初五，乾隆帝有诗云："润资荗甲始，泽接宿年赊。望外叨天贶，欣余敬倍加。"年末十二月二十三日，乾隆帝又有诗云："昨朝入夜撒晶盐，京兆欣称二寸沾。晓起浓阴仍冀霈，春前膏泽敢推廉。花生鸡树不论朵，玉积鸳楼欲隐檐。锡福小除真大瑞，对时庆畏一心兼。"

今天距旧岁腊月二十三日的那场"二寸沾"雪，相去已是半月有余。虽说天候尚寒，但离立春也不差几日，余雪残景已是不多。此时冬日和煦，新色争荣，更何况园内叠石成山，洞谷通幽，亭台别致，花草争妍，皇上咏雪的兴致自然也不那么旺盛。

离皇上隔有丈二尺远，候在一旁的秉笔太监正捧着御用纸墨，等着皇上为茶宴联句命题。乾隆帝信步于园内的惠风亭，右一看，好一尊造云石，此乃元顾瑛玉山草堂之旧物也。其左列有一木化石，前置两口景泰蓝缸，皆为明代的遗物。再向北为静怡轩，后为慧曜楼，楼西为吉云楼，吉云楼西为敬胜斋。其庭中垣门上东向镌御笔，匾曰朝日晖，其东山石上镌刻着御笔，题曰飞翠。垣西为碧琳馆，馆南为妙莲华室，室南为凝晖堂，亦东向，其南室匾曰三友轩。凝晖堂之前为延春阁，北与敬胜斋相对。延春阁西门上石刻御笔，南向者曰含象，北向者曰怀芬。阁前叠石为山，岩洞磴道，幽邃曲折，间以古木丛篁，饶有林岚佳致。山上结亭曰积翠，山左右有奇石，西曰飞来，东曰玉玲珑。山之西穿石洞而南，洞镌御笔，曰鹫峰，南有静室，东向匾曰玉壶水，又匾曰鉴古，其上有楼。

造云石、朝日晖、含象……一连串的名词闪现在皇上的脑中。有了，古人云"道之大原出于天"，还是雪，云腾即雨雪，乾隆帝阔步拿起纸笔，写下了"雪象"二字。秉笔太监待皇上写就，墨迹干好，轻轻卷上纸笺，包裹在黄龙缎内。这便是今日重华宫茶宴联句的命题了。

重华宫茶宴

这当朝二十四名大员在奏事官的带领下进入内廷，他们行进的速度很慢，挪着小碎步，经御花园漱芳斋东旁门，至重华宫左厢等候茶宴。

重华宫位于内廷西六宫之北。西六宫之北的一组宫殿亦称为"乾西五所"。

乾隆帝十二岁进宫读书，初居毓庆宫。十七岁大婚，移居乾西五所中的第二所。雍正十一年 (1733) 二月弘历被封为和硕宝亲王，住地赐名乐善堂，因称宝亲王府邸。雍正十二年嘉平月 (十二月) 由他亲书的"乐善堂"匾，一直挂在崇敬殿内檐托枋上。崇敬殿内东墙上还贴着弘历所书《乐善堂记》。记文中说圆明园桃花坞有乐善堂，"与宫中此堂无涉也"。那时之乐善"只数典汉东平王以为亟"，现在之乐善乃取意于景仰大舜之作为："夫大舜之取诸耕稼陶渔之善，世远固不可征，而询岳咨牧，载在虞书者，

◀ 复建后的建福宫 朝日晖

彰彰可考，无非舍己从人，与人为善。"

1736年，弘历登基，改元乾隆。乐善堂作为肇祥之地，升为宫，名重华宫。屡经缮治，耀以璇题。或称之潜邸，即当朝真龙天子登基前的住所。

重华宫匾额

"重华"二字，实乃传说中帝舜之名。舜，姚姓，名重华。语出《尚书·舜典》："曰若稽古，帝舜曰重华，协于帝。浚哲文明，温恭允塞，玄德升闻，乃命以位。"宋儒蔡沈注："言尧既有光华，而舜又有光华，可合于尧。因言其目，则深沉而有智，文理而光明，和粹而恭敬，诚信而笃实。有此四者幽潜之德，上闻于尧，尧乃命之以职位也。"乾隆帝袭用舜名为潜邸之名，其用心显然是自比帝舜承继帝尧的事业，以光大皇祖康熙帝与皇考雍正帝的伟业。

然而从外表来看，重华宫在这偌大的紫禁城中，并无甚显赫。宫门曰重华门，与百子门斜对，又以一条长街与养心殿相通。门内为崇敬殿，殿内仍称乐善堂，用潜邸旧匾额，中设宝座。殿北为重华宫，宫东庑为葆中殿，殿内匾曰古香斋；宫西庑为浴德殿，殿内匾曰抑斋。重华宫内陈设大柜一对，乃孝贤皇后嘉礼时的妆奁。其东首顶柜，为乾隆帝尊藏皇祖康熙爷所赐物件；西首顶柜之东，为乾隆帝尊藏皇考雍正帝所赐物件；其西，藏圣母皇太后所赐物件。两顶柜下所贮，皆为乾隆帝潜邸常用之服物。古香斋贮有《古今图书集成》一部，是潜邸的藏书室。乾隆帝登基后，凡御园山庄佳景，无不以"古香斋"为名。抑斋是乾隆帝做皇子时的居室，也是潜邸的书室。乾隆帝登基后，凡园亭行馆有可静憩观书处，无不以"抑斋"为名。

重华宫的后殿为翠云馆，其次室曰长春书屋。乾隆帝在《长春书屋》诗注中说："曩时蒙恩尝读书于此，即'长春'之号亦系赐予者，故各处书屋率以此名之。"

宫东的乾西"头所"在乾隆初年改建为漱芳斋，并于斋前仿照圆明园内同乐园戏台建了一座戏台。戏台有升天门、轮转门及地井，是内廷中最早的戏台。

这处宫院并不十分宽绰，倒显得很紧凑雅致。其东配殿即葆中殿，为诸臣入宴之所，进了殿门，一一俱礼。二十多名身着朝服的大臣汇聚一处，再加上跑前跑后的太监，一下子把这小院搞得拥挤不堪。

每岁新正，皇太后都要亲临这里的家宴。几天前乾隆帝还为此赋诗一首，题《新正重华宫侍皇太后宴》：

> 西望瑶池降凤舆，新正佳祉萃彤庐。
> 千春进爵期无射，万寿如山愿有余。
> 宝鸭篆凝喷瑞柏，金鸡焰踏灿祥蕖。
> 升平漫议过华衍，今岁承欢此复初。

今天，各宫宫门上贴着春联、门神，廊庑下摆设宫廷乐器，殿内张挂岁朝图、椒屏，摆设珍宝盆景与鲜花，处处洋溢着节日的气氛。

在重华宫举行茶宴联句，这是清宫典礼之一。在《国朝宫史》《国朝宫史续编》中都有明确的记述。

皇帝召集臣工作诗联句，相传始于汉武帝。武帝在柏梁台与诸臣作诗联句，共赋七言诗，每人一句，每句用韵，一句一意。后世称之为柏梁体诗。康熙二十一年 (1682) 正月十四日以海宇荡平，兵革偃息，大宴百僚于乾清宫，仿柏梁体以次联句，赋诗者共九十三人。雍正四年 (1726) 正月初二日，雍正帝命王公大臣及内廷词臣集聚于乾清宫，赋柏梁体诗。乾隆四年 (1739)，乾隆帝也在乾清宫宴请诸王、贝勒、贝子、大学士、九卿、翰詹、科道及督抚、学政在京者九十九人赋柏梁体诗。自乾隆八年 (1743) 始，皇帝与诸臣于新正联句的地点始设重华宫。乾隆帝于授玺归政之时，曾谕在重华宫茶宴联句为后世所遵家法。曰："是以新正仍于此庆岁，命子皇帝及廷臣等依例茶宴联句，预顾而乐之，亦文筵所罕觏，将来世世子孙，即当遵为家法。新正撰吉于此，授简赓吟，万年长如今日，岂非西清佳话，我国家吉祥盛事也。"

参加联句的臣工人数，起初由于联句长短不定，因此人数也没有规定，是由皇帝即时择定的。按典礼规定："岁正月吉，皇帝召诸王、大学士、内廷翰林等于重华宫茶宴联句，奏事太监豫进名签，既承旨，按名交奏事官员宣召入宫祗俟，届时引入。"如乾隆八年 (1743) 元宵联句有十二人，十二年 (1747) 的爆竹联句有十六人，二十七年 (1762) 的玉盘联句有二十四人。

重华宫茶宴备三清茶和果盒。乾隆帝规定："是宴也，例弗受

剔红乾隆帝御制诗盖碗

故宫博物院藏

觞，饬尚茶以松实、梅英、佛手三种，沃雪烹茶，曰三清茶。布果饤盒为席，诗成颁赏。"十一年 (1746) 御制《三清茶》诗，将这一别出心裁的茶描述为："梅花色不妖，佛手香且洁。松实味芳腴，三品殊清绝。烹以折脚铛，沃之承筐雪。"

此时殿内已摆上矮桌十二张，每张桌上摆两份茶碗、果盒，并由懋勤殿首领太监摆好笔墨纸砚。与宴大臣由值侍官员带领入重华宫，敬候皇帝入座。少顷乾隆帝健步入重华宫，于正殿入座，与宴诸臣按次序向皇帝一叩首，然后入座。众臣落座少间，秉笔太监宣示御笔题名。同时，几个太监将皇子们几日前用白雪堆团的一对象形，抬入园中。其实那雪象早已是冰玉之表了 (似今日之雪雕)。那雪象背上驮宝瓶，瓶内插吉祥万年青草。一双堆雪白象玉立其中，顿时耀目全庭。至此雪象联句正式开始。

君臣联句

联句的程序，是先成御制诗句，交发入宴诸大臣，大臣们排次连续成章，恭和呈览，这叫"授简联赓"。

这次联句的序文是这样写的：

穰兆重金，和迎三白。收秾范于朵殿，玉戏旁罗；肖巨骼于阆城，枢精上应。森承趺而挺柱，香积普贤座下之华；亘拥鼻以回钩，气吞盘况山中之粟。尔乃朝正伊始，典数熙春，番觐聿臻，光观晋昼。活脱宁烦翦缋，拟贡输则洁过纨牛；胚浑漫许登样，方宾荐则庄逾盐虎。讶蹴部谁矜昆战，燧尾幸销葱岭之烽；疑安驱自佐历耕，驾肩宜布榆关之谷。举似黄门左仗，程品料以心降；将期丹辂南辕，仗仪锽而色喜。然此皆功归德产，意惬天倪。仿一双猞子，能驯碨礧，蹲时尚迟见睨；参八百龙公，善舞蹒跚，瘞处犹趁回风。聊标鹿苑幻形，腊后手持称得气；载课兔园妍唱，年前头踏擅如神。七言韵叶长申，六匝巡环周甲。庶扣砌素云，永护范模，元化匪无为；惟瑶樽白兽，齐开刻画，太平真有取。

诸臣依次传阅序文，领会其中主旨，就在此时，乾隆帝即席赋诗三句，云：

重华文会列长茵，三白欣逢先早春。

瑞兆峥嵘看有象，

御制诗由太监捧递于即席的第一位大臣傅恒。傅恒要先联赓皇上的第四句，然后再作三句，总共四句，再由下一位联赓完成，然后再启新作，以此类推。最后一位要完成联句，并写就完整的四句，共赋五句。按照规则，联句要与上句对仗和韵，也就是说要作出与上句的平仄和字义的虚实形成对偶的诗句。这还是有一定难度的。

说到乾隆帝的诗，前文已有所誊录。高宗御制诗给世人的印象首先是数量巨大。据徐世昌《晚晴簃诗汇》的说法，高宗御制诗有四百三十四卷，收诗四万一千八百余首。登基前另有《乐善堂全集》，归政后的诗入了《御制诗余集》，还有《御制全韵诗》(按四声一百零六韵作、以历史为题材的组诗，乾隆四十三年写成)、《御制圆明园四十景诗》，集外别行，皆不在此数。篇章之繁富，可谓自古诗家别集，未有能逮，称得上空前绝后。

关于乾隆帝作诗的水平，赵翼在他的《檐曝杂记》中大吹特吹了一通："上圣学高深，才思敏瞻，为古今所未有。御制诗文如神龙行空，瞬息万里。"

而后人却对其诗不无微辞，钱锺书在《谈艺录》中说得尤为直白，认为"清高宗亦以文为诗，语助拖沓，令人作呕"，其中"七律对仗多纠绕堆叠，廷臣赓歌，每效其体"。说的正是重华宫茶宴君臣联句诗之属。

其实，这两种说法的折中，才是对高宗御制诗较为公允的评价。以诗纪事是高宗御制诗之长，而以诗言情则是其诗之短。所以阆中肆外、诗以明道是御制诗必须去做的，而缘发情境、幽微性灵则是御制诗必须隐匿的。平心而论，乾隆帝的御制诗中或文或质，或本或工都不应以一般诗家的标准来衡量，而应以其历史价值为重。

乾隆帝主张诗以言志，贵有内容，标榜"清真雅正"的诗风。不主张立异猎奇，不使用绮辞丽句，而要"志言要归正，丽句却须删"，因此高宗御制诗比较好懂。同时，由于出手太滥，往往信手涂鸦，味同嚼蜡的诗句在所难免。

以上乾隆帝所赋三句中的"文会"，指与宴者皆大学士与翰林，当然是一场君臣间的雅集。"茵"，在这里指坐垫。"三白"，指雪，这在前文也出现过数次。苏东坡有《次韵王巩正言喜雪》诗有云："行当见三白，拜舞欢万岁。"这一年正月十六日立春，雪下在立春之前，所以说是"三白欣逢先早春"。"瑞兆峥嵘看有象"的"象"，似有双重意义，一是指太平盛世之景象，再就是指庭中的雪象。据高宗御制诗《雪桥诗话》注载："凡雪泽沾足之年，则于养心殿庭中堆有狮、象。"《养吉斋丛录》载："冬日得雪，每于养心殿庭中堆成狮、象，志喜兆丰，常邀宸咏。"堆砌雪象应是清宫中一种表现丰年瑞兆的游戏，或称清宫礼仪。

傅恒看得很清楚，今天天颜和煦，兴致很高。联赓皇帝的上句，早已有了腹稿。傅恒的诗句如下：

> 嘉征和畅纪宜人。
> 表逾寻尺绥丰叶，庆洽垓埏圣道臻。
> 百谷含精刚协日，

傅恒的联句以"嘉征"对"瑞兆"，以"和畅"对"峥嵘"，以"纪宜人"对"看有象"，还算工整。诗味虽然不足，文气还算贯通。

后三句中，"表逾寻尺"，言年前的落雪之厚，超逾寻尺，颇为夸张。"庆洽垓埏"，指泽被地域之广，《元史·礼乐志三》云："神功耆定，泽被垓埏。"垓埏，为天地的边际，形容极远之地。在此瑞雪与圣道合一，还是天人感应的那一套。

接下来是刘统勋，他的诗句是：

> 九华迓节普同民。
>
> 西山积素尝抽札，东陆开韶忆集绅。
>
> 体仿狻猊联绮序，

联句中的"九华"对"百谷"。九华为菊花，此处指雪花散落。以"迓节"对"含精"，迓节指时节为上元刚过，正迎立春。后以"普同民"对"刚协日"，此对虽说均为"廷臣赓歌"之属，却也显露出格调高下之别。中一联既有"西山"与"东陆"的呼应，有"积素"与"开韶"的因果联系，可以理解为西山积雪而蒙召君臣联句，山下欢娱而举雅乐庆丰兆。"体仿"句则点明此次以雪象联句，是乾隆八年始有重华宫茶宴联句以来，继十七年正月初十日以雪狮联句、十八年正月初十日以新正咏雪联句、二十一年正月初五以立春日雪联句与二十三年正月十六日以西山积雪联句，第五次以雪为题在此举办联句活动。

接刘统勋联句的是阿里衮。阿里衮是满洲镶黄旗人，姓钮祜禄氏。父尹德曾官领侍内大臣，子继父业，早年在宫中做侍卫，因得宠于皇上，乾隆二年 (1737) 便由二等侍卫授总管内务府大臣。阿里衮久侍禁廷，深悉皇上的性情，加之他秉性公诚恪慎，凡事也都谨小慎微。他的诗句是：

《十二月月令图》之十二月（局部）

台北故宫博物院藏。乾隆十六年（1751），乾隆帝依西
山晴雪诗叠旧韵赋诗，云："久曾胜迹纪春明，叠嶂嶙
岣信莫京。刚喜应时沾快雪，便教佳景入新晴。寒村
烟动依林聚，古寺钟清隔院鸣。新傍香山构精舍，好
收积玉煮三清。"

辉余鸫鹊撰芳晨。

典胥想像来重译，铸物分明出泰钧。

曲直从心奇更合，

以"辉余鸫鹊撰芳晨"联"体仿狻猊联绮序"当然不错，其中以"鸫鹊"对"狻猊"也有几许妙趣。狻猊为狮子，为兽中巨物；据载鸫鹊是汉章帝时条支国的进贡之物，高七尺，当然也就是禽中巨物了。本来二物相对已然成偶，但此处鸫鹊却有转意，因为鸫鹊又为汉宫观名，在此便是指重华宫。"芳晨"即为午前，说明当日联句时在清晨。"曲直"句谓纵心随意表现而终不违天意，究竟如何？笔墨留给了联句的后来人。

第五位联句的是陈宏谋。他的诗句是：

方圆就范妙能因。

执雕底假中黄试，贯樟宁烦壶涿循。

格肖迦那兼十二，

陈的联句谓传承天意方能成就此物，正与阿里衮的上句相映成趣。后三句中，"中黄"，原为古国名，其俗多勇力，这里引申为勇力之士。"壶涿"，典出《周礼正义·秋官》："壶涿氏掌除水虫。……若欲杀其神，则以牡樟午贯象齿而沈之。"因此，此诗句是言象牙的，它不仅是壶涿氏的神器，而且也是中黄氏的利器，用它便可以克服艰阻。"迦那"为佛名，可译作金寂、金仙人，为贤劫中第二佛，过去七佛中的第五佛。陈宏谋赞美雪象的质性具有迦那的佛性。

陈宏谋的上句引发了于写诗"理精辞熟"的乾隆帝的诗兴，

因而即兴联句云：

轮随阿耨转由旬。

收培玉树多仍积，装守铜扉对得伦。

气结瑶光接苹泽，

御制诗的联句以佛语接佛语。"轮"，即法轮。"阿耨"，乃极微之意。《大日经疏》卷一云："言小分者，梵云阿耨，即是七微合成。""由旬"，印度计量单位，或言四十里，或言三十里，或言十六里。说的是法轮微转，在人世就要行上很长的距离。

御制诗的后三句似写雪象的腿，诗中形象地称之为玉树，即由白雪培积的树干。由正面望去，它又像映着朝晖的两扇门扉，上可结瑶光 (北斗七星中的第七星名, 此处泛指苍天)，下可接地气，滋润大地之泽。这三句还是颇具想象力的。

联句的第七人次是舒赫德，这位出身于满洲正白旗的尚书，其祖徐元梦，做过礼部侍郎，加过尚书衔。

舒赫德虽为满人中的能臣，又是乾隆帝的老师，但乾隆帝却以他汉化过深，沾染汉习过重而不喜欢他。乾隆三十年 (1765) 正月初八日的他，虽然仍带有受挫的颓懊与不安，然而受召赐宴重华宫联句，本身就是皇恩宠信，无形中胸中的阴云消散去了不少。他的诗句云：

班崇卤簿翊枫宸。

七鬯那倩縻珠络，三沐无劳澡玉津。

鼗鼓徒传鸣谷应，

"卤簿",为皇家扈从仪仗队,这里代指在銮仪卫职掌卤簿中所设的仪象。卤簿中有仪象,至晚在汉代即已出现。据《晋书·舆服志》载:"象车,汉卤簿最在前。"乾隆十三年(1748)钦定的皇帝卤簿仪象中有宝象、导象及驾辇象(如金辂驾象、玉辂驾象)之分。卤簿仪象身驮宝瓶,以寓"太平有象,庆祚无疆"之意。这一联句的意思是,皇宫中簇拥着被装扮得五颜六色的皇家仪仗,象征着太平有象的卤簿仪象。

　　"七槃",为汉代舞蹈。汉代张衡的《舞赋》称:"历七槃而踪蹑。"在舒赫德的诗中,雪象如同佩戴珠络的美女翩翩起舞,洁白的身姿胜过晶莹的玉石。西晋左思的《蜀都赋》有云:"西逾金堤,东越玉津。"诗中的"玉津"是借以比喻产玉之川的美器。"鼕鼓"是指古代巡夜戒守所击之鼓,"鼕鼓徒传"说明世时承平。此句是颂扬乾隆皇帝的,又似表现大象的吼叫声,一派太平有象的繁盛情景。

　　接下来联句的是阿桂。他诗如其人,有些"英雄出语只天真"的劲头。他的诗句是这样的:

> 蹬梯特遣立山邻。
>
> 消炎竟使夸南粤,不动嗬憎搏大秦。
>
> 倍蓰腰围堆拥(臃)肿,

　　阿桂的联句诗一反前诗对雪象巧秀俏美的描写,以其朴拙的诗句写出大象的雄壮威武。大象庞大的身躯,如同需要登梯翻越

▶《太平有象图》

故宫博物院藏

的山岩。

雪象的冰质雪体早已为大象的故里南粤所不识，而它那屹立的身形却令西域诸邦为之震慑。中一联与阿桂屯田回疆，新署伊犁将军不无关系。"倍蓰"句讲的仍然是雪象硕大的体态。

接下联句的人是于敏中，他的诗句是：

> 蹒跚骨相削嶙峋。
> 刻舟智漫矜江表，化石踪非效洛滨。
> 吞失灵蛇知敛气，

于的联句正接阿桂的上句，表现了肥硕的大象舞步婆娑，样子绰约而文质，透过其丰腴的皮肉可以感到其强劲的筋骨。

于诗的中一联，点出了三国时曹操两个儿子的故事。一是曹冲称象。《三国志》载："少聪察岐嶷，生五六岁，智意所及，有若成人之智。时孙权曾致巨象，太祖（曹操）欲知其斤重，访之群下，咸莫能出其理。冲曰：'置象大船之上，而刻其水痕所至，称物以载之，则校可知矣。'太祖大悦，即施行焉。"因之有了"矜江表"的盛名。另一个典故是曹植作《洛神赋》。传少年时的曹植曾爱慕甄逸之女却未果，因而抱憾终身。后甄女归了其兄曹丕，曹丕后来做了魏国皇帝，曹植于黄初年由封地入朝，此时甄后已因郭后谗言致死。魏文帝曹丕以甄女之遗物玉镂金带枕示于曹植，曹植见后感伤得流下了眼泪。在归途中，曹植于洛河上因思念甄后而作《感甄赋》。后魏明帝曹叡将此赋改名为《洛神赋》。这一名篇以词采华茂、绸缪婉转而流传于世。

曹冲的以石称象也好，曹植的洛滨之赋也好，都是世间不可多得的慧智。正像"吞失"句中所说，如同灵蛇之珠，君子豹变，胸有文蔚，造就了惊心动魄之气象。

于敏中的联句是一挥而就，讲到建安文学的曹氏，似在自况。他一向以"才练学优"矜于众人，因而几句联句诗也作得聪明外泄，透着几分张扬。

接于敏中的是彭启丰，他也是乾隆帝倚重的才臣。他的诗句是：

穴空黠鼠少潜踆。

魁梧皓质高难俯，磊砢瑰姿伏待伸。

炫采袭环纷组绶，

这一联句很有意思，以"穴空"对"吞失"，以"黠鼠"对"灵蛇"，以"少潜踆"对"知敛气"。机敏的田鼠已无知于惊心动魄的气象，在三冬中隐匿，不见身影。

彭的后三句还是描述雪象的壮美外表与洁白质地，而那委积的白雪正是那美之所赋的根据。由于联句中表现的雪象绝不是莽原上的野物，而是皇室卤簿中的仪象，因此象身上佩戴有文采斑斓的佩玉与丝带。

彭启丰的上句诗，又触动了乾隆帝的诗兴，他联出了下面的诗句：

飞花承辂溯椎轮。

悬瓞慢拟惊鹅鹜，林邑何妨侣凤麟。

比色垛糖甘却胜，

音韵与虚实词的对仗不用说是十分的工整。雪似乎是满族人的吉祥物，它伴随着满族人的兴盛和大清国的繁荣。"椎轮"为无辐的原始车轮，在此比喻民族事业的草创。在这一发展过程中，飞雪总是飘扬在满族人的身边，并屡屡带来福音。

御制诗的话头又转到大清盛世的颂词上，悬瓠于门是古俗生男，尚武之征，可今天天下升平，农夫可以专心耕耘，而不用去效命疆场。"林邑"为南海古国名，在此形容教化也普及于僻远之地，可谓是国力鼎盛，政通人和。

那居于白山上的神灵，那隐匿在山峰上的金楼银阁，便是满族人的心灵所寄……

对诗的第十二人次是张泰开。

张泰开，江苏金匮人，二十九年 (1764) 充经筵讲官。兹三十年正月重华宫茶宴之际，已高寿约八十。他的诗句是：

> 楄枝织竹润尤珍。
> 耳偏簸哆寒犹韡，尾亦锥铦燧不瞋。
> 垂鼻弯弧纤拾芥，

张泰开诗如其人，颇有人已老朽、句子也多绵濛之感，没有什么深意。后三句分别描述了象的耳、尾、鼻的部分特征，章法零散，写法也极为平淡，毫无诗味可言。此人何以逢此盛会？似乎乾隆帝有意用其高寿来装点场面，而并非用其诗也。

接下来的是裘曰修。

这一天，他与所联上句的张泰开正是十年前结了宿怨的对头。乾隆十九年 (1754)，裘在仕途上曾跌过一个大跟头。这一年三月，他以察议侍郎张泰开保举瞻徇事不实，受到部议革职的处分。后来奉旨才得以从宽留任。今日二人同席赋诗又恰好联句在一起，如不是圣意筹划，哪里有这等巧事？裘的诗句为：

槮牙比栉灿镕银。

辉煌宝鼎行堪负，诀荡天闾路可遵。

鞁点霜苔肤合沓，

裘的联句以象牙对张的上句象鼻，颇有些相存相依之感，而且裘的句子于上句平庸中突现一股豪迈的情怀，那"槮牙比栉"似群象齐至，大小栉比，其白如银，这种典丽的奇观也只有皇家的仪象才有。

裘曰修"辉煌"句以宝鼎比仪象所载宝瓶，也很合乾隆帝的心意。宝鼎是国家的别称。顺治帝入关定鼎于北京前夕，即顺治元年 (1644) 九月，大学士冯铨、谢陛、洪承畴以"郊庙及社稷乐章，前代各取佳名，以昭一代之制"为由，奏言"本朝削平寇乱，以有天下，拟改用平字"，以寓"太平有象，庆祚无疆"之意。故

掐丝珐琅太平有象

故宫博物院藏

宝鼎、宝瓶载于象都是国家强盛的吉祥之兆。"谼荡天阊路可遵"一句中的"路"，当然是皇帝指定的道路。天阊，天门也。谼荡，言宽旷无际。"靫点霜苔"句似在表现大象的皮肤。

其后联句的是南书房翰林钱汝诚。他的诗句是：

> 圆擎冰柱足辚囷。
>
> 洗经香海原同水，现到峨嵋讵染尘。
>
> 乳孕记时连稔岁，

此联句以"圆擎冰柱"对"靫点霜苔"，冰是雪象的光洁之感，霜是雪象的靫皴之感。"合沓"是写大象之皮，也是雪象之表的重叠攒聚之貌，"辚囷"是写象足，也是雪象的弯曲下折之态。联句对仗都很达意。

中一联中的"香海"指环绕须弥山之海，此海水为功德之水。"原同水"的诗意为雪水与香海之水都是功德之水。现在皑皑白雪造就了白象，正如峨眉山上北宋太平兴国五年 (980) 铸造的普贤菩萨坐骑六牙白象一般，高洁脱俗。目睹眼前雪象之洁净，使人有如亲到峨眉佛家圣地之感。

"乳孕"句以哺乳之幼儿来比喻普被雪泽的麦田，瑞雪兆丰年。雪乃天为之下的甘露，是天恩，是人君有道，天下大治，因之天瑞应诚而至。

联句的第十五人次是王际华。他的诗句是：

> 拜仪率舞际元辰。
>
> 鳌凝悬圃三番冠，豹泽中条七日纯。
>
> 座护庄严闲且佶，

"拜仪率舞"讲的是四海同德，群象毕至，齐颂乾隆年政治之清明。"元辰"即吉祥的时日。耕耤之礼为清朝历代皇帝所重视，乾隆帝少年时屡次随父皇来中南海丰泽园演耕，他后来回忆当年的情形是"丰泽春犁习，良规圣考留。那忘随种日，忽作教耕秋。无逸聪听训，知艰慎率猷。陇头偶回顾，殊似服先畴"。皇帝的这一举动，无疑是在向天下人宣示"以农为本"的万年大计。

"鳌"是传说中负山海的大龟，在此指诸位与会者。"悬圃"，王逸《楚辞章句》云："昆仑，山名也。在西北，元气所出。其巅曰悬圃，乃上通于天也。"此处借喻皇家宫殿。"三番冠"的意思是指重华宫茶宴联句已进行了多次。"豹泽中条七日纯"表现的是洁身自好之意。刘向的《列女传》有云："妾闻南山有玄豹，雾雨七日而不下食者，何也？欲以泽其毛而成文章也，故藏而远害。"在此是赞美即席赋诗的君臣。

"座护"句是赞美乾隆帝的。"庄严"为菩萨相之一种，这里是指君王。乾隆帝端坐殿中，群臣簇拥两旁，皇帝龙体康健，红光满面，宫殿四壁生辉，光芒四射。

由此，茶宴联句的气氛达到了高潮。乾隆帝诗兴大发，接着王际华的上句，他又赋句如下：

园开喜乐幻分真。

爰教吴匠相抟挽，不藉蛮奴自扰驯。

形大由来其性顺，

乾隆帝借"吴匠"，即高明之工匠来形容雪象塑造的精美。玉立的雪象温文尔雅，自然不用人驯化。"形大由来其性顺"，说的是大象的性情，同时也似在形容冬雪的物性。

接乾隆帝联句的是观保。他的名字常见于重华宫茶宴联句，应是皇上的重要词臣。他的诗句是：

> 宝滋果尔厥功均。
>
> 霙飘界阅三千遍，叠覆毫瞻丈六亲。
>
> 槛映苍虬腾蜿蜒，

联句接着说雪。"宝滋"就是雪泽，"厥功均"就是说瑞雪普降，其效甚均。

"霙飘界阅三千遍"是好句子，霙即雪花，界为佛语，指空间，与"世"相对。是说人间屡屡得到上天的恩泽。"丈六"也是佛语，佛教认为一般人身长八尺，释迦倍之，有丈六佛身，示其殊胜。人们在瑞雪丰年之际，更加感铭来自佛的保佑，而这里的佛与皇上是一体的。

"槛映"句谓槛外之远山势如苍虬蜿蜒，暗示大地普被雪泽，皇恩浩大，天恩无垠。

第十八人次联句的是蒋栅，他的诗句是：

> 门排金马峙珊璘。
>
> 仙骖辌缅王乔驾，吉梦俄征张茂询。
>
> 饼饵规模谁擅镂，

联句是说宫殿前的雪象闪烁着美玉之光彩，映得皇宫绚丽多彩。"仙骖"指仙人之马车，"王乔"为仙人名，"张茂"为人名，善详梦者。大体上是说，仙人的马车总是等仙人来驾，祥兆的梦也要找善详此道的人来占，那么丰获的规模又由谁来推测呢？

接下来联句的人是窦光鼐。他的诗句是：

碔砆妆点莫论珉。

团将菌蠢耍綦佩，扫尽蒙厖荐氍巾。

缀璐绥绥鲜并把，

"碔砆"为美石之近乎玉者，汉代司马相如作《子虚赋》云："瑊玏玄厉，碝石碔砆。"注云："碔砆，赤地白采，葱茏白黑不分。"另有一种说法"美玉蕴于碔砆"。在此可以理解为冬雪，珉者亦为似玉的美石。《荀子·法行》载："子贡问于孔子曰：君子之所以贵玉而贱珉者，何也？为夫玉之少而珉之多邪？"在此可以理解为类似于冰霜之类的东西。有冬雪装点江山，当然无需冰霜的陪衬了。

紧接其后的是奉宽，其诗句如下：

撒盐瑟瑟细齐皱。

蹲其虚几疑生啸，矫若之而欲作鳞。

以节綦调奚尚累，

"撒盐"句形容雪花飘落地面，形成层层皱纹。中一联说雪象栩栩如生，静而寓动，想象间又有化龙飞天之势，真是妙不可言。

"以节綦调"则是说，按时令节候来养育调护，这就叫"明于天性"，由是"知仁谊，然后重礼节"。于是乎有了"文王顺天理物，师用贤圣……爱施兆民，天下归之……武王行大谊，平残贼，周公作礼乐以文之"[1]。这一切的一切都可以归结为"敬天"。

奉宽诗后，乾隆帝觉得要有所补正，故又制御诗句，云：

> 于图审鉴匪专歜。
>
> 截流解彻法王味，砌叶全标青女神。
>
> 状似雪山游本惯，

乾隆帝似在用诗句来告诫他的臣下，在具体履行政务时还要因地制宜，因人制宜，不可生搬硬套，拘泥陈规。

所谓"截流"乃是禅宗强调的顿悟，指对原有认识或观念的扬弃，含有"顿悟成佛"的意味。青女是专管霜雪的女神。《淮南子·天文训》载高诱注曰："青女，天神青霄玉女。主霜雪也。"青女神的功绩在于滋润三冬作物，固其根荄，减杀农虫，保障来年的丰收。

象虽然被塑造成不动的山丘，却有游动的天性，言下流露有憾意。

联乾隆帝下句的是金甡，他的诗句是：

> 步须净土力曾拎。
>
> 教传西竺芬霏粟，美释南方富俪珣。
>
> 笑说胆长依月注，

御制诗说了，雪象的本性是游动，现在它驻足不能动，这桩憾事如何解还有赖于词臣。金甡的联句说，这雪象生性高洁，象足一定要踏在净土之上方肯举步，又说雪象曾涉足四野，暗示所

1　董仲舒《天人三策》。

谓净土便是造就雪象的冬雪。

佛教传自古称西竺的印度，那里以德善化民，国家富足，而且盛产美玉。然而这些清朝大员们并不清楚，当时印度已经处于英国殖民主义者的疯狂掠夺与占领之下，那些关于佛国的美好传说已经不复存在。梁启超论："中国文明，何以不能与小亚细亚之文明、印度之文明相合集而成一繁质之文明？则以西北之阿尔泰山、西南之喜马拉耶山为之大障也。"[1] 如若不然，中国会对当时的印度之情有所知，必将有所戒备。而当时的天朝上下对那里的情况一无所知，君臣在欢宴间并没有意识到潜伏于帝国之门且迅速强盛起来的敌人，对于清廷大臣们来说，关于印度的认识还只是停滞在一千年前唐三藏的描述中。

假如放眼这一时间段欧洲的文化与科技发展，会看到，在英国，瓦特 (James Watt, 1736—1819) 已经决定改进纽科门蒸汽机。这一年的5月，他设计制成了一台试验性的纽科门蒸汽机器。这台机器采用了冷凝器与汽缸分离的设计。这一年里，42岁的经济学家亚当·斯密 (Adam Smith, 1723—1790) 多次到离日内瓦约7公里的费尔奈会见71岁的法国启蒙思想家伏尔泰 (François-Marie Arouet, 1694—1778)。

在法国，22岁的化学家拉瓦锡 (Antoine-Laurent Lavoisier, 1743—1794) 基于对石膏物理与化学性质的系统研究，这一年2月，完成了首篇化学论文。

这一年，10岁的奥地利人莫扎特 (Wolfgang Amadeus Mozart, 1756—1791) 与家人离开伦敦前往荷兰海牙等地举行音乐会。其间他创

---

1   梁启超《中国史叙论》。

作了声乐作品《保持忠诚》及变奏曲《后来我们欢乐》和《威廉·凡·拿骚》……

第二十三人次是陈兆仑，他的诗句是：

> 诧闻螁每感雷新。
>
> 制缘不律然乎否？剧向昆吾展也洵。
>
> 河渡恒沙无算数，

陈诗以"感雷新"对金诗的"依月注"。据说在礼义不律、法度无设的人类社会初期，象被作为劳作的工具。诗中说在一个名叫昆吾的遥在西方的山上，象被用作挖赤铜的苦工。

之后笔锋一转，写到恒沙，即恒河之沙。佛教常以之喻多不可数，在此似借喻雪泽。

接着联句的是汪廷玙，其诗句如下：

> 云耕钜野未磨磷。
>
> 瞥惊照夜奇毛刷，奈许燃犀诡貌振。
>
> 摸喻杵箕伊所扣，

联句中的"云耕"似在叙述古代传说中的象耕之事。传说舜、禹葬时，象为耕田，鸟为耘地。汉代王充在其《论衡·书虚篇》中说："舜葬于苍梧，象为之耕；禹葬会稽，鸟为之田。……象自蹈土，鸟自食苹（草），土蹶草尽，若耕田状，壤靡泥易，人随种之，世俗则谓为舜、禹田。"唐代樊绰《云南志》载："象大如水牛，土俗养象以耕田。"似为耜耕农业的先声。

"燃犀"为古代传说中的巫术。说是点燃犀角，可以照亮水中的怪异。"杵箕"为古代星座名称，即北斗。这里的意思大致是，点燃犀角于茫茫雪原，难以寻觅雪妖的踪影，在北斗的指引下，摸索着前行的方向。

倪承宽接着的诗句是：

<blockquote>
遇成珪璧孰斯甄。

皑皑势压驼封牟，的的光莹狮目昫（瞬）。

大客居然相突兀，
</blockquote>

珪璧者，成器之美玉也。是谁成就了它们呢？当然是能通玉工的高明工匠，这也可以说是一种天缘。在此用以比喻天道以成王道，瑞雪以饰升平。

倪诗的后三句说，雪象呈皑皑白色，身躯高大挺拔，通体发出耀眼的光芒，令异类眼目晕眩而不敢正视。大客即大象的别称，这里用来表现两座高高的雪象傲然屹立。

倪承宽的诗句再次引起了乾隆帝的诗兴，他即兴第六次赋诗联句。云：

<blockquote>
纯公毋乃太逡巡。

江淹难赋琼为树，子产休訾齿害身。

何必荆山夸悉放，
</blockquote>

御制诗的联句以"纯公"对"大客"，纯有性之笃厚之意，"纯公"者亦为大象之雅号。这一句的大意是，雪象憨态可掬，表现出欲行又止的样子，皇上笑它岂不是有些迟疑徘徊了？言下之意，雪象塑得十分生动，大有呼之欲动之感。

御制诗中一联中的江淹是南朝梁人，字文通。晚年才思衰退，诗文无佳句，时人谓之江郎才尽。但是，江淹也曾以文章见称于世，其诗长于拟古，文工而情幽。乾隆帝说"江淹难赋琼为树"，其理由大致有二：其一，江淹为江南人士，未必能经历冰天雪地的场景；其二，琼玉的树实在是太美了，即使是《别赋》与《恨赋》的作者也不能完整地表现其全貌。子产，春秋郑国人，名侨，字子产。时晋楚争霸，郑国弱小，处于两强之间。子产周旋其间，卑亢得宜，保持郑国无事。子产死，孔子称他为古之遗爱。乾隆帝的意思是，即使是这样一个人也要嗟叹，咏雪实在是穷尽褒美之辞而难为的事！

"何必"句中的荆山在今湖北南漳县之西，《尚书·禹贡》云"荆及衡阳，惟荆州"，是漳水所出之地，古代以产玉而著名。这句的大意是，有今日之冰雪美物，又何必去赞扬荆山之玉呢？

接御制诗联句的是刘星炜，他的诗句是：

还如诃国验骈陈。

越裳白雉归彰化，灵囿驺虞育逮仁。

观琬昭文诚中度，

联句中的"诃国"即诃陵国，为古南海国名。唐白居易有诗《送客春游岭南二十二韵》云："诃陵国分界，交趾郡为邻。"《新唐书·地理志》载："佛逝国东水行四五日，至诃陵国，南中洲之最大者。"因之诃陵国应是产象之地，也是向古代中国贡象之邦。这一句的意思是，这对雪象要产象之邦的人鉴赏方能认可。

"越裳"，又称越常，亦为南海国名。《后汉书·南蛮传》有载："交趾之南，有越裳国。周公居摄六年，制礼作乐，天下和平。越裳以三象重译而献白雉。"因此在这里，白雉与象有着相同的意义，都是大治之世的祥瑞之兆。"灵囿"原是周文王苑囿名，后指精粹汇集之所，在此亦有"天为之下甘露，朱草生，醴泉出，风雨时，嘉禾兴，凤凰、麒麟游于郊"的意思。

"观琬"就是观赏美玉，在此指众人的诗句，谓重华宫联句显扬文采，颂圣而不失雅度，如玉石之温文尔雅。

随后联句的是卢文弨，他的诗句是：

> 载瑜谱乐正来宾。
> 升平进颂谐星琯，庆惠乘阳启凤闱。
> 木盛占年符奋乙，

联句以瑜对琬，亦为美玉，在此亦谓诸臣联句诗文。第一句的大意是，诸臣作为皇室的宾客，以诗来谢主人。

中一联说的是，今天来到重华宫作颂圣诗的人都是当今鸿儒。"星琯"为中国古代天文的星宿组合。司马贞在《史记·天官书》解题中云："天文有五官。官者，星官也。星座有尊卑，若人之官曹列位，故曰天官。"这里反之，用意在"天人合一"，"道之大原出于天，天不变，道亦不变"。或许与此诗有关，次年，即乾隆三十一年 (1766) 玉盂联句始，重华宫联句定为七十二韵，一句一韵，二十八人分为七排，每人四句，每排冠以御制句，结束为御制句，与宴大臣规定为二十八人。茶宴联句更走向程式化。乾隆帝说："每岁茶宴联句所用二十八人，适如列宿之数。""凤阐"即宫阙也，为诸臣联句颂圣之所。

这第三句所谓"木盛占年"，是年木盛，木者，五行之一，主东方。乾隆帝驾崩之后，其子嘉庆帝在其墓志中揭出了皇考的生辰八字。乾隆帝生于康熙五十年 (1711) 八月十三日午夜子时，即辛卯、丁酉、庚午、丙子，这是一般臣子无法得知的天机。然而，乾隆帝生年为松柏木则是时人共知的，因此，乙酉年对乾隆帝有利。这也是臣下迎合君王的一种手段。

第二十八人次联句的是谢墉。其资历较前诸位略浅。乾隆十六年 (1751)，乾隆帝圣驾南巡，谢墉以优贡生召试第一，赐举人，授内阁中书，伴驾南巡。次年考中进士。二十九年十二月，迁侍讲。时为阿哥师傅。

乾隆三十年 (1765)，皇十五子永琰——后来的嘉庆帝，虚岁六岁，恰在开蒙之时。嘉庆五年 (1800) 二月，曾有一道上谕曰："原任侍郎谢墉在上书房行走有年，勤慎供职。朕自幼诵习经史，系原任侍郎加太师衔奉宽授读，及长，而肄业习诗文，蒙皇考特派谢墉讲论，颇资其益。"就此而言，乾隆帝于谢墉的诗文还是颇为赏识的。今天他的诗句是：

> 金穰涓日伫祈辛。
>
> 坐聆宫漏移花缓，饮饫衢尊沺露醇。
>
> 燠沐余冬常盎盎，

联句以"金穰"对"木盛"，首先是言农事丰作，同时金亦为五行之一，主西方，因此十分整齐贴切。"辛"为天干第八位。《尔雅·释天》曰："太岁……在辛曰重光。"《史记·律书》有载："辛者，言万物之辛生，故曰辛。"因此，太岁在辛，为人们带来了丰获的祥瑞，与上句联句后便构成了王道与天道的合一，这使乾隆帝暗暗得意。

"宫漏"是宫中的滴漏铜壶，用以计时。以宫漏衡量季节的变化未免显得太缓慢了，以此来表明当今太平盛世史无前例。"衢尊"指上古时行仁政，民丰足，礼义敦。设酒于通衢，任人自取。今日的衢尊不仅酒管够，而且酒浆甜美。这样的夸大其辞无疑是一种吹嘘。

然而，臣下对于君主的奉迎可以说是无条件的，更何况对于词臣来说，颂扬皇上本就是分内之事。"燠沐"句说温暖湿润的余冬生机盎然，言外之意即"百姓昭明，协和万邦"，"教化大行，天下和洽"，一派升平景象。

汪永锡是二十四位赴宴大臣中最后一位联句的。前一日总管内务府大臣的出席茶宴名簿上没有他，很有可能是为了诗韵或联句的文势而临时将他加入的。他的诗句是：

> 棣通肇闿总礩礩。
> 题拈先霙环墀城，笺递番风飐帙椳。
> 乐以泰交垂在甲，

"棣通"，为贯通、通达之意。《汉书·律历志》曰："正月，乾之九三,万物棣通。""礩礩"，形容艰难之貌。扬雄的《太玄经》云："阳气微动，动而礩礩，物生之难也。"有注云："礩然者，阳欲出不能之貌也。"联上句所构成的意思是，虽然余冬已转温暖，但是万物的生长还处于欲出而不能的阶段。隐意一旦萌发，必将是郁郁葱葱。

后三句写进呈联句诗的大臣们像下雪前空中降落的白色不透明的小冰粒，簇拥在皇帝的宫殿台阶下。诸臣排次连续成章次第进呈，皇上坐在重华宫的檐下御览臣下的作品，君臣之间兴高采烈。"泰交"一语出自《易经·泰》，有云"天地交，泰"，谓天地气相交，物得大通；或谓"上下和睦，习俗美盛"。是日干支在甲寅，因此诗中有"乐以泰交垂在甲"之说。

最后成就整个联句诗的，当然非乾隆帝莫属。一项吉祥盛事即将告成，乾隆帝向下望去，往昔三十年好似弹指一挥间。虽说贵为人君，命在福贵德高，却也有着如狂风涉浪、透海穿山般的经历。要说骨肉兄弟，或是运在犯孤，总还是靠不住；而这阶下的辅佐之臣则个个温雅谦恭，干练智敏，不乏可以倚重之才，令乾隆帝甚感欣慰。想着想着，诗来了。皇上最后以五句煞尾。云：

抚兹豫顺凛惟寅。

政颁魏阙朝仪饰，泽被公田天贶申。

一德赓歌钦慎宪，对时揥管岂云频。

御制诗联句中的"豫顺"意为安乐和顺。寅为地支第三位。上文已经说过是日在甲寅，寅为日干之始，卦象有阳气上升，万物始苏之貌。

接下来的"魏阙"指朝廷。《白虎通·礼乐》篇云："太平乃制礼作乐何？"《礼记·乐记》云："王者功成作乐，治定制礼。"适逢乾隆大治之年，因此政颁，朝仪种种有条不紊。在此之际，不能忘怀去岁天赐的雪泽。"赓歌"即用他人的原韵或题意唱和，

紫禁城雪景　余宁川摄

这里指茶宴联句。"一德"即谓君臣同心合德。以茶宴联句的形式，皇帝以文人自喻，用以联络诸臣情谊之实。而君臣之谊的法则是"钦慎"，即恭敬严肃。如此对诗联句还将遵为家法，"万年长如今日"，世世代代延续下去。

茶宴联句终于结束了，皇上将《石渠宝笈》一套分赐诸臣，诸臣跪领，行三叩礼，退出。君臣皆大欢喜。

说来说去，乾隆御制诗可以说是清中期诗作的典型代表。当朝词臣若对他的诗赞美有加，那是君臣之道。或云："其气象之崇宏，则川渟岳峙也；其心胸之开浚，则风发泉涌也；其词采之高华，则云蒸霞蔚也；其音韵之调谐，则金和玉节也。"有几分谄媚也当不足为奇。

乾隆帝一向标榜"清真雅正"的诗风，提出"志言要归正，丽句却须删"。他尤其反对宫体诗、香艳诗。在他看来，那些缠绵悱恻、倾诉儿女情长的诗句最要不得。在他的四万余首诗中，他像是位正襟危坐的道学先生，诗中绝无美女宠妃的面孔，也没有轻歌曼舞的场面。他说："予向来吟咏，不为风云月露之辞，每有关政典之大者，必有诗纪事，即游艺拈毫，亦必于小中见大，订讹析义，方之杜陵诗史，意有取焉。"因此，乾隆御制诗的历史价值远远在其艺术价值之上。这些诗作，内容详细、具体，几乎任何身边的事物都可以成为其主题，它们形象地记录了乾隆帝一生的政治活动和思想感情。他本人也把自己的诗看作是生平的历史记录，说"拈吟终日不涉景，七字聊当注起居"。《起居注》与以诗句组成的"注起居"便成了今日研究乾隆帝本人与他的时代的重要历史资料。

乾隆帝写诗迅捷也是事实，他的诗尽管多即兴之作，但也不乏灵光闪现之属。他曾于"放舟揽景，俄顷之间，得诗数首，非欲与文士争长，正以理精辞熟，自觉有水到渠成乐趣"。乾隆帝的好胜心很强，常常因自己"诗才敏捷"而沾沾自喜。赵翼在《檐曝杂记》中记录了乾隆帝作诗的情形，曰：

> 上……或作书，或作画，而诗尤为常课，日必数首，皆用朱笔作草，令内监持出，付军机大臣之有文学者，用折纸楷书之，谓之"诗片"。遇有引用故事，而御笔令注之者，则诸大臣归，遍翻书籍，或数日始得。有终不得者，上亦弗怪也。余扈从木兰时，读御制《雨猎》诗，有"着制"二字，一时不知所出。后始悟，《左传》齐陈成子帅师救郑篇"衣制杖戈"注云："制，雨衣也。"……余直(值)军机时，见诗片乃汪文端(汪由敦)、刘文正(刘统勋)所书。其后刘文定(刘纶)继之。由诗片抄入诗本，则内监之职。迨于文襄(于敏中)供奉，并诗本亦手自缮写矣。御制诗每岁成一本，高寸许。

赵翼曾在军机处当过章京，又是清中期著名诗人、历史学家，因此是言可信，至今在故宫博物院藏有大量的朱笔"诗片"，便是明证。

而至乾隆三十八年(1773)勘阅缮校《四库全书》时，此次茶宴联句的诸臣有十位被委任为编书人员，其中四位为《四库全书》总裁，他们是：刘统勋、舒赫德、于敏中、阿桂。只是刘统勋很快过世，实际责任人是于敏中，后来舒赫德死于乾隆四十二年(1777)，于敏中死于乾隆四十四年(1779)，于《四库》纂修至始终的仅有阿桂一人。

他们四人之下，在总纂与纂修之职上的还有六人：裘曰修、谢墉、汪廷玙、汪永锡、窦光鼐、倪承宽。

得位之正，天赋之高，使乾隆帝自君临天下以来，始终保持着优越的心态。有了这样的心态，他夙兴夜寐，孜孜求治，似乎永远不知道疲倦。

五 奏本理合 总揽巨细

上午十时至十二时，乾隆帝于养心殿勤政亲贤殿批览奏折。奏折的内容从国家军机大事到一般的琐细小事，无所不有。乾隆帝事必躬亲，大权独揽，他的统治就如同当时繁缛的宫廷装饰一样，精微到了极点。

巳正至午正　十时至十二时　批览奏折

乾清门前广场，东出为景运门，西出为隆宗门。蓝天下，乾清门内那一道白石栏杆的高台通道，直通乾清宫。乾清宫前，西出月华门，为西一长街。月华门正对着养心殿东墙遵义门，又称膳房门。进了遵义门，正对面为黄色琉璃照壁，其后为养心殿第一进东西横长的院落。进入养心殿会隐隐有一种阴森感，一阵寒气袭身，宛如残雪般清冷。

好在这一天，喜见艳阳，残雪消融。小风吹在脸上，带来一种"绝胜烟柳满皇都"的期盼。

养心殿明间西侧的西暖阁被分隔为数室，其中一间为皇帝批阅奏折、与大臣密谈的小室，即勤政亲贤殿，北设宝座。窗外抱厦内围有木屏，与明间相隔，较为隐密。

奏 折 制 度

"奏折"一词，最早见于顺治十三年 (1656) 的上谕，称："向来科道及在京满汉各官奏折，俱先送内院，今后悉照部例，径诣宫门陈奏。其外省所送通政使司题本及在京各官本章，仍照旧送通政使司转送内院。"

到了康熙年间，奏折已具有区别于各种官方文书的特殊意义，成为一种神秘的机密文书，皇帝与亲近臣僚都要为之严守秘密。所谓"君不密则失臣，臣不密则失身，几事不密则害成"[1]。康熙三十二年 (1693)，康熙帝在苏州织造李煦的奏折上朱批："秋

---

1 《易经》节卦"初九"的爻辞。

收之后，还写奏贴奏来。凡有奏贴，万不可与人知道。"康熙四十三年 (1704)，康熙帝在江宁织造曹寅的奏折上朱批："朕体安善，尔不必来。明春朕欲南方走走，未定。倘有疑难之事，可以密折请旨。凡奏折不可令人写，但有风声，关系匪浅。小心，小心，小心，小心！"康熙四十四年 (1705) 二月，康熙帝南巡期间，在经筵讲官王鸿绪的奏折上朱批："京中如有可闻之事，卿可密书奏折，与请安封内奏闻，不可令人知道。但有泻 (泄) 漏，甚有关系。小心，小心，小心！"为了安慰上奏人，康熙帝在看完奏折之后常特朱书："朕览甚密，无一人知道。知道了。"

至康熙五十一年 (1712)，康熙帝发了一道上谕，其中有云："朕为国为民，宵旰勤劳，亦属分内常事。此外所不得闻者，常令各该将军、总督、巡抚、提督、总兵官，因请安折内附陈密奏，故各省之事，不能欺隐，此于国计民生，大有裨益也。尔等皆朕所信任，位至大臣，当与诸省将军、督抚、提镇一体，于请安折内，将应奏之事，各罄所见，开列陈奏。所言若是，朕则择而用之；所言若非，则朕心既明，亦可手书训谕。而尔等存心之善恶诚伪，亦昭然可见矣。"由此，将上奏折的权限扩大到中央朝廷官员。

雍正帝即位以后，为了对付政敌，巩固皇位，扩大和加强自己的权力，采取了许多控制内外高级官员的措施。为了掌握各种实情，他进一步扩大了使用密折奏事的范围。除督抚、提镇外，司道以下小官也准其具折奏事。如此一来，内外臣工都成了皇上的耳目，事无巨细，皇上无不洞悉，其所颁谕旨，训示方略，亦皆能措置咸宜。可以说，奏折制度的产生，是清朝上行文书制度的一次重大变更。清初扩大奏折具奏权限后，吏政益臻清明，行政效率有所提高。

传统的本章制度，因题奏内容不同，而有公题私奏的区别：例行公事，使用题本，个人私事，使用奏本；题本钤关防印，奏本不用印。奏折开创伊始，仅为当时两种上行文书题本和奏本的补充和附庸。它封章上达，既密且速，不像题本碍于制度，无论任何事项，均须先由内阁票拟（代拟批旨），然后进呈。奏折封进，直达皇帝面前开拆。经皇帝朱笔批示者，谓之朱批奏折，一称朱批谕旨。凡已朱批之折，皆发还具奏人。日后仍须缴进宫中，因而又有缴回朱批奏折之制。

奏折制度的出现，使具奏官员与皇帝之间拥有了"言敷于下，情进于上"的直接通道。乾隆帝即位之初，对雍正帝的各种政策多所调整，宽大为政以代严苛之弊。居丧期间，甚至还把处理国家日常事务的工作交给了总理事务王大臣。然而，对于奏折制度，他却别有一番考量，将其牢牢地掌握在手里。

乾隆帝曾严谕各地官员缴还雍正帝的朱批谕旨，并进一步扩大奏折言事的官员范围。乾隆四年（1739）五月十二日，他在一份谕令中说："于大臣、九卿、科道外，并准部属、参领及翰林等俱得具折奏事，以收明目达聪之效。"平时，乾隆帝处理臣下的奏折极为认真，无不"详细览阅，不遗一字，遇有差讹，必指出令其改正"。

乾隆十三年十一月二十六日（1749年1月14日），乾隆帝正式下令："着将向用奏本之处，概用题本，以示行简之意，将此载入会典，该部通行传谕知之。"从此，奏折又成了与题本并行的两种最重要的上行文书之一。

乾隆帝还采取措施，加强奏折的保密程度。一是坚持满洲官员奏事用满文具折而不得使用汉文，对于不按规定使用汉文具折的满洲官员则严加斥责。二是严禁将奏折上的朱批引入具题本章，以防泄密。三是严禁将具奏内容和乾隆帝朱批互相泄露，一经发现亦严加斥责。再就是采取措施，防止奏折赍送途中发生问题。如乾隆六年 (1741)，即谕令严禁州县官员"希图探听信息"而向赍折之人"馈送盘费食物"，禁止赍折人"借端需索"，"忧累属员"。

乾隆十一年 (1746) 五月，为免廷寄在邮递时遭到擦损，或被沿途人役私行拆阅，又采纳贵州总督兼管巡抚事张广泗的建议，规定军机处嗣后寄信外地官员，"奉旨密交各督抚事件，照吏部凭匣之制颁发，令于覆奏恭缴；其各省总督向无凭匣钥匙者，照

红漆皮奏折匣

式颁发一副，将军、提镇、藩臬及钦差各员一并给与，收存交代。其余寻常封寄事件，令兵部通行各省，按站登号严查"。乾隆二十六年 (1761) 二月，又因一些地方官虽有具折言事的权力，但没有赏给奏匣，其奏折仅用夹板固定，纸袋缄封，绫袱包裹，"奉批之后，亦即原封拴缚领回，长途往返，私启无难"，非常不利于保密，因而采纳原署江西巡抚常钧的建议，规定各省文武大吏于送发奏折时，"于夹板之外，用纸封固，接缝处黏贴本职印花，再用绫袱包裹"；其发回批折，"用兵部印花"；奉差官员，"于出京时酌量应用印花若干，于咨取勘合文内，声明兵部照数给发"。

这些措施固然有利于乾隆帝对全国情况的了解和对各级官员的控制，但由于官员们在陈奏政事时，往往愿意用奏折，而不大去注意题本和奏折的使用界限与区别，致使各省督抚将例应具题之件，大都用奏折上达，奏折滥用已成趋势。上文所列奏报雪情折即属此类现象。

在紫禁城内设有奏事处，是专门收发奏折之所。奏事处分为内外两个部分：内奏事处设在月华门之南庑，外奏事处设在景运门内九卿房。外奏事处值班章京每天于寅时在乾清门外接递在京部院衙门及各省督抚等衙门专差递送的奏折，接折后交内奏事处太监送交皇帝。在京各衙门的奏折，皆用黄匣收储，有密奏事件，则加封储于匣内。各省奏折皆封固，加贴印花，外加夹板。各省奏折有应速递者，准由驿站邮递，并根据事件的紧急程度规定投递速度，如标注"马上飞递"，则每日行三百里。紧要公文可日行四百里、五百里乃至六百里。经驿站递送的奏折，到京后交兵部捷报处接收，再由兵部司员到乾清门呈递。外奏事处随到随接，转送内奏事处，由奏事太监送交皇帝。凡递折衙门，皆须另备一份公文交奏事处，经奏事官核对无误，才予接收，以防官员擅递奏折。

内奏事处往交军机处封发的奏折，每日必须于寅、卯二时发下，由军机章京分送军机大臣阅看，时谓之"接折"。凡奏折经朱批"另有旨""即有旨"及未经朱批者，皆另外储于黄匣，交军机大臣再向皇帝请旨，时谓之"见面"。军机大臣将这些奏折拿到皇帝面前请旨以后（有的用片奏请旨），将承旨内容面授军机章京记录下来，再由军机章京拟旨。拟旨，在乾隆时始准军机章京代军机大臣拟写，但机密而重要的谕旨，仍由军机大臣亲自拟写。谕旨拟好以后，便交付缮写。按清制，颁下谕旨分为内阁和军机处两个途径，由军机处缮写的谕旨，其名称和程式也有明显的特点。

也就是说，皇上于每日批览本章必包括两个内容，其一是御览奏折，或有朱批，其二是下达谕旨。

茶宴联句结束后，诸臣接着观看东边漱芳斋戏台的承应宴戏。这是乾隆帝南巡准备随带的回族戏班表演的杂耍，有爬竿、绳技、舞蹈等，煞是好看。

而乾隆帝在诸臣谢恩后已从重华宫回到了养心殿，群臣颂圣的吟哦之声仍然萦回于耳际。他那"拙速由来我所能"的御制诗句，在那些平日自负为饱学之士的翰林面前，可谓金声玉振，独领风骚，这是乾隆帝最引以自豪的。

步入养心殿西暖阁，乾隆帝略有倦意地坐在宝座之上，当他正视前方时，前楹上悬挂的"为君难"匾额映入他的眼帘。古人曰："天子命无常，唯命是德庆。"[1]更何况《诗经·大雅·文王》云："天命靡常。"《尚书·蔡仲之命》曰："皇天无亲，惟德是辅。"这是用命之"无常"论证王道之可变。这时，一叠厚厚的奏折已由奏事太监置于乾隆帝面前的案头上。可以想象，一天之中，乾隆帝批阅各类奏本有多繁苛。

雍正皇帝宝玺"为君难"石印

驭 臣 之 术

据《宫中档乾隆朝奏折》载，乾隆三十年正月初八日上奏的折子有七本。前文引过两本，即刑部尚书、暂留江苏巡抚任的庄有恭《奏报复得瑞雪情形折》与浙江巡抚熊学鹏《奏报瑞雪粮价折》。另外有湖南布政使赫升额的《奏谢革职从宽留任折》，除此之外还有熊学鹏的三本：《奏报应修船只估需工料银数折》《奏报动用备公银修满营火药局等折》，再就是一份《奏谢赐御书福字折》。说来也是巧合，正在同一日，庄有恭也有一本《奏谢赐福字折》。

庄有恭的奏谢折是这样的：

　　臣庄有恭谨奏，为恭谢天恩事。乾隆三十年正月初一日，臣赍折人回苏，敬捧恩赏福字一幅，鹿麂、野雉等四种到臣。臣随出郊跪

1　《春秋繁露·三代改制质文》。

迎至署，恭设香案，望阙叩头谢恩，祗领讫。伏念臣忝守封圻，莫酬高厚，凛敬事之义，黾勉在公，荷育物之仁，便蕃逮下。欣逢元旦，宠拜九重。奎章与丽日齐辉，禁商共春膏并渥。捧宏慈之敷锡，薄植增荣；饮阊泽之分甘，素餐兹愧。所有微臣感激下忱，谨恭折奏谢，伏乞皇上圣鉴。谨奏。乾隆三十年正月初八日。

熊学鹏的奏谢折是这样写的：

浙江巡抚臣熊学鹏谨奏，为恭谢天恩事。乾隆二十九年十二月二十八日，臣赍折差弁回浙，恭捧御书福字一个，鹿肉一盘、煺鹿肉一盘、狍肉一盘、野雉四只到臣。臣随出郊恭迎进署，望阙叩头谢恩，祗领讫。伏念臣一介驽骀，荷蒙圣恩，简畀封疆重任。数年以来，赏赉频繁，毫无报称，兹复颁赐臣御书福字，兼锡上方珍味。臣跪领之下，光荣实甚，感激弥深，惟有益加策励，恪恭奉职，事事矢竭惘忱，以冀仰酬高厚于万一。臣谨缮折恭谢天恩。谨奏。乾隆三十年正月初八日。

乾隆帝御书"福"字

这两本奏折，前一本是庄有恭的，后一本是熊学鹏的。面对来自天家的相同恩宠，他们的反应是相似的，几乎在同一时间做了相同的事。两本奏折文辞典丽，而恭态卑甚，极尽争宠之能事。这偏偏是由皇上所赐"福"字引起的。

《啸亭续录》卷一有一篇短文《赐福字》，云："上御乾清宫西暖阁，召赐福字之臣入跪御案前，上亲挥宸翰，其人自捧之出，以志宠也。"

据嘉庆帝《书福联句》注：书福之典，始于圣祖仁皇帝。赐福苍生笔，相传为圣祖御用留贻，管髹漆，色黝，字填以金。每开笔时，御用一次，即珍弄檀匣。每岁开笔书第一福字，悬于乾清宫之正殿，此即旧藏圣祖御用赐福苍生笔。所书赐福之笺，质以绢，傅以丹砂，绘以金云龙。宫廷贴用者，与朱红对笺、寿字笺，由江苏按尺度制进。颁赐之笺，则南省方物所陈也。砚海二，分以松花玉、紫端石为之。又据乾隆帝《嘉平月朔开笔再叠辛亥诗韵》诗注：嘉平赐福之事，皇祖时从未举行，自皇考创为成例。予御极以来，敬循家法，岁岁遵行，奉为典则。皇考书福之笔敬谨尊藏，髹管上旧镌"赐福苍生"四字，最为吉祥法物。是以每岁书福，必敬用此笔书第一福字，钦承手泽，用示赐福。

事实上书福之举，始于康熙帝，赐福则康熙帝虽偶有此举，而著为典例者实始于雍正帝。至于那赐福苍生笔，或系康熙帝留贻，而雍正帝用以书福者。

一支书"福"字的笔，由皇祖传至皇考，又由皇考传至乾隆帝，可见对于皇家来讲，这是一份多么重要的传家宝。这笔中蕴藏着的则是清帝驾驭臣下的手段。

乾隆帝十分重视对地方官的选拔与任用，并一再加强对他们的驾驭。在他看来："安民在于察吏。各省民风，淳漓不一，政务繁简各殊，而随时整饬，必专其责于亲民之官。古称监司择守令，一邑得人则一邑治，一郡得人则一郡治。督抚有表率封疆之任，不在多设科条，纷扰百姓，惟在督察属员，令其就现在举行之事，因地制宜，务以实心行实政。……有治人，无治法，诚探本之论也。"[1]

那么，像庄有恭、熊学鹏这样天高皇帝远的封疆大臣，就更要制其心，而令其甘为皇帝效命，"以志宠也"。因此，经常给予这样的官吏以宠信的信号是十分必要的。

庄有恭，广东番禺人。幼有神童之誉，称"生而颖异，十三通五经，旋补诸生以选贡考"。乾隆四年 (1739) 一甲一名进士，钦点为状元。殿试对策云"不为立仗之马，而为朝阳之凤"，深得皇上喜爱，其"风度端凝，天颜喜甚，赐及第，授修撰"，命入值上书房。十三年 (1748)，做上了提督江苏学政。在为江苏学政时，有浙江人丁文彬者向庄有恭出献所著《文武记》《太公望传》等逆书。庄有恭初以为此乃病狂之举，自己绝不会受到上方的追究。不料这丁文彬却不依不饶，竟带上此二书呈山东衍圣公孔昭焕，孔又告于巡抚杨应琚。庄有恭这时才意识到问题的严重性，自请治罪。乾隆帝以庄有恭故纵逆罪，罚学政养廉银十倍。这是庄有恭在仕途上栽的第一个跟头。

庄有恭像

1 《清高宗实录》卷三六五。

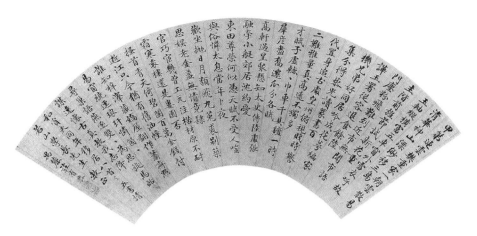

庄有恭书楷书七言律诗扇面

采自《小莽苍苍斋藏清代学者法书选集》，文物出版社，1995年

乾隆二十一年 (1756)，庄有恭署江南河道总督事。不知是怎
的，庄有恭一到任，就上了这样一本奏折，曰："泰兴县捐职州同
朱晫主使毙命，按律应绞，晫呈请赎罪。臣业经批准，尚未结
案。"为此乾隆帝谕曰："庄有恭此奏，观之实为骇然，岂有入人
死罪并未奏闻，擅自饬司准其收赎，至离任后始含糊具奏之理？
现命尹继善等据实查办。其有无染指虽尚未定，然观其专擅妄谬
如此，大失人臣敬事之道，已令其家居待罪。"

照常理，庄有恭犯了"大失人臣敬事之道"，这一跟头可比
前一个跌得更狠，大有难以翻身之势。然而，乾隆帝偏有任用罪
臣之术。乾隆二十二年 (1757) 六月，命其戴罪署理湖北巡抚。乾
隆二十四年 (1759)，又调浙江巡抚。庄有恭因祸得福，乾隆帝由
此换取了庄有恭的忠心。

庄有恭署浙江巡抚后果然卖力，于当地政务、水利、筑堤修

塘、鼓铸冶金方面多有佳绩。乾隆二十七年 (1762) 春，乾隆帝南巡，庄有恭竟得到御赐诗：

> 己未亲为策士文，精抢蕊榜得超群。
>
> 起行不负坐言学，率属偏能先己勤。
>
> 鹤市旧声犹眷眷，龙山新政更殷殷。
>
> 海塘正是投艰处，磐石维安勉奏勋。
>
> (《赐浙江巡抚庄有恭》)

乾隆二十七年十月，乾隆帝又调庄有恭到江苏任巡抚，上谕曰："其海塘工程，庄有恭筹办甚属尽心，且浙省现有查办灾赈事，亦为紧要。庄有恭奉到调任之旨，可将巡抚印务暂交索琳护理。其日行事件，照常接办。惟塘工、赈务，仍听庄有恭专司其事。苏杭一水之地，案牍往还，本可无虞稽误。至熊学鹏到浙，其赈务自可妥办，至海塘工程，自不如庄有恭之轻车熟路。邻封伊迩，应令两抚彼此始终会办。在庄有恭亦断不因既经调任，稍分畛域也。"十一月，特免庄有恭学政内应罚未完银六万余两。乾隆二十九年 (1764) 九月，擢刑部尚书，暂留巡抚任。乾隆三十年 (1765) 正月，又授以协办大学士，仍暂留巡抚任。这一头衔使庄有恭之位仅次于大学士兼管两江总督尹继善、大学士兼管陕甘总督杨应琚与协办大学士、吏部尚书陈宏谋，而居内阁各部尚书，各地方总督、巡抚之上。

熊学鹏与庄有恭一样，由科举而发迹。

熊学鹏，江西南昌人。祖父熊一潇曾做过当朝工部尚书。他本人早在雍正八年便取得进士，被授兵部主事。雍正十三年

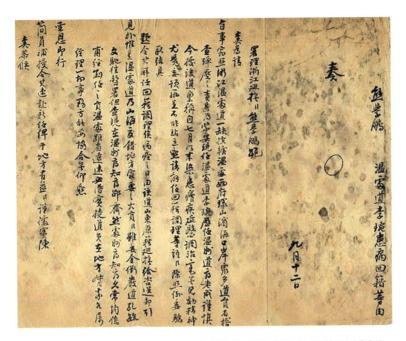

乾隆三十七年八月二十四日，署理浙江巡抚熊学鹏奏折（军机处录副奏折）

(1735)，做上了贵州乡试副考官，寻迁员外郎，升郎中。乾隆五年（1740），授山西道监察御史。九年（1744），迁太常寺少卿。十年，迁通政司右通政使。十一年，迁太仆寺卿。十九年，迁太常寺卿。二十一年，调顺天府府尹。二十四年，擢内阁学士。二十五年，充殿试读卷官，寻调刑部右侍郎。二十六年三月，授广西巡抚。二十七年，调浙江巡抚。三十年三月，京察，熊学鹏以勤慎供职，下部议叙，得到朝廷的赏识。

与庄有恭相比，熊学鹏出身官宦世家，他没有什么可以炫耀的功绩，甚至也没有什么像样的奏折。乾隆二十六年（1761）二月，他充会试知贡举，曾奏停进呈试卷另行誊录例，也没有什么大错。圣上说庄有恭治海塘轻车熟路，苏杭又是一水之地，那么我熊学鹏听之，顺之，亦可捧之……

　　了解了二人的身世背景，回过头来再看那乾隆三十年正月初八日的两本奏谢折。看，庄折中的"臣忝守封圻……荷育物之仁，便蕃逮下"一句，谦恭之下似持皇宠独有之意，透着血气方刚的劲头。再看熊的折子，曰"臣一介驽骀，荷蒙圣恩，简畀封疆重任"，诚惶诚恐且情理并茂，透着老臣的恭谦审慎。

　　就在庄有恭为得了御书"福"字而得意之时，灾祸却已逼近，一场灭顶的大凶从他的侧面杀来。就在这一年的八月，庄有恭写了一本劾苏州府同知段成功纵役诈扰累民革职折，还未及拟好，被召还朝。十二月，两江总督高晋上疏说段成功因疟不能检点案牍，致家人婪赃，段成功实未与知。乾隆帝严加饬之，命巡抚明德据实查奏。明德的上奏是，段成功家人出票滋扰，段成功不唯知情，且图染指。知府孔传烱、按察使朱奎扬明知段成功假病，瞻徇未究。命革朱奎扬、孔传烱职，解部治罪。乾隆三十一年 (1766) 正月，高晋又奏庄有恭原参即有段成功抱病蒙混语。乾隆帝勃然大怒，谕曰："庄有恭受朕深恩，特加擢用，乃敢为此市恩之术，此非前任受尹继善局弄之过可比，是有心欺朕矣。庄有恭着严加议处。"本来不关庄有恭的事，却落个部议革职，被革去协办大学士一职。这个大学士仅做了一年就罢官了，试想，庄有恭若没有得那么多的恩宠，怕也不至于令皇上如此恼怒。

　　至此，庄有恭的凶灾还远远没有平息。此后，钦差侍郎四达得庄有恭授意朱奎扬、孔传烱有意从宽状，疏闻。为此，乾隆帝接连下了两道谕旨：

此事实出情理之外，深可骇异矣！朕初意庄有恭因离任在即，巧于解怨市恩，尚外省所素有之恶习耳，是以前部议革任时，仅将其协办大学士革去。今阅此奏，则此案之上下相朦，实由庄有恭授意指使，以致知府、臬司扶同狡混，其居心欺诈若是，实非意料所及！庄有恭从前叠获重罪，皆经弃瑕录用，复加恩升授尚书、协办大学士。朕之施恩于庄有恭者，有加无已，苟稍有天良，自应实心图报。乃敢于参审重案，授意属员，巧为欺蔽，深负朕恩。此皆朕之不能以德感人，以明识人，深用为愧。若再姑息其过，将来何以董正天下督抚哉？庄有恭着革职拿问，交军机大臣会同刑部严审定拟。其前在学政内应罚未完银两，曾经加恩宽免，庄有恭如此丧心负恩，仍着追缴。

这道置庄有恭于死地边缘的谕令下达后，乾隆帝仍不解心头之恨，又下一道谕旨：

向来各省督抚办理案件，瞻徇欺朦，上下通同舞弊，习气最为恶劣。前湖北盗犯张洪顺一案，经朕彻底查办，严加惩治，以为各省督抚自应涤虑洗心，奉法惟谨。乃未及三年，不意又有罔上行私、毫无顾忌如庄有恭之甚者。可见各省抚之锢习相仍，牢不可破。段成功诈扰累民，赃迹已著。庄有恭身任巡抚，不思秉公参究，转授意臬司、知府，令其委罪家人书役，巧为开脱，以遂其解怨市恩之计。居心欺诈，戕法负恩，莫此为甚！若不痛加惩创，其何以饬吏治而正人心？今将伊革职拿交刑部，令军机大臣会同审拟。外间无职之徒，未必不以此案较之湖北案情为轻，而处之则同。

不知张洪顺只系细民犯盗，爱必达等并非有意袒徇；乃因回护已过，遂将后案延搁，究未敢公然授意属官，乃属官承其意旨，相与颟顸了事耳。若段成功身为职官，索诈部民，情节可恶。庄有恭惟知官官相护，罔知法纪。于查参段成功时，辄先授意臬司、知府，令其从宽开脱，遂尔隐跃其词，以患病被朦参劾。若非朕留心详阅，洞烛其奸，则贪黩扰民之段成功，几至幸逃法网。是此案之挟私舞弊，实倡于庄有恭，其罪更浮于爱必达矣！且爱必达已经发遣伊犁，并不稍为宽贷。今朱奎扬、孔传炯供词俱在，案情历历如绘，稍有知识者阅之，尚能为庄有恭置一词乎？昨四达等奏到，即令军机大臣将朱奎扬等亲供，交庄有恭阅看。伊惟俯首认罪，并不置辩。其意不屑与属吏对簿，自为得体。不知实小人之尤，岂有如此重案听其含糊认罪，而遂可成信谳之理？因命军机大臣等复行传旨讯问，则又供朱奎扬等承审月余，延挨观望，直至庄有恭自行访有款单，札司转府拘审，伊等始将家人书役索诈得赃各情弊具揭，又不将段成功自己标判厅卷回明送看等语。所供情节，亦系一面之词，难于凭信。即日朱奎扬等拿解到京，自可得其底里。设稍有支吾掩饰，亦何难加严讯，使之水落石出耶？外省吏治敝坏，皆由督抚不能正己率属，上下和同，联为一气，以行其朦蔽欺诈之伎俩。各省皆所不免，而江南为尤甚。在伊等相习成风，恬不为怪，不思此等鬼蜮形迹，难逃朕之洞鉴。一经败露，惟有力加整顿，执法不挠，务在廓除积习，俾吏治肃清。该督抚等各宜猛省自爱，毋得以身试法。将此通谕各直省督抚知之。

庄有恭得了御书"福"字，又得了御制诗（乾隆三十年，圣驾南巡，另赐以诗。见本书第20—23页），竟忘乎所以，置皇恩于脑后，把公事当儿戏，为官官相护之事，实在可恶。然而，仅就以上两道谕旨来看，未必没有草率武断之嫌。无怪一位卿史大胆指责道："自古人主患不明，惟皇上患明之太过。自古人主患不断，惟皇上患断之太速。"无论是"明之太过"，还是"断之太速"，都来自乾隆帝独断专行的个性与作风。

到了二月，军机大臣傅恒等遵旨会同审拟，他们当然不愿在皇上面前做一个无"知识"的人，更不敢"为庄有恭置一词"，故而拟议庄有恭有罪应斩。这时，乾隆帝的气也消了一些。平静下来之后，他谕示群臣：

> 据审庄有恭及朱奎扬、孔传炯等供，核其情节，庄有恭并非袒护段成功，而于保举段成功之和其衷，则曲意为之瞻徇。盖和其衷为新任巡抚明德弟兄，恐事发累及举主，有碍颜面，遂尔心存瞻顾。上司属员，意会色授，各相喻于不言，因置段成功受贿情事，不复深加诘究，妄冀含糊结案。外省上下和同，官官相护，积习最为恶劣。若不急为整饬，将渐启党援门户之弊，于世道人心，深有关系。庄有恭身为巡抚，属员视其趋向。自应依律问斩，着监候秋后处决。

然而，到了八月，乾隆帝又谕命赦庄有恭罪，补授福建巡抚。

此番受到如此重创的庄有恭，即使皇上再施任用罪臣之术，也无以效命。转年七月，庄有恭悒郁而死。庄的死带给封疆大吏极大的震悚，对当今皇上益增敬惧之心。

为了驾驭臣属，乾隆帝常常施展异乎寻常的手段，或小过重罪，罪非其罪，或破格提拔，一月数迁。生杀予夺，出自朕躬。大臣们莫测天威，既感到自己头顶上时刻悬着一把利剑而战战兢兢，又希冀一沾皇恩，得终南捷径，而加官晋爵，封妻荫子。时间一长，皇上也有严饬吏治而乏术的时候，因此大家还是学做熊学鹏的好。这样的一种局面或许是争强好胜的乾隆帝所希望的。

　　后来熊学鹏作小文，就张栻（号南轩）对宋孝宗的问答，做了很好的分析。他把能臣工分为"生事之能人"与"办事之能人"两种，云"天下有欲办事而不晓事者，固足以启纷扰之患；天下有虽晓事而不办事者，尤足以贻废弛之忧"。在他看来，"所谓办事者，以其能办是事而不愧，则非不晓事之臣明矣"，这才是天下难求的明臣。

　　乾隆帝在《明辟尹嘉铨标榜之罪谕》中说："朕以为本朝纪纲整肃，无名臣亦无奸臣。何则？乾纲在上，不致朝廷有名臣、奸臣，亦社稷之福耳。"[1]换言之，乾隆帝为使他的能办事之臣不成为奸臣与名臣，而施展着驾驭之术，同时不惜将有些人干脆变成庸臣，而在官宦中树立为臣的榜样。

军机处之录副奏折

　　军机处不同于内阁各部，它没有办事衙门，是直接为皇帝服务的，因此只设军机大臣值房，就在皇宫隆宗门内。军机大臣

1　《清代文字狱档》第六辑。

养心殿南外墙的军机处

采自故宫博物院古建部编《故宫博物院藏养心殿历史影像》，故宫出版社，2023年

平日分两班轮流当值，随时听候皇帝的召见，为皇帝办理各种事务。也许是因为值房仅作轮班之用，赫赫有名的军机处，室内布置得十分简单，除去必备的办公用品和供休息的用具，几乎没有什么陈设。除军机值房外，还有军机章京值房，也是平房一排，在紫禁城中绝不显眼。军机章京呢，也都是军机处的一般办事人员，这里称小军机，其值房在隆宗门内迤南，与军机处隔街相对。

军机处建立于雍正七年 (1729)，其直接原因是当时连年用兵西北，军报及指令往返频繁，须及时传递，并要严加保守机密。因此，雍正帝特命在隆宗门内临时设立军需房 (又称军机房)，派怡亲王允祥，大学士张廷玉、蒋廷锡等人入值，专门办理一切军需事宜。军机处建立后，由于普遍推行了奏折制度，内外臣工言事，多用奏折直达皇帝，皇帝亲自拆阅批示后，再直接发给具奏者本人按批示执行。内阁的"票拟"只办理某些例行公事，因此内阁的权力，便逐渐被军机处取代。

乾隆帝登基后曾一度废除军机处，改设总理事务处，但于乾隆三年 (1738) 又重新恢复了军机处。实际上，军机处不仅处理军务，而且办理一切国家重要政务，因此权力愈来愈大。

前面已经提到，清朝实行回缴朱批奏折的制度。雍正朝没有规定具体日期，一般是乘便缴回。从乾隆朝起，实行按年缴进。但缴进办法尚未统一，有的咨送军机处，有的往送奏事处。

乾隆三十年正月初八日的《杂录档》中记有："松潘镇总兵托云交朱批折一包 (四件)，内务府总管德尔格交朱批折一包 (六件)，贝勒允祺交朱批折一包 (六件)，交与内阁中书明德总折一件，随片一件……"

这里回缴的朱批奏折应是其正本，它们作为档案被存于宫中。如今大部分朱批奏折藏于台北"故宫博物院"中，并收录于1982年出版的《宫中档乾隆朝奏折》。前一节所举乾隆三十年正月初八日的奏折就出自于此书。

然而，这并不是乾隆帝当天御览的奏折。道理很简单，具奏人的奏折到达皇帝手上，必须经过驿站的传递，因而具奏与朱批并非在同一天。由于正本上没有标明朱批的时间，仅有具奏时间，因此无法知道乾隆帝在三十年正月初八日御览并朱批了哪些奏章。

据乾隆三十年正月初八日的内务府《日记档簿》，有如下公文发去或发回：

直隶总督方观承二封，请安一封，奏事一封，差外委夏先达于初九日发去。

云贵总督刘藻六封，请安一封，奏事五封。朱批一包。刘藻折内单一件，军机处收存不给，去。记此。于初九日发去。

山西巡抚和其衷二封，奏事一封，用兵部印花封发回，差把总田梦仁于初九日发去。

天津水师营都统富当阿二封，请安一封，奏事一封，用兵部印花封发回，差骁骑校图桑阿于初九日发去。

西安右翼副都统德克精额二封，请安一封，奏事一封，用兵部印花封发回，差领催田正伦于初九日发去。[1]

这一记录中方观承、富当阿与德克精额的三封奏折（后二封标用兵部印花封），于藏在北京中国第一历史档案馆的军机处奏折录副档案中得到了核实。也就是说，军机处奏折录副上所注明的朱批时间才是皇帝御览奏本的时间。

军机处经办的奏折，均要抄录副本，供发抄和查考之用。而奏折发抄与否，则视朱批内容而定。梁章钜的《枢垣纪略》卷一三载："凡中外奏折，奉朱批'该部议奏''该部知道'者，皆录副发钞。其朱批'览'，或朱批'知道了'，或朱批'准驳其事'，及训饬嘉勉之词，皆视其事，系部院应办者，即发钞，不涉部院者不发钞。凡未奉朱批之折，即以原折发钞。"

就拿标有乾隆三十年正月初八日朱批时间的云贵总督刘藻

1　中国第一历史档案馆藏《乾隆三十年日记档簿》，簿字号九〇一。

的奏折来说，在录副中有三份，但同日具奏人的奏折在《宫中档乾隆朝奏折》中可以找到六份，这其中便有可能是被抄录的人按照某种既定的规则删去了。但乾隆帝当是在同一天御览了刘藻的六本奏折，有《奏报京铜自泸开运日期折》《奏请调补知府折》《奏为差弁进折错误蒙宽宥谢恩折》《奏报全获殴差抢犯要犯缘由折》《奏报查明滇省城垣情形折》，以及《奏为查明发遣新疆人犯折》。

刘藻具奏的时间是乾隆二十九年十二月初七日，云南府至京师的路程共用了三十余天的时间。

不用说，等到皇上见到此地的奏折，所奏情况本身早已发生了根本性的变化。因而古人云"将在外，君命有所不受"，是有其道理的。而君臣之间是如何在心理上调节这一时间差的，的确需要很好地去研究。

这其中标有朱批时间的三份军机处录副奏折如下：

会获要犯刘上达，刘藻奏。

云贵总督臣刘藻谨跪奏，为奏闻事。窃照黔省清镇县讼棍刘上达递解大定府质审行至中途殴差抢犯一案，前经臣等据报飞饬贵西一带文武各官多差兵役，勒限分头踊缉，并委府县督拿。旋据拿获刘天爵、刘天锡、刘上卿、刘友学、阿年、阿保、阿方、阿三、阿幺九名。讯，系刘上达私令伊子刘友贤、刘友学商之堂叔刘天爵，纠族抢逃。天爵即以抢回官必差拿，须多备盘费远遁，为嘱友贤等，又邀刘上义、刘天锡、刘上卿并率佃苗阿年等，通共十一人，于十月初二日齐赴羊耳箐，持械殴差，将刘上达夺回潜逃。供认不讳。业经调任抚臣图尔炳阿将现犯刘天爵等分别首从，定拟会奏，并声明在逃之刘上达缉获之日，即行请旨正法，余犯刘上义、刘友贤照律治罪等因在案。臣查刘上达平日则逞习唆讼，迨事犯起解，复敢指使族众劫逃，而刘上义、刘友贤均听嘱行凶，实属目无法纪，岂容漏网。臣因调任抚臣，已经赴楚，恐各该犯乘隙远飏，随专差臣标候补游击明浩驰往协缉，并严切饬谕，期于必获。兹据该员禀称，行至安顺府即同提督派委千总刘殿方分路查拿，旋因访有该犯等踪迹，前赴鸭池河，督同该汛外委乔之杰并兵役人等，于十一月二十五日，将刘上达等三犯全行拿获。明浩即与该处文武员弁选拔兵差，亲身押赴清镇县，交明知县韩承源。添差转解贵州省城收审等情。并据该司道暨府县等官禀报相同。除札会护抚布政使臣钱度率同该署司等立即讯明，另行定拟会奏外，所有全获要犯缘由先行缮折奏闻，伏祈皇上睿鉴。臣谨奏。

具奏时间为乾隆二十九年十二月初七日，乾隆三十年正月初八日奉朱批："知道了。钦此。"

肇事者无视法纪，聚众闹事，当严惩不贷。处理这样的寻常骚乱，乾隆帝与任何铁腕统治者一样绝不手软。乾隆帝使用暴力执法使得权力的正当性更为明晰，对于其他意在挑战皇权者亦有警示作用；同时，一味依赖暴力执法的行为给王朝带来了很大且深远的负面影响。

滇省城垣缘因，刘藻奏。

云贵总督兼摄云南巡抚臣刘藻谨跪奏，为汇报通省城垣事。窃臣于上年承准廷寄，钦奉上谕："城垣为地方保障之资，自应一例完固，以资捍卫。着各省督抚饬令该管道府将所属城垣细加查勘，如稍有坍卸，即随时修补，按例保固。仍于每年岁底将通省城垣是否完固之处缮折汇奏一次。钦此。"钦遵，饬司移行查办在案。兹催，据各道府将乾隆二十九年分所属城垣逐一勘明，由布政使永泰汇详前来。臣查云南通省垣共九十一座，原建土城二十九座，内新修土城五座，改建砖城四座；又原建石城十四座，内新修二座；又原建砖城四十八座，内新修十八座。共计新城二十九座，旧城六十二座，内惟昆明县城垣系属省会，从前于耗羡章程案内奏定每年额支修费银三百两，自二十一年修理，至今已越八载。从前有未修之处，复经风飘雨淋，城垛、城楼等项多有坍损，已据藩司勘估，共需工料银一千二百九十五两二钱三分。零取具册结，另疏具题。动用节年存贮岁修银两，购料兴修。又开化府属之文山县西门城墙逼近江滨，二十八年被水冲刷搜松城脚、城墙卷洞、城楼等处。据该府县报明，于今春自行修理，经兼署抚臣吴达善于上年年底汇奏在案。本年春间续据具报，南北两门城垣亦有被雨淋塌之处，并修筑。西门江滨挡水坝均自愿一并修建。现在除已修外，尚有未竣之工，俟全完日，委员查验取结保固。至江川、通海、宁州三州县，于二十八年十一月内地震，城身俱属完固，其城楼垛口间有震卸者，当经勘估，同应修衙署、祠宇等工，题请于司库铜息银内动给修补，亦已陆续兴修完固。现取册结，另行验收报销。以上通省城垣，除昆明、文山二县外，其余土石砖城八十九座悉属完好。臣仍严饬该管道府，不时留心查勘，稍有坍卸，随即定限督修完整，取结保固。倘有升迁事故，造入交代，令后官详加验看；如有坍塌，令前官修竣，接收结报。倘敢扶同徇混，一经查出，将新旧各官及该管道府一并参处，分别赔修。务期城垣一例完固，断不容稍事因循，任其坍颓，致糜帑项。所有查明滇省城垣情形，理合录折奏闻，伏祈皇上睿鉴。谨奏。

具奏时间为乾隆二十九年十二月初七日，乾隆三十年正月初八日奉朱批："知道了。钦此。"

乾隆帝多次强调对云南城垣随时修补，按例保固。为此，巡抚岂敢做徒晓事而不办事者，侵帑误工。其中连沿边关口及紧要城堡，凡工程告竣，云贵总督、云南巡抚甚至亲往查勘。为捍卫边疆，务期城垣永固，确保施工优质，帑项不致虚糜。

发遣人犯照函，刘藻奏。

云贵总督兼摄云南巡抚臣刘藻谨跪奏，为查明发遣新疆人犯事。案照承准廷寄，钦奉上谕："近年以来，发遣新疆等处人犯有在途脱逃者，拿获之日将本犯立置重典，着传谕各督抚，嗣后将一年内发遣新疆人犯，查明有无脱逃、已未拿获之处，于年终汇折具奏。钦此。"钦遵，办理在案。兹查滇省，乾隆二十九年分，有易门县安插军犯陶五纠伙行窃县民刘世伯家银钱、衣物。审依军犯在配，复犯窃之例，改发伊犁等处，给种地兵丁为奴，接准部复。经臣于三月内，金给咨牌，饬司慎选干练员弁，督率兵役，小心防范，递解出境。并知会沿途督抚，转饬经过地方文武各官一体照例，委员逐程接替，护解前进。业于九月内准有陕甘督臣回咨，将该犯转发伊犁查收，所有发遣新疆人犯，陶五一名并无脱逃。缘由理合恭折具奏，伏祈皇上睿鉴。再，此外尚有在配行窃之永北府军犯王朋俚、师宗州军犯王冬狗二名，甫准部复，尚未起解，大姚县军犯蒋阿松一名，未准部复，均应入乙酉年（乾隆三十年）汇奏，合并陈明，谨奏。

具奏时间为乾隆二十九年十二月初七日，乾隆三十年正月初八日奉朱批："知道了。钦此。"

人犯发遣新疆是清朝创设的一种刑罚，是将犯罪人发往边疆地区给驻防官兵为奴，此惩罚程度比充军为重。过去有研究者认为，此刑多适用于政治性案犯，如文字狱案者。而以上奏折中所列多名刑犯都不过是普通刑事犯。这些对于做人臣的来说并不重要，重要的是，皇上要办的事即使再小，也不能有丝毫懈怠，必以夙夜自警，敬心办事。

乾隆帝三十年正月初八日御览的奏折，在录副中还保存有一份汉文奏折，即上面提到的，是日《日记档簿》中记录的直隶总督方观承的一份奏折。这份奏折的具奏时间是乾隆三十年正月初六日，和乾隆帝御览的时间仅隔了一天。直隶保定府至京师的距离是三百三十里，如此快捷的传递在当时的条件下实属难得。

方观承的奏折录副如下：

请以沈鸣皋升署定州知州，方观承奏。

直隶总督臣方观承谨奏，为要缺需员恭恳圣恩升署事。

窃臣于本月初三日接准部咨，乾隆二十九年十二月二十三日奉上谕："直隶正定府知府员缺，着狄咏麓升署。钦此。"除钦遵，行司饬令狄咏麓即赴新任外，所遗定州员缺，地当孔道，庶务殷繁，系四项[1]俱全要缺例，应在外题补[2]。臣与两司在于所属州县内详加遴选，非其才具难资表率，即现有不合例处分。查有清苑县知县沈鸣皋，系江苏人，由监生捐纳县丞。乾隆十五年三月内拣发直隶委用。十七年三月内咨补枣强县县丞。二十二年题升邯郸县知县，二十六年四月内奉文实授。二十七年内经臣奏请，调任清苑县知县，奉旨："着照所请行，钦此。"于本年二月内到任。该员才情敏练，办事实心。数年以内于附省首邑事务料理裕如，以之升补定州直隶州知州，实堪胜任。惟是该员虽连邯郸前任已阅八载，而调任清苑尚未满五年，与题升之例稍有未符。第人地相需，例得专折奏请合无。仰恳皇上天恩俯准，将该员署理定州印务，以重地方。恭候圣驾回銮，臣给咨送部，带领引见，如蒙俞允，再行扣算年限，另请实授。再查该员任内有缉凶罚俸一案，徒犯脱逃罚俸一案，承缉罚俸二案，失案赌博罚俸一案。此外并无不合例处分。合并陈明，伏乞皇上圣鉴，敕议遵行。谨奏。

具奏时间为乾隆三十年正月初六日，乾隆三十年正月初八日奉朱批："该部速议具奏。钦此。"

---

1 依清制，知府、同知、通判、知州、知县等地方官，以冲、繁、疲、难四种名目定员缺紧要与否之等差。其兼四项为最要缺，三项为要缺，二项为中缺，一项为简缺。
2 清代补授官员的一种方法。即按官员铨选章制规定，凡应具题补授的官员出缺，其上司在应补或应升此缺人员中拣选，题请补用。

皇帝欲求的是办事之臣，更于办事之臣中，求晓事之臣，而心足以晓事、身足以办事的臣下更是难求。那些特别会来事的属下，会看上司脸色行事，熟知上司习性，善于揣摩上司意图，能为上司办事，因而也特别容易受到青睐和器重。被推荐人政绩稀松，纰漏不少，就是会来事，这样的官，皇帝居然也"准"了。在这样的用人导向下，会来事的庸官必然多起来，长此以往吏政风气可想而知。

其实，以上四份奏折，对于清中期的吏治、刑罚、缉匪、押犯于新疆伊犁以及修缮地方城垣等无不所叙详尽，具体生动，无须再加解释。每折文字都可构成一篇故事，亦有千种风情，较《清稗类钞》之类的资料价值更是胜之倍蓰。

满文机密奏折

今天，在中国第一历史档案馆保存的军机处满文录副奏折档案中，能够找到三份乾隆三十年正月初八日朱批的满文奏折，其中有两份被载录在《日记档簿》中，一份是：

乾隆三十年正月初五日，天津府满洲水师营都统奴才富当阿谨奏，为请旨事。本营官员每逢年节均到官修寺庙拜谒，去年十二月二十八日，奴才率领诸官员到寺拜后各自散去。巳时，听闻喧叫寺庙失火，当即赶往，但见供奉三世佛之三间殿房火势蔓延。奴才立刻率领到场官兵尽力扑救，一面抢运供品，一面欲搬佛尊，竟未能搬动。火势更加蔓延，人已无法停留，故未能搬出，三间殿房及佛尊皆被烧毁。直至未时，方将火扑灭。奴才传来和尚田祥、广辉，讯问殿内失火原因。据伊等供称，官员拜谒散去后，待所有点烧之香烧尽，吹灭蜡柱，方将槅扇门上锁，不知火从何处起等语。所供均同。今寺之三间殿房、供奉之佛尊及神幡、经卷、提炉等十九项物件被烧。且如何失火之处，和尚田祥等供称不知。由此观之，其情甚是可疑。奴才为审取实供，将和尚田祥、广辉移交本地理事同知纳敏，详加审讯，俟获取失火之真情，视其情节轻重，照例治罪。此外，查得水师营两座官寺，系雍正七年十月，世宗宪皇帝谕令前任都统拉锡："天津水师营之城，驻有官兵二千余名，城内不可无寺叩拜，着建寺两座，一寺供奉三世佛、龙王、海神，另一寺供奉城隍、土地。定其式样，着交庄亲王，由大内造送。该寺之修建，着交及盐政郑常保，从其养廉银两内捐助修造。钦此。"钦遵。拉锡与郑常保相商修建寺庙，造办供品，于雍正八年八月，从大内请来佛尊供奉在案。现三间殿房，三世佛尊及供物已被焚毁，重新修建时，三世佛尊仍由大内造送，或按原建之例，交盐政照旧一并建造殿房、佛尊供奉，或交奴才富当阿动支库存滋生息银建造供奉，奴才未敢擅便，谨具奏请，恭候圣旨，钦遵办理。窃思官修之寺，理合不时谨慎看护。今失火烧毁，皆系责成看管之协领富登额等员平素管理松散所致，请将责成看管寺庙之协领富登额、防御额楞额、散达色交该部察议。奴才富当阿亦有咎失，请将奴才一并交部察议。为此谨奏，请旨。

乾隆三十年正月初八日奉朱批："着该部察议具奏。钦此。"[1]

天津水师营，创建于雍正朝，是清代首支以都统级别统领的地方性水师驻防军队。如奏文所说，雍正七年 (1729)，官兵已达二千余人。乾隆二十九年十二月二十八日 (1765年1月19日)，水师官庙失火，供奉的三世佛等神像皆被烧毁，这似乎给皇帝留下了很坏的印象。乾隆三十二年 (1767)，乾隆帝东巡津淀，亲阅水师，检阅过程中，竟然发生了水师营军官发错指挥信号，水军士兵晕船呕吐、不能操作，"对海面行舟之道尚未谙悉"的事件。对此乾隆帝不思整顿，反而因噎废食，震怒之下，"移派天津水师营官兵于福州、广州、凉州分驻……所有水师营额悉裁"。天津水师营前后历时约四十二年，终告解散。如果用百年的尺度来衡量此事，可以说这是重大的战略失误。1840年，"海面久已宁谧"的局面被打破。这一年的8月9日，由"威里士厘号"等八艘挂着米字旗的英国军舰组成的舰队停泊天津大沽口海域，天津却没有水师，就此尝到了海防废弛的苦果。

另一份是：

> 乾隆二十九年十二月二十二日，西安副都统奴才德克精额谨奏，为谨具奏闻接任日期事。奴才荷蒙圣主鸿恩，由王府侍卫授为西安副都统。奴才德克精额于乾隆二十九年十一月二十九日，自京城起程，是年十二月二十一日，抵达任所。奴才德克精额恭设香案，望阙叩拜，按任视事。伏思奴才德克精额系一介奴仆，今圣主格外施恩，授为西安副都

1　中国第一历史档案馆《军机处满文录副奏折》二一二一一〇三二。

统。奴才惟感激圣主隆恩，勤谨供职，以期还报于万一。为此，谨具奏闻接任日期。

乾隆三十年正月初八日奉朱批："知道了。钦此。"[1]

虽然康熙九年 (1670) 三月，已经发布谕令"满汉官员职掌相同，品级有异，应行画一"，一改此前满、汉官员品级上的"重满轻汉"现象。然而，乾隆帝没有放弃满族人的群体认同。表现为，满人大多无须通过科举入仕，晋升要比汉人容易得多。在乾隆帝看来，八旗乃国家根本，具备军事上需要的可靠、勇敢与坚毅等品质。尽管这样的信任一天天在削弱，但在乾隆帝心中这些品质都是汉人所缺乏的。西安副都统为驻防八旗将官，秩正二品，受驻防将军节制。这样重要的职务就给了一个原为王府侍卫的北京旗人。

直隶总督方观承奏请以沈鸣皋升署定州知州，

1 中国第一历史档案馆《军机处满文录副奏折》二一二一一〇三一。

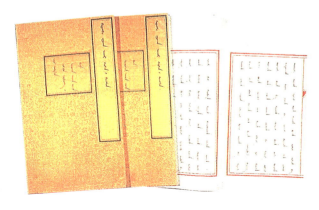

满文老档

其中有"任期未满五年，与题升之例稍有未符"之辞，而满人德克精额却由亲王府的奴才一跃成了西安副都统。虽说或是乾隆帝驾驭臣了之术，但仍可看出满人在仕途上的优越地位。

以上两份奏折的研究价值自不待言，如若以当日汉文奏折与满文奏折相对，必会感到其中殊别。汉族官吏在奏折中一般自称"臣"，而满洲官吏则在奏折中一般自称"奴才"，虽说不尽然，但也有十之八九。这与儒家所倡导的"君使臣以礼，臣事君以忠"[1]的信条相去甚远，与"以道事君，不可则止"[2]的观点更是南辕北辙。

却说这第三份奏折，乃是军机大臣傅恒等所奏。这份奏折收藏于中国第一历史档案馆内的军机处满文《议复档》中。清中期以前，各地将军等与中央往来文书，举凡军机要务悉用满文书写。因为清王朝十分重视对边疆地区的治理，内地督抚虽任用一些汉员，而驻边疆地区的将军、参赞大臣、办事大臣等，则皆用满人或蒙古人担任。边疆地区已被视为帝国的主要战区，因此，军机处满文档案充分体现了边疆民族问题的特点。而军机大臣傅恒等人的满文奏折，在当时来看，就更是朝廷的高级机密了。所奏如下：

> 大学士领侍卫内大臣忠勇公臣傅恒等谨奏，为遵旨议奏事。

> 乾隆二十九年十二月二十二日，将军恒禄所奏吉林乌拉巴尔呼、蒙古、卦尔察等一体委用，锡伯、巴尔呼佐领归蒙古旗，整饬牛录等情一折，奉旨："着军机大臣议奏。钦此。"钦遵。

1　《论语·八佾》。

2　《论语·先进》。

该臣等议得，据恒禄奏称：吉林乌拉八旗四十八佐领内，锡伯世管佐领一，喀尔喀巴尔呼佐领七，由彼等内补放骁骑校、佐领管束。原台吉察奇察之妻所献二蒙古牛录之丁，安置于伯都讷地方，亦由彼等内补放骁骑校、佐领管束。喀尔喀巴尔呼人等，授职不过佐领。科尔沁王所属卦尔察人等，于伯都讷地方披甲，授职不过骁骑校。巴尔呼蒙古人等，迁来将及七十年，于一切官差军族，效力如卦尔察同，且其原由与卦尔察无异，今卦尔察人等已得给晋升之途，巴尔呼人等向来授职不过佐领。然而，蒙古、巴尔呼、卦尔察为人皆同，今亦有效力于军旅者，若不得给升途，似乎情稍可矜。今于打牲乌拉地方所有之兵七百名，由骁骑校八员、防御八员、佐领八员、协领二员管束。打牲乌拉地方，除渔猎等差外，并无专项承办之要务，协领一员即能管束。请将吉林乌拉锡伯一佐领、喀尔喀巴尔呼七佐领归蒙古旗，打牲乌拉协领内抬出一员，俾暂管蒙古旗，俟满洲旗出缺后调补；于蒙古旗，以锡伯、巴尔呼蒙古等十佐领、卦尔察佐领等合选保题，派送引见，补放协领。请整饬吉林乌拉八旗四十牛录，由镶黄旗六牛录内抬一牛录，移至正白旗，使每旗各为五牛录。打牲乌拉八旗兵七百多，请令协领一员管束，出缺后，以八旗诸章京拣和铨补。宁古塔地方兼管珲春，当差官员稍为缺少，相应将打牲乌拉一协领所管佐领八员、骁骑校八员、兵七百名仍留外，防御八员内，每翼各移二员，于宁古塔每翼各添二员，俾其当差等语。

　　查得，按旧例卦尔察等授职不过骁骑校，后将从军之卦尔察军功花翎乌灵阿等呈文陈其缘由，请赏升途之处，于乾隆二十四年自军营奏至，奉旨："按旧例，凡卦尔察、锡伯等咸不委任，后将锡伯人等移驻盛京起，视其效力而补放官员者有之。今锡伯、卦尔察人等于一切差使，均一体效力当差，不可仍溺于旧例，着施恩一体委用。钦此。"钦遵在案。今卦尔察一项人等，蒙皇上施恩一体委用，而巴尔呼人等自安置于呼伦贝尔以来，其总管等员缺，一直均由彼等内补放。巴尔呼蒙古与卦尔察并无区别，于一切升调之处，理合按其效力情形，选其善于管束者，一体委用。今恒禄奏巴尔呼蒙古人等迁来已七十年，于一切官差军族，效力如卦尔察同，原由无异，请一体赏给升途等情，尚可施行。据此，请依其所请。

又查得，吉林等处官兵，今应根据各该地方情形，衡其紧要，酌情将官员等通融转调，俾管理兵丁。今恒禄奏请将锡伯、巴尔呼八佐领归蒙古旗，打牲乌拉地方协领二员内裁一员，作为吉林乌拉蒙古协领，俾其管束，蒙古协领出缺，以锡伯、巴尔呼蒙古、卦尔察等佐领拣和铨补；吉林乌拉满洲协领出缺后，以此所调之蒙古协领调补；整饬八旗四十牛录，由镶黄旗六牛录内移一牛录至正白旗，使每旗各为五牛录；打牲乌拉地方协领出缺后，以八旗章京等拣和铨补外，宁古塔诸员于当差统兵稍为不敷，管带打牲乌拉地方之兵，有协领一员、佐领八员、防御八员、骁骑校八员，官员略为浮多，相应酌留防御四员于打牲乌拉地方，调四员至宁古塔，俾其统兵当差等语。此特为根据地方情形调办起见，尚可施行。据此，请依恒禄所奏。应否之处，俟命下之日，饬交恒禄遵行。为此谨奏，请旨。

乾隆三十年正月初八日奏，奉旨："依议。钦此。"[1]

这份详尽的军事部署调动机密报告，事实上是乾隆中期军事战略的一个重要组成部分。它包括进一步强化康熙、雍正以来的军事态势，将西北并入帝国版图，以寻求彻底稳定西北统治，在战略上消除潜在的域外势力干扰，使中国疆域中的黄河、长江两大流域更加完整。堂堂大清，兵力也已全盛。乾隆三十年之前，帝国大军已经做到，西陲万余里，城无不下，众无不降。

《清高宗实录》卷七二六中有着如上奏折的简明记载。

> 军机大臣等议奏：吉林将军恒禄等奏称，吉林八旗佐领四十八员，内锡伯世管佐领一，喀尔喀巴尔虎佐领七。旧例瓜勒察等，升阶不过骁骑校，喀尔喀巴尔虎等，不过佐领。嗣瓜勒察等移驻盛京，因当差奋勉，加恩不拘旧例升用。今巴尔虎等差使亦勤，请一体破格赏给升途。再吉林等处员弁，应各随地势酌调。请将锡伯、巴尔虎佐领，俱作为蒙古佐领，其打牲乌拉协领二员，裁一员，作为吉林蒙古协领，蒙古协领缺出，于锡伯、巴尔虎、蒙古、瓜勒察佐领内拣补；吉林满洲协领缺出，将此项蒙古协领调补。至八旗佐领四十员，镶黄旗六、正白旗四，应拨匀。令每旗各五员。又宁古塔现设员弁，不敷差防，请将打牲乌拉防御八员，酌留四员，余四员调赴宁古塔。均应如所请从之。

此番吉林将领的编制调配应是有深因的。乾隆初年，乾隆帝从维系满旗旧俗"操兵围猎"，保证八旗兵的战斗力，以及保证

1　中国第一历史档案馆编译《锡伯族档案史料》上册，第197—199页。

盛京旗人利益等方面考虑，提出了封禁东北的基本想法。乾隆五年 (1740)，舒赫德依旨奏明守卫山海关官兵加强稽查，凡携眷移居民人一律不准出境。后来这一政策得到长期实施。全面封禁东北的命令，在经济上给东北带来了十分不良的影响，尤其是农业生产相对关内来讲，严重滞后。然而在军事方面，却在一定时期内，为清朝保存了一支强大的战略预备队。

乾隆帝晚年御制有一篇《十全记》，把他经历的重大战争及其胜利称为"十全武功"，得意地标榜自己为"十全老人"。所谓"十全武功"，包括：两次平定准噶尔，一次平定回部，两次平定金川，一次平定台湾，攻打缅甸、安南各一次，还有两次是攻打廓尔喀。值得注意的是，所有他选定的受命于天的十次战事都是发生在中国边疆的战争，而不包括那些在内地讨伐"暴民"骚乱的行动。其中平定准噶尔之役被列为"十全武功"之首，这意味着对准部的战争动用的力量较大，且具有重大的历史意义和军事意义。

居住于伊犁地区的厄鲁特蒙古准噶尔部，从康熙中叶始崛起并建立割据政权，在其首领噶尔丹的率领下强极一时，既兼有各部，又统一天山南北，远及青海、蒙古。至其继者策妄阿拉布坦、噶尔丹策零，对周边一再挑起战争，乃至威胁中土。康熙、雍正两朝曾多次发兵征讨，虽然打败了准噶尔的军事扩张，却未能消灭准噶尔政权。乾隆帝曾与准噶尔部首领噶尔丹策零签订条约，以换取西北的和平。直到乾隆十年 (1745)，噶尔丹策零去世，准噶尔贵族因争夺汗位，先后出现五次内讧，其冲突蔓延至蒙古中部和东部。因为来自西蒙古的难民涌入了喀尔喀蒙古的领地，

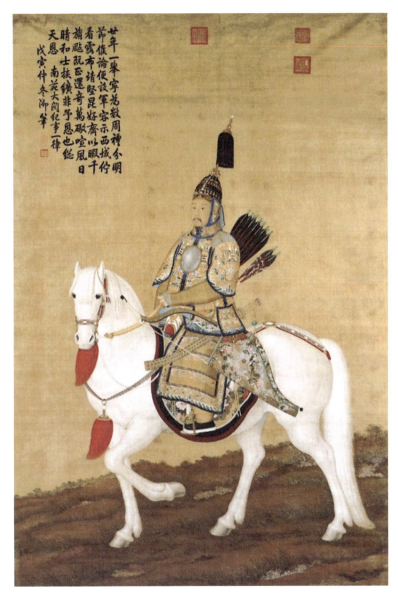

《乾隆皇帝大阅图》

此图绘于乾隆二十三年（1758）。乾隆帝御制《新衙门行宫杂咏书怀》诗云："大阅戊寅画像斯，据鞍英俊俨须眉。而今下马入斋者，白发相看疑是谁。"与此图背景高度契合。这一年，乾隆帝四十八岁，威武的盔胄之下一副一统寰宇的帝王气度，却也遮掩了鬓边的华发。

而喀尔喀蒙古是清朝的忠实臣民，这使乾隆帝彻底解决准噶尔问题出现了转机。

几年间，准噶尔部长期内讧致使其政局动荡不安，社会秩序混乱，许多牧民逃离准噶尔部投降清朝，上层贵族多次率部来降。十八年 (1753)，乾隆帝下决心"明年由阿尔台 (泰)、巴里坤两处进兵"。军机处拟定阿尔泰北路出兵三万，巴里坤西路出兵二万，其中动用八旗兵二万五千人，蒙古兵一万五千人，绿营兵一万人，合计五万人。

乾隆二十年 (1755) 二月，乾隆帝命定边左副将军阿睦尔撒纳率参赞大臣额驸色布腾巴勒珠尔、郡王品级青滚杂卜、内大臣玛木特、奉天将军阿兰泰由北路进征，内大臣鄂容安等人由西路进征。西路军进展顺利，在没有遇到任何抵抗的情况下进入伊犁，准噶尔兵大部投降，此战役将盘踞伊犁七八十年的准噶尔割据政权彻底消灭。

然而，正当乾隆帝庆祝平定准噶尔，告祭太庙和行献俘礼时，西北边疆却又传来了阿睦尔撒纳叛乱的消息。清军再度出兵进剿，正当叛军阿睦尔撒纳逃往哈萨克之际，和托辉特部首领青滚杂卜又掀起叛乱，在平叛过程中，还发生了准噶尔汗噶勒藏多尔济等人的复叛，并在乾隆二十二年 (1757) 三月攻陷伊犁。真是一波未平一波又起。是年三月，清军第三次进军伊犁。厄鲁特各部因为连年战争，人无斗志，又逢自然灾害，痘疫流行，牲畜大批死亡，加上缺粮，各部叛军互相抢劫。叛军头目噶勒藏多尔济被其兄子札那噶尔布所杀，札那噶尔布旋被台吉达瓦杀死。清军乘势长驱直入。乾隆帝鉴于厄鲁特反复无常，下令清军大开杀戒，"悉行剿灭，其户口牲只等，即赏给伊（车凌）等属人"。定边左副将军成衮札布率军出北路，定边右副将军兆惠率军出西路，叛军头目巴雅尔、达什车凌、尼玛等先后被擒，阿睦尔撒纳逃入俄罗斯。乾隆帝令理藩院发文向俄国索要阿睦尔撒纳。冬天，俄国告清政府说阿睦尔撒纳出痘而死，将其尸体交还。

阿睦尔撒纳叛乱后，乾隆帝重新分封的厄鲁特四汗中，和硕特汗被清军误杀，辉特汗和准噶尔汗参与叛乱被杀，唯车凌所率杜尔伯特部与达什达瓦之遗孀所率部始终忠于清朝，得以保全。据估计，厄鲁特四部共有二十余万户，因痘疫而死十分之四，逃入俄罗斯及哈萨克十分之二，死于清军刀剑之下的有十分之三。经此大劫，余生者仅十分之一而已。

继而，清军挥师南下，于乾隆二十四年（1759）又平定了大小和卓，最终统一了新疆天山南北。至此，清王朝所面临的是如何巩固统一局面，使其伟业不致半途而废。

当时伊犁地区"数十年来，兵革相寻，群遭涂炭"[1]。该地区已是千里空虚，渺无人烟，防务全废。而且，伊犁"地处极边，形势四塞"，唯有派兵驻防，开垦屯田，方能加强边防，巩固统一。

乾隆二十五年（1760）起，舒赫德、阿桂、明瑞于伊犁等处大兴屯田，但庸懦之臣又生异议，妄称屯田劳民。乾隆帝为此于二十五年五月初九日特下专谕，批驳了"蚩蚩无识之徒"的"以讹传讹"。乾隆帝指出，大兴屯田，不是劳民动众，而是于

1　徐松《西域水道记》卷四《方略》载。

民有利，是"惠民"而不是害民，不管是招募迁移回民到伊犁等处屯垦，还是将免死之犯人遣往种田，都是有益于民的。仅乾隆三十年正月初八日的军机处录副奏折中就有两本与之有关：其一是云贵总督兼云南巡抚刘藻的《奏为查明发遣新疆人犯折》，其二则是军机大臣傅恒等的《奏将吉林乌拉锡伯佐领归蒙古旗管辖折》。

明末清初，锡伯族聚居在东北的嫩江和松花江流域，隶属于科尔沁蒙古，后被编入满洲上三旗。在迁入盛京前夕，因锡伯族军校"宴中抢饼，不知出猎行军之道"，朝廷将所有"佐领、骁骑校，概行革职"。而从康熙三十八年 (1699)，锡伯族兵丁迁驻盛京后，"于一切差使，均极奋勉"，逐渐得到了清政府的重视和起用，实际上不仅恢复了原有的官职，而且有了"官至二品大臣者"，且"官员之议叙、补授，均与满洲同"。

乾隆中期对准噶尔用兵后全国边疆形势改变，东兵移防西边的局面形成。清政府先是命参赞大臣阿桂专理伊犁驻兵屯田事务。乾隆二十五年 (1760)，阿桂"由阿克苏率满洲索伦骁骑五百名、绿营兵百名、回子三百名，越穆苏尔达巴罕至伊犁，镇守办事，搜捕玛哈沁，招抚溃散之厄鲁特，即以绿营兵筑城，回子乘时兴屯，开渠灌溉"。阿桂的行动得到了乾隆帝的支持，次年又增招叶尔羌、喀什噶尔、阿克苏、乌什等处回人，添驻伊犁耕种。六月，乾隆帝以御书诗扇赐阿桂，诗曰："典属今时班定远，冠军昔日霍骠姚。雪涂无藉持清暑，欲扇仁风万里遥。"以作表彰。

乾隆二十七年 (1762) 创设伊犁将军，命明瑞为首任将军，驻伊犁惠远城，总理南北两路军政事务。明瑞到任后，仍感驻防兵力不足，于次年上奏乾隆帝，请调锡伯兵西迁。这一奏请很快得到了乾隆皇帝的批准。明瑞在伊犁奏请调拨相隔数千里之遥的盛京锡伯兵，显然出于锡伯族多少还保留着原来的游猎习惯，勇敢善战，有相当声威的考虑。其次，让几个民族共处于伊犁之地，互相牵制，这也是清政府为维护其统治而实行的政策之一。

乾隆二十九年 (1764) 正月初七日，盛京将军舍图肯接到兵部咨文，由此开始着手办理锡伯族官兵移驻伊犁事宜。当时，"查得盛京所属各城有锡伯协领二员、佐领二员、防御十九员、去骑尉一员、骁骑校三十六员，共六十员，兵三千九百一十四名"。这批官兵中的一千余人，携其家眷三千二百七十五口组成了迁往伊犁的远征军。他们于这一年的四月初十日起程。

至此，锡伯族实际上被分为了东北 (包括其他北方地区的一小部分) 与新疆两个部分。军机大臣傅恒等在乾隆三十年正月初八日奏折中所提到的，正是东北锡伯族中的一支。这些调动应是东北锡伯族官兵西迁伊犁后，东北战略预备队再布置的一个组成部分。

综合来看，乾隆帝封禁东北的举措，从军事上讲，在平叛准部与回部，以及伊犁屯边的军事行动中都发挥了一定威力，取得了战略上的优势。乾隆帝这一举措的另外一个用意，应是文化战略上的考量。关内满族人的汉化已经日益蔓延，八旗子弟"习汉书，入汉俗，渐忘我满洲旧俗"[1]已到了相当严重的地步。为此，

---

1 《清高宗实录》卷一八一。

他提出过许多措施，并在心底将东北作为"国语骑射"的最后保留地。然而，关外的八旗官兵终于没能挡住汉文化强大的融合力，将"国语骑射"丢得精光。相反，乾隆帝派遣到伊犁去的锡伯族官兵，却在"地处极边，形势四塞"的环境中将大清的"国语骑射"中的满语相延至今。不过这实在是后话了。

永宁经济案

据乾隆帝日常处理政务的习惯，在批答奏折之后，据人或事下达谕旨。谕旨自然是皇帝的命令，而细说起来旨与谕也略有差异。旨者一般为皇帝因臣僚的奏请而下的简单指令，而谕者则是皇帝特降的，以及由于臣僚的奏请而批令内外大臣官员遵照执行的命令。谕又分明谕与密谕，明谕"明降"，通过内阁下达，主要用于处理国家一般例行政务。密谕则采用机密"寄信"的办法，时称这种寄信为"字寄"，亦称"寄信上谕""密谕"，官员称它为"廷寄"。

谕旨和寄信，军机处均要抄写于档簿。抄录上谕和旨的档簿，称为上谕簿，又称上谕档。乾隆二十八年 (1763)，上谕档曾专交钱汝诚缮写。经其缮写的上谕档包括乾隆帝即位以来至乾隆二十八年的全部上谕，这套上谕档存贮于懋勤殿。后来形成制度，即"凡本处清字、汉字清档，每届五年由军机大臣奏请，另缮一份，以备阙失"。至今该部档保存完好。

这一天，乾隆帝用字寄的形式下达了一道谕令。

大学士公傅（傅恒）、大学士刘（刘统勋）字寄陕甘总督杨（杨应琚）。乾隆三十年正月初八日奉上谕："二保控原任武威县知县永宁，前自任所驮回银十万余两，开设当铺一节。随令军机大臣会同陈弘谋（陈宏谋）查审，因思永宁系布兰泰之子、永贵之弟，布兰泰曾为巡抚、提督，永贵又经身任巡抚，伊家现在赀财亦非必不应有之物。且永宁不过一县令，分例所得即极为樽节，亦何至积有十万余两之多？至其办理军需，正当黄廷桂为总督之时，稽查不可谓不严，亦安得听其恣意侵蚀。是二保所控情节，原意其必无是事。今据军机大臣等审讯，则二保全不能指出实据，显系计图陷害。然即治以诬告之罪，不足以服其心。着传谕杨应琚将永宁前在武威任所承办军需，其经手钱粮有无侵蚀亏空，及得赃受贿情弊，秉公详确，查明据实复奏，原折并抄寄阅看。钦此。"遵旨寄信前来。

这件事后来被载入《清高宗实录》卷七二六，并副录陕甘总督杨应琚的回复奏文。其结果证实了乾隆帝圣断的英明。"永宁系二十一年到任，值连年办理军需。间因车辆不敷，添雇骡头运送，实无驮银十余万两，潜运往京之事。其任内经手军需，并地方钱粮，俱经接任知县，接收结咨部。报闻。"其后，二保被判以陷害诬告，永宁却因圣断十余万两白银"亦非必不应有之物"而无罪。其中真伪究竟如何，只有天知道。乾隆中期以后，整个社会就日益奢侈成风，达官显贵竞尚奢华，督抚藩臬营私欺罔，从而使得贪官污吏在奢侈浮华的遮掩下获得了滋生的土壤。

"永宁系布兰泰之子、永贵之弟，布兰泰曾为巡抚、提督，永贵又经身任巡抚"，因而就判定"伊家现在赀财亦非必不应有之物"。明明就是借口。这不就是姑息养奸、养痈贻患吗？

在君主专制制度下，"反贪"的显著标志之一就是选择性。只要官员是忠于朝廷的，对皇帝是有用的，其贪腐行为又在朝廷的可控范围之内，那么官员与朝廷之间的共生关系就可以长期保持下去。其显著标志之二就是算总账。贪官与君主专制制度也是共生关系，因此，乾隆帝压根就不怕有贪腐行为出现。若最后闹得臣子抄家问斩，皇帝毫无所伤，反而又发财了。

史书上称，永贵为人端谨，初值军机处，与阿桂齐名，时称"二桂"。其抚浙江时尤有清廉之声。虽多次受到指控、弹劾，都因乾隆帝的庇护转危为安。永贵于乾隆四十八年（1783）卒，得善终，谥文勤。算总账最终落到了他的儿子身上。其子伊江阿于乾隆三十六年（1771）十一月由理藩院笔帖式入值，曾在军机处行走，是和珅的亲信之一。伊江阿巴结和珅，和珅也极力培植伊江阿，推举他做了山东巡抚。尽管其父永贵曾弹劾过和珅，伊江阿一直都对和珅死心塌地。和珅后来下狱，嘉庆帝夺伊江阿官职，追论他在山东时佞佛宽盗事，充军戍伊犁。

试想，如果乾隆三十年的永宁十余万两白银不明财产案未得到乾隆帝的庇护，或许对其家族成员都会有所震慑，或许更可福庇永贵家族。这已是无法追责的事了。

然而，有一点是可以证实的。据《乾隆朝军机处随手登记档》，在这一天，乾隆帝至少一共御览了汉文奏折七份，满文奏折三份，而且嘱作上谕一份，其内容可以说是事无巨细，千头万绪。

六 召见臣工 君为臣纲

下午一时许，乾隆帝要在养心殿前殿面见被引见的臣工。紫禁城冬日的午间，晴空万里，不大的风带着几分寒意。

未初至未正　十三时至十四时　召见臣工　晚膳

被引见者中有文职的知县、武职的游击，如此下层的官员在选任赴职时都将得到皇帝"接见"，这无疑是其他朝代难以期冀的。这些臣子们从来没有像此刻那般战战兢兢，一想到就要面见天颜，更感到自己的渺小。一群穿着官服的人，影影绰绰，人头攒动。虽然一片静寂，却时刻都觉得后背被大力推搡，身体不由自主地坠落、坠落……

于君，用臣如不得实心办事之人，"用之为小臣，在一邑则一邑之事因之而懈弛，在一郡则一郡之事因之而阘茸"，因此不能不慎。于臣，君心难测，即使是细枝末节，一旦忤逆上意，不要说前程，就是身家性命也会不堪设想，因此不能不生忧惧之心。

养心殿正殿

乾隆帝批答了奏折，又下令军机处起草上谕。

这间因世宗雍正帝御书匾额而得名的勤政亲贤殿，并不显得多么富丽堂皇。除去明黄色缎面的御座，室内的设置只有御用的文房四宝和几件简单的摆设。其西门上悬有各省总督以下知府以上、将军以下总兵以上姓名名单，西壁悬有各省职官缺分繁简单。匾额下方"惟以一人治天下，岂为天下奉一人"的对联耐人寻味。此时，乾隆帝似乎想到等待引见的庶臣正在丹陛之下跪候圣驾。他疾走了几步，由西暖阁出，阔步转向北，入前殿御座。

养心殿前殿七楹，中三楹为当阳正座，殿内明间顶部天花正

养心殿前殿内景

中设浑金蟠龙藻井[1]，其下正中设明黄锦绣毡毯、地平，并安放宝座、御案。宝座上方恭悬雍正帝御书"中正仁和"匾额。宝座后面为乾隆帝御书宝屏，左右对联为："保泰常钦若，调元益懋哉。"屏的左右各启一门，达于穿堂，左曰恬澈，右曰安敦。东壁悬挂御制《养心殿铭》，西壁悬挂御制题跋董邦达《溪山清晓图》。东西墙设长案各一，案之南为东西暖阁之门，北墙设书格。乾隆帝御制《养心殿铭》曰：

> 人心惟危，在闲其邪。道心惟微，在培其芽。
>
> 其闲其培，皆所为养。操存舍亡，毋须臾放。
>
> 有如时雨，沃此寸田。大公顺应，动直静专。
>
> 动匪憧憧，静匪寂寂。矧其为君，更宜乾惕。
>
> 一念之善，百祀蒙庥。一念之恶，万姓贻忧。
>
> 养之之方，存诚主敬。克己复礼，外王内圣。
>
> 孰本孰末，外由内施。任重道远，责萃君师。
>
> 朵殿崇崇，顾名思义。作此铭辞，永训后世。

又，勤政亲贤殿东墙悬挂有御制《养心殿四箴》，其序曰：

> 我皇考圣训曰："敬天，法祖，勤政，亲贤。"事止四端，义该万理。自古帝王莫不守此以治，违此以乱。予小子践阼以来，平旦庄诵，惟日孜孜。畏与年长，会随时触。爰集经书成句，衍义缀辞，各得十六韵。入目警心，既因自励，亦以昭示来兹。

---

1 藻井是中国封建等级制度的标志，只有在最尊贵的建筑中才能使用藻井。养心殿的龙凤角蝉绿抹角枋流云随瓣枋八角浑金蟠龙藻井就是最典型的代表。在古人看来，它具有一种"从人间通向天庭"的象征意义。

养心殿勤政亲贤殿

四篇即《敬天箴》《法祖箴》《勤政箴》《亲贤箴》，箴文全部由先秦文史经典的字句连缀集成。其一《敬天箴》曰：

皇矣上帝，鉴观四方。昭假于下，赫赫明明。惟圣时宪，承天而时行。终日乾乾夕惕若，无怠无荒。畏天之威，敬天之命。不显亦临，俾尔弥尔性。惟予一人，曷其奈何弗敬。敬胜怠者吉，义胜欲者从。日日新，又日新，清明在躬。无然畔援，无然歆羡。昭升于上，在止于至善。先天而天弗违，后天而奉天时，我不敢知，我其夙夜，念兹在兹。怵惕惟厉，安而不忘危。于缉熙，永言配命，弼我丕丕基。

其二《法祖箴》曰：

明明我祖，既受帝祉。我来自东，永清四海。之纲之纪，惟民所止。无忝皇祖，奉先思孝。作乐崇德，肃肃在庙。春禘秋尝，思其所乐。圣有谟训，如日月之照临。式如玉，式如金。布在方策，罔有不钦。峻命不易，遗大投艰于朕身。如亲听命，罔不惟德之勤。曰仁与义，迭用柔刚。一张一弛，不愆不忘。民可近，不可下。无教逸欲有邦。夙兴夜寐，其尔典常。启佑我后人，俾尔炽而昌。

其三《勤政箴》曰：

天行健，圣人则之。克绥厥猷惟后，一日二日万几。罔游于逸，庶绩咸熙。曰予一人，昧爽丕显。与公卿大夫共饬国典。考礼正刑一德，无敢不善。夙夜匪懈，敷政优优。惟几惟康，斯谋斯猷。执事有恪，亦又何求。百工熙哉，我独不敢休。纲纪四方，维皇作极。先之劳之，不遑暇食。念之哉，业广惟勤，勤则不匮，时乃日新。承天之道，纯亦不已。政贵有恒，慎终如始。

其四《亲贤箴》曰：

粤若稽古，明四目，达四聪。论道经邦，谓之三公。三事大夫，百辟卿士。宣力四方，以佐天子。惟后非贤不义。其惟吉士，寤寐求之。任贤勿贰。靖共尔位，期予于治。自朝至于日中昃，昼日三接。若涉渊水，用汝作舟楫。臣哉邻哉，尚克相予。予其戴心腹贤肠，出入自尔师虞。假以溢我，我应受之。用励相我国家，迩可远在兹。人亦有言。惟治乱在庶官，所宝惟贤。惟一德一心，欲至于万年。

御制《养心殿四箴》体现了儒家学说对乾隆帝的熏陶。弘历学童时，雍正帝就为他择贤师傅以授业解惑，让他从容于藏修息游之中。这也使乾隆帝从中获益，他利用多部儒家经典中的箴言，重新整合，造就了一部全新的执政心得。他强调："行傥有不能自省克，以至于言行不相顾，能知而不能行，余愧不滋甚乎哉。"

这样的警句箴言在养心殿各处比比皆是，反映了清朝皇帝坐拥天下的危机感。博大精深的汉文化，带给清朝统治者很大的压力。清前中期皇帝个个宵衣旰食，励精图治，并垂训后代皇帝："忧其所可恃，惧其所可矜。"

悬于养心殿的还有清圣祖康熙帝与清世宗雍正帝的圣训。康熙帝曰：

天下之治乱休咎，皆系于人主之一身一心。政令之设，必当远虑深谋，以防后悔。周详筹度，计及久长。不可为近名邀利之举，不可用一己偏执之见。采群言以广益，合众志以成城，始为无偏无党之道。孝者，百行之原，不孝之人断不可用。义者，万事之本，不义之事必不可为。孝以立身，义以制事，无是二者，虽君臣父子不能保也。

雍正帝曰：

敬天法祖，勤政亲贤。爱民择吏，除暴安良。勿过宽柔，勿过严猛。同气至亲，实为一体。诚心友爱，休戚相关。时闻正言，日行正事。勿为小人所诱，勿为邪说所惑。祖宗所遗之宗室宜亲，国家所用之贤良宜保。自然和气致祥，绵宗社万年之庆。

这两份圣训都特别强调了用人之道，而召对引见正是庶政之要务。清朝对于四品以下、七品以上官员，以及一部分三品京堂和八品以下、未入流的官员任用、提升、调动、处分，都要由皇帝接见。文职官员一般由吏部考核带领引见，武职官员则由兵部负责引见。接见时皇帝要对该官员进一步考察，予以勖勉和教导，认可任命或根据会见中的印象改变任职。这种接见当时称作"引见"，引见制度为顺治朝创立，于康熙、雍正、乾隆三朝屡加充实，形成了一整套做法。

《大清会典》卷四《吏部》写道："凡引见文职官，于乾清宫若养心殿，尚书、侍郎以绿头名签进于上，得旨出而宣焉。皇帝御门，则引见六部官。"引见的程式大致有以下几个步骤：

首先，投供报到。政府选迁官和考核引见，多按期成批进行。被引见的官员，首先要按期到吏部或兵部报到，交纳有关证书，如系升转官，要有赴部文、交代文、印结、注册呈结等文书。

其次，考试履历或考试弓马。主管部门依定制对引见官进行审核，同时皇帝还会指派九卿、科道参与考察。要审核引见官身家是否清白，品行是否端正，父祖有无亏欠钱粮等事，资俸与应升官阶是否符合。对文职引见官进行笔试，实际就是令写履历，故称为"考试履历"。履历中写明籍贯、年龄、出身、经历。对武职官员则要考试弓马技艺。《大清会典》有云："武职官拣选，先由总管大臣及该管大臣验其骑射，分别正陪引见，各官于奏对履历时，皆褐而执弓。"

第三步，掣签。主管部门的司官在月选官报到后，核验其文书，统行造册，呈交堂官，堂官会同御史，并由月选官出席，举行掣签仪式，以确定该员新职，以便引见中皇帝裁夺。

第四步，缮写引见履历折。主管部门在掣签后，撰写请求引见折子，呈交宫中，请求皇帝准许引见。

第五步，由宫中确定引见日期。若一折有数十人要见，则分两日或三日引见。

第六步，引见。多数引见是分排进行，一次五六个人。由主管部门堂官呈递绿头名签，指引引见官。牌上书写引见人姓名、履历，供皇帝阅看。同时在皇帝手中的还有引见履历折子、引见履历排单，考试履历折子，以便参阅。

引见开始，一般是皇帝叫引见人员一一奏报履历，然后交谈。偶或皇帝先来一番教导，再令臣下报告履历。交谈内容较为广泛，因官职、地域、人事而异，有政治、经济、学术观念、信息交流，也叙家常。对于武官，还有在引见时观看弓矢武艺的。引见中，皇帝还常作赏赐，或食物，或服饰，或文翰图书。

皇帝在引见时，一面阅读有关引见文书和聆听引见官报告，一面交谈、思索，形成对引见官的印象，做出判断，决定是否给其新职，有时还把评语用朱笔写在引见文书上。皇帝的决定，并不当场宣布，只是将绿头名签发给本人，令其退场。之后皇帝向主管堂官说明自己的意见，堂官据此写出奏折，待批准后再向引见官宣布对他职务的决定。主管部门在引见过程最后形成的文书，包含引见官履历和新职，或新职意向，这就涉及官缺，故可将这种文书称为"引见履历缺单"。

最后，请旨。皇帝接见和主管部门宣布结果之后，引见官常常被第二次引见，以聆听皇帝的训饬，然后离京赴任或回籍候选。至此，引见过程全部结束。

雍正帝当年秘密建储时，身为皇子的弘历仅十三岁，对于储君是谁，以及自己是否为储君，可能并不十分清楚。随着年龄的增长，这件事对他本人来说，似乎也成了一个公开的秘密。然而，在秘密立储的过程中，弘历的三兄弘时竟敢营求继嗣。此举为雍正帝所不容，以致对这位亲生骨肉痛下狠手，决不姑息。在这种情况下，为了不引起父皇的疑忌，弘历必须安分守己，谨慎小心。对于父皇，他绝对服从；对于大臣，除少数因工作关系有所来往外，其他官员很少来往，以致许多高级官员他都不认识。

为了加强对各级官员的了解和控制，乾隆帝即位后，除了对新授官吏概行引见外，还陆续调各地现任提镇、各省地方官吏来京引见。乾隆三年 (1738) 五月以后，引见范围又扩大到了副将、参将、道府官员和部分知县。

　　乾隆十九年 (1754)，乾隆帝下谕："在京候挑之正八品以下应补应选杂职，并引见。"乾隆三十九年 (1774)，又出新规："月选汉官，正六品大理寺丞以及七、八、九品、未入流小京官，俱令其考试，一体带领引见补授。"引见的适用范围扩大到了最基层的行政官员。

召 见 官 员

　　乾隆帝于大殿之上宝座坐定，引见随即开始。先是宣引见官、部旗大臣。引见者以前后为次，捧绿头名签至御榻前跪呈，引班官按序引各官至丹陛上，面北而跪，奏履历毕，退。

　　据乾隆三十年正月初八日《内阁汉文起居注》[1]载：是日，吏部首先奏请授江西道满洲监察御史员缺，带领记名[2]人员引见。奉谕旨：江西监察御史员缺，着素尔讷补授。

　　乾隆帝无非以"伊为朕重之人，到任之后务必如何如何"云云。素尔讷乃当天引见之最高官阶之大员，他必是磕头谢恩，此见天颜也是一次表示忠诚的机会，于是乎便是那一套"奴才愿为

1　中国第一历史档案馆，案卷起止号一四三（三）——一四五（五）。
2　清朝吏部奖叙制度。指官员有功，登记备考之例。凡文武官员著有勋绩，须交吏部或军机处存记其名，遇缺，奏请任用。

养心殿立体效果图

皇上效犬马之劳"的陈腔滥调，或也有一番发自肺腑之言。

次班是吏部带领内阁保送六年满，堪以外用之中书陈玉敦等引见，奉谕旨：陈玉敦、庞廷骥、胡涵、王曾厚、张三宾俱着记名，以同知用人奏请补授。

接下来是奉天兴京理事通判员缺，带领记名人员引见。奉谕旨：奉天兴京理事通判员缺，着世昌补授。

随之吏部带领盘获邻省巨盗、遵旨押送至刑部的河南封丘县知县徐硕士前来引见。乾隆帝见其人相貌丑陋，略示表彰，便下谕旨：徐硕士着以同知用。徐硕士连忙磕头谢恩，还未将天颜看个仔细，下一拨人员已经入殿。

吏部执事官带领乾隆二十九年 (1764) 八月份签升之云南鹤庆

府知府董世宁，十月份签升之湖北襄阳府知府言如泗，七月份签升之湖南郴州直隶州知州赵由仁，二月份之四川简州知州杨潮观，补行引见。奉谕旨：董世宁等依拟任用。

紧接着吏部执事官又带领九卿、科道等以考试履历验看之乾隆二十九年十二月份月选引见官缺官员，有工部营缮司郎中高文潮、吏部稽勋司郎中华云鹏、刑部四川司员外郎田自励、吏部稽勋司员外郎项淳、湖北安襄郧道张圣治、河南陈州府知府吕际虞、安徽太平府知府员景文、广西柳州府知府何朝福、江西赣州府同知徐昆、四川成都府同知汪松承、四川达州直隶州知州阿林、广东南雄府通判王嵩年、四川江油县知县梁岩、江西武宁县知县德诒、浙江常山县知县刘轼、贵州铜仁县知县龚元玠、广东乳源县知县叶廷裕、安徽天长县知县王之浩、直隶清河县知县吴照、江西万安县知县缑山鹏、江苏奉贤县知县栾仁宽、广西容县知县梁昌宇、拟改教职之山西阳高县知县杨晰，并拟备知县胡万年等二十四位官员。

据《大清会典事例》，月选官缺的范围一般为入流以上的官员，其中中下级官员员缺的比重甚大，是引见制度中的重要一项。

对于这一天的月选引见，谕旨曰：

> 高文潮等依拟用。掣得安徽太平府知府员景文，简缺亦难胜任，仍着留部，其应升之处改为加一级。掣得四川江油县知县之梁岩，着调补浙江常山县知县，所遗江油县知县员缺，着掣得常山县知县之刘轼补授。掣得广西容县知县之梁

昌宇，着以教职用，所遗容县知县员缺，着掣得江西万安县知县之缑山鹏调补，其万安县知县员缺，着拟备知县胡万年补授。掣得山西阳高县知县之杨晰，着以教职用，所遗阳高县知县员缺，着拟备知县石文秀补授。余依议。

又带领浙江巡抚熊学鹏咨送起复[1]赴部之原任贵州黔西州调简知州郑万年补行引见。奉谕旨：郑万年着发往贵州，以简缺知州题补。

又带领奉天府尹耀海咨送约束衙役不严，议以降调之署宁远州知州事盖平县知县心常引见。该员属降革处罚引见类。奉谕旨：心常着仍以知县用，其降级之案，带于新任。

又兵部带领已准题补之广西右江镇标中营游击李华引见。奉谕旨：李华着赴新任。

又带领拣选补授之直隶喜峰路游击、正黄旗蒙古云麾使富勒浑等引见。奉谕旨：直隶喜峰路游击员缺，着富勒浑补授。

又带领拣选补授直隶张家口协都司中军守备之正红旗蒙古前锋校千家保等引见。奉谕旨：直隶张家口协都司中军守备员缺，着黑黑补授。千家保未能见用。

又带领二十九年十二月份拟补广东潮州城守营都司之正黄旗汉军三等侍卫李景等引见。奉谕旨：广东潮州城守营都司员缺，着李景补授。

---

1 原指官员有丧，不俟服满而重新被起用。明清时期演变为专指官员居丧期满后重行出任官职者，服未满而起用者谓"夺情"。凡起复官员，必取具本人亲供。族邻甘结，由在籍地方官员起送。又年老致仕或革职降官后再次起用，亦称起复。

又奏二十九年十二月份选武职各员，照例考验。除推升广西永宁营守备苏华、贵州提标中军参将中军守备王佩中、四川提标前营都司中军守备邢遇隆三员无庸调取引见，谨带领签掣之直隶蔚州路参将陈镇国、南河南营参将齐大勇、四川建武营游击张永智、江西抚标右营游击马世鹍、浙江衢州镇标右营都司中军守备薛国瑄、浙江杭州卫二帮领运千总王基成等引见。奉谕旨：陈镇国等依拟用，余依议。

又带领未经出兵之直隶镇边城年满千总赵廷枢、正定镇标左营年满千总刘廷宣引见。奉谕旨：赵廷枢、刘廷宣俱着回原任候推。

最后，工部奏请补授主事员缺，带领坐补人员引见。奉旨谕：工部主事员缺，着傅显补授。

此次引见，除所载人等不算，吏部带领了八拨，登录姓氏的官员有三十八人；兵部带领了六拨，登录姓氏的官员有十二人；另有工部一拨一人。合计十五拨，共五十一人。引见的原因多种多样。

引见整整用去了一个时辰。奉旨得以补授官职的人扬眉吐气，准备散班之后，当晚就大宴亲朋；而那些在御前未被相中，得不到一官半职的人颓哀已极，大概是要回到住处喝闷酒了。在这样一个官本位的国度里，有了官就有了封妻荫子的资本，丢了官也就丢掉了一切。又有几人会想，人臣敬事而后食，如果无敬事之心，又怎能期望事之有济呢？

引见后，未时乾隆帝进晚膳。然后还要批览内阁所进各部院

英国版画之清代官员出行

采自《大清风景与风俗》图版第二卷，1858年

及督抚、提镇本章。批览裁毕，内阁票签酌用之，付本房照签朱批清字，翌日下内阁朱批汉字施行，日以为常。

一切庶务结束后，乾隆帝还要单独召见首席军机大臣傅恒，以就批阅内阁本章过程中发现的问题进行商榷，其时称作"晚面"。晚面独对的特殊性显示了傅恒之位居权要。一天繁忙的政务让人感叹乾隆帝运际郅隆，励精图治，庶乎其得人矣。

七 三希御览 皇室秘藏

下午五时，乾隆帝于养心殿三希堂等处玩赏文物。乾隆帝利用国家统治权力，成为历史上全国最大的艺术品收藏者。

酉初至酉正　十七时至十八时　玩赏古物

和煦的阳光透过窗户棂子在金砖地面上投下暖意，一把纸扇静静地放在窗边。在这个纷繁复杂的宫廷，初春午后五点，乾隆帝到哪儿去了？

　　"入室皤然者，不知此是谁。"近距离看，养心殿还设了仙楼，左右配殿供奉佛祖，但是也不敢忘记祖先，隔出一间作为止斋之地。他的后嗣子孙，也只谨守他的格局，没有大规模修整。

　　西暖阁是一处窄窄的屋子，从勤政亲贤殿西边的小门进入这间斗室。单从室名——三希堂的字面意思来看，好像是说这里藏着三件稀世之品。实际上，这间斗室曾藏有东晋以来历代名家墨

养心殿仙楼

养心殿三希堂

迹340件，以及金石拓片495种。这里安放着乾隆帝的文人梦想，"怀抱观古今，深心托毫素"，到处都有他的御笔。时光在养心殿内凝结了百余载。而殿外，廊子上的彩绘早已看不出模样，有些房檐已经耷拉下来……

三 希 堂

三希堂在养心殿西暖阁临窗的最西头的一间，上悬乾隆帝御书匾额"三希堂"。三希堂虽不足半方丈，却是乾隆帝读书、御览古玩书画的书斋精舍。乾隆帝为之专文作《三希堂记》，并命董邦达写图，汪由敦作赞，沈德潜亦奉敕作歌。《三希堂记》写得还是颇具情趣的，文曰：

内府秘笈王羲之《快雪帖》、王献之《中秋帖》，近又得王珣《伯远帖》，皆希世之珍也。因就养心殿温室易其名曰三希堂，以藏之。夫人生千载之下，而考古论世于千载之上，嘉言善行之触于目而会于心者，未尝不慨然增慕，思与其人揖让进退于其间。羲之清风峻节，故足尚；即献之，亦右军之令子也；而王珣，史称其整颓振靡，以廉耻自许。彼三人者，同族同时，为江左风流冠冕。今其墨迹，经数千百年治乱兴衰、存亡离合之余，适然荟萃于一堂，虽丰城之剑，合浦之珠，无以逾此。子墨有灵，能不畅然踊抃而愉快也耶！

然吾之以"三希"名堂者，亦非尽为藏帖也。昔闻之蔡先生[1]名其堂曰"二希"，其言曰："士希贤，贤希圣，圣希天。或者谓予不敢希天，予之意非若是也，常慕希文、希元之为人，故曰二希。"余尝为之记矣。但先生所云非不敢希天之意，则引而未发。余惟周子（周敦颐）所云，固一贯之道，夫人之所当勉者也。若必士且希贤，既贤而后希圣，已圣而后希天，则是教人自画，终无可至圣贤之时也。孟子曰："尽其心者，知其性也。知其性，则知天矣。"人人有尽心知性之责，则人人有希圣、希天之道。此或先生所云非不敢希天之意乎？希希文、希元而命之曰"二希"，古人托兴名物，以识弗忘之意也。则吾今日之名此堂，谓之为希贤、贤圣、希天之意可，慕闻之先生之"二希"而欲希闻之之希亦可。即谓之王氏之帖，诚三希也亦可。若夫王氏之书法，吾又何能赞一辞哉！

1　即乾隆帝的师傅蔡世远。

这篇御制文思路开阔，文采亦佳。为乾隆帝御制文中的上品。"希"者，一般有两种意思，一是稀少，罕见，通"稀"。《老子》曰："知我者希，则我者贵。"因之有"希为贵"之说。二是仰慕、希望、企求之意。《艺文类聚》卷二〇载晋夏侯湛《闵子骞赞》云："圣既拟天，贤亦希圣。"即说的是希望达到圣人的境界。

《三希堂记》前一段写王氏之帖如何如何为稀世之品，即为"希"的第一种意思；后一段写的则是"希贤""希圣""希天"之"三希"，此为"希"的第二种意思，即希望之"希"。同时还有蔡先生之"希文""希元"的"二希"，加乾隆帝的"希闻之之希"凑趣。文章的结尾并不对"三希堂"之含义作什么结论，而是风趣地说三种意思都可以，说明以"三希"命名者，亦非尽为藏帖之意。

从《石渠宝笈三编》的记载看，三希堂是清宫贮存历代书画最多的地方之一。有人猜测乾隆帝夜晚于三希堂读书、写诗、赏画，但却找不到确切的记载。仅有类似《仿王维雪溪小景成咏》诗，或许有关。诗云：

> 几暇画禅赏，祥花户外霏。
>
> 雪溪相印证，湘管试临挥。
>
> 为爱神情入，那论笔力微。
>
> 如因寻姓氏，耐可副三希。

十二年 (1747)，乾隆帝命大臣梁诗正等从内府所藏法书中编刻了一套大型丛帖《三希堂法帖》，内收魏晋到明末的名体书法作品共三百五十件，另收题跋二百一十余件。

除此之外，乾隆年间的刻帖还有很多，其中著名的有《敬胜斋法帖》《墨妙轩法帖》《兰亭八柱帖》与《重刻淳化阁帖》等。至乾隆末年宫廷刻帖已达七十多种。

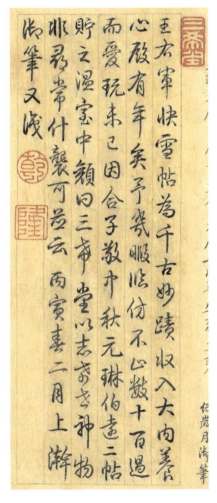

乾隆帝《跋快雪时晴帖》

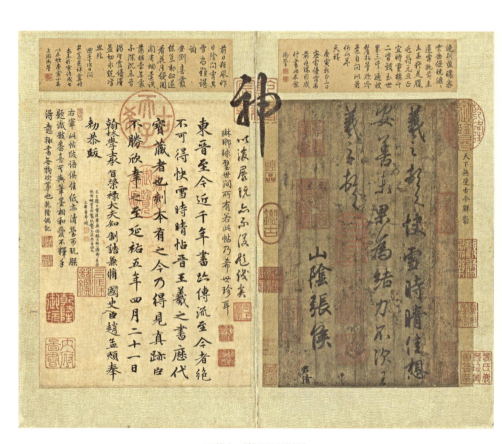

王羲之《快雪时晴帖》

王献之《中秋帖》

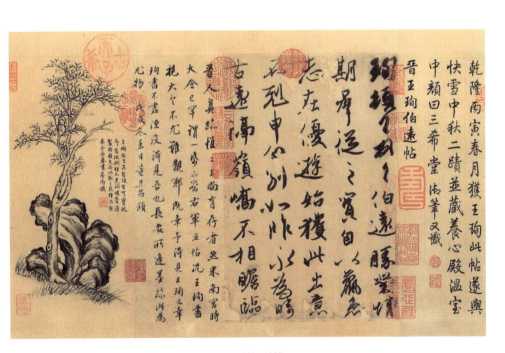

王珣《伯远帖》

乾隆帝行书御笔
五言联

在《跋快雪时晴帖》中，乾隆帝云："王右军《快雪帖》为千古妙迹，收入大内养心殿有年矣，予几暇临仿，不止数十百过，而爱玩未已。因合子敬《中秋》、元琳《伯远》二帖贮之温室中，颜曰三希堂，以志希世神物，非寻常什袭可并云。丙寅（乾隆十一年）春二月上浣御笔又识。"

三希堂中还有一副乾隆帝御书的对联，云："怀抱观古今，深心托毫素。"毫，即毛笔。西晋陆机《文赋》云："或操觚以率尔，或含毫而邈然。"同时代的崔豹《古今注》卷下《问答释义》篇中曰："蒙恬始造，即秦笔耳；以枯木为管，鹿毛为柱，羊毛为被，所谓苍毫，非兔毫竹管也。"可见先秦已有了毛笔。素，为古人书写用的白绢，有素书之称。汉乐府《饮马长城窟行》云："呼儿烹鲤鱼，中有尺素书。长跪读素书，书中竟何如。"自隋唐以来，纸张虽已普及，但仍有以素书指代书信的说法。譬如，杜甫的《寄岑嘉州》诗："不见故人十年余，不道故人无素书。"在乾隆帝这副对联中，"毫素"当指古人的书画墨迹。那么，何为乾隆帝所说的"怀抱"与"深心"呢？这位将"国语骑射"念兹在兹的满族皇帝，又何以对汉族文化痴迷至此呢？这真是一个深匿于他内心的谜。

《石渠宝笈》与"西清四鉴"

这一天，重华宫茶宴之上，乾隆帝有诗云："何必鸾觞浮六醴？仍教凫鼎瀹三清。图观宝笈旋因赐，果饤兰珍侑以行。"讲的是，宴席之上，人们一边品尝着由松实、梅英、佛手、西山沃雪烹煮的"三清茶"，一边观赏着陈列于殿内的清宫书画收藏目录《石渠宝笈》。茶宴毕，诸臣各取御赐《石渠宝笈》一部，打道回府。

《石渠宝笈》成书于乾隆十年 (1745)。乾隆初年，内府收藏的历代书画，已积至逾万。于是，乾隆帝命内直大臣张照、梁诗正等对所存书画，一一详加鉴别，"遴其佳者，荟萃成编"，名《石渠宝笈》，共四十四卷。"石渠"一名源于汉代宫廷藏书之石渠阁。此阁在未央宫殿之北，相传为汉初萧何所造，以藏入关所得秦之图籍。其下砻石为渠以导水，因为阁名。乾隆帝假其名以示雅意。

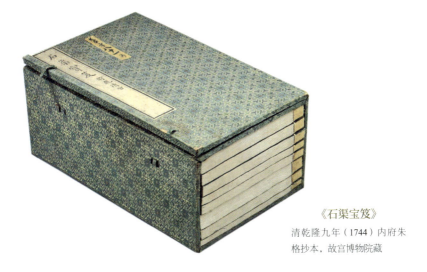

《石渠宝笈》
清乾隆九年（1744）内府朱格抄本，故宫博物院藏

这部书收录的书画作品以收藏地点，即各个殿座为单位进行编辑。举凡笔素尺寸、款识印记、前人题跋，以及有无御题或钤有宝玺，均作有详细记录。从记载来看，当时贮存书画最多的地方，是宫内的乾清宫、养心殿、三希堂、重华宫、御书房、学诗堂、画禅室，以及圆明园、避暑山庄等处。一份见于乾隆三十年的宫中档案——《逼虫香底簿》记："三月十一日，首领（太监）李金文、张永泰呈为养心殿熏书画、羽、缎、机、毡、毯、姑绒等，即用川椒三千包，每包重五分。"由此可见养心殿等处收藏书画数量之巨，管理之严密。

到了乾隆五十八年 (1793)，因历次皇太后寿辰和朝廷盛典，臣工所献的古今书画之类及御笔题字又增加了很多，乾隆帝于是又命编纂《石渠宝笈续编》。至嘉庆朝又续为三编，所隶内府书画精品，一万二千五百多件。同系列的还有《秘殿珠林》二十四卷，收录书画有一千二百三十五件，后又有续编。

《石渠宝笈》初编告罄之后，乾隆帝又于十四年 (1749) 命时为兵部尚书的梁诗正等人，仿照宋朝《宣和博古图录》的形式，将内府所藏的尊、彝、鼎、卣等古器物，精确绘图，摹拓款识，编成《西清古鉴》四十卷，收录古代铜器一千五百二十九件。另附《钱录》十六卷，录历代货币若干。后又由王杰主持编修《西清续鉴甲编》二十卷，收录宫中藏古代铜器九百七十五件；《西清续鉴乙编》二十卷，收录古代铜器九百件。同系列的还有《宁寿鉴古》十六卷，选录宁寿宫所藏古代铜器。以上四部书合称"西清四鉴"。

乾隆四十三年 (1778)，又命将内府收藏的陶、石古砚，包括松花石砚、仿澄泥砚等各类砚台共计二百四十枚作图，编为《西

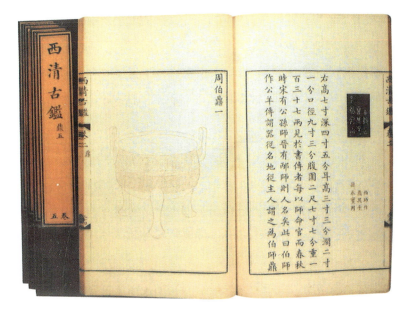

《西清古鉴》

清砚谱》。

　　在编制《石渠宝笈》的同时，乾隆帝还命廷臣从宫内各处藏书中，选出宋、元、明版的善本，进呈御览选定，列专架藏于乾清宫东侧的昭仁殿，并取汉朝天禄阁"藏秘书，处贤才"之意，题室名为"天禄琳琅"。到嘉庆二年 (1797) 十月二十一日晚，因值班太监不慎而失火，乾清宫、交泰殿及昭仁殿都遭火灾，天禄琳琅的藏书在这场大火中焚烧殆尽。太上皇随即命尚书彭元瑞等，仿以前做法，重新收集宋、元、明版书，辑为《天禄琳琅书目续编》。以上是乾隆年间各类宫廷收藏的一部分。

　　乾隆帝作为流御华夏、抚有万方的皇上，以其统治者的权力，大肆搜集天下古物，使"天下瑰奇瑰异，希世不易得之珍，咸充牣于天府。试取宋《宣和书画谱》、清乾隆《石渠宝笈》诸书读之，乃知'米家之船''项氏之阁'犹沧海之一粟也"。所谓"米家之船""项氏之阁"，广义上来讲，泛指民间有所作为的大收藏家；狭义上来讲，米家指北宋书画家、私人收藏家米芾，项氏是明代大鉴藏家项元汴。

米芾字元章，世亦称米襄阳、米南宫。《宋史》称他："精于鉴裁，遇古器物书画则极力求取，必得乃已。"家藏有晋人法书，名其斋为宝晋斋。同时他还收藏金石古器，尤嗜奇石，世有元章拜石之语。米芾对古物收藏如痴如醉。据曾敏行的《独醒杂志》卷二记载："米元章有嗜古书画之癖，每见他人所藏，临写逼真。尝与蔡攸在舟中共观王衍字，元章即卷轴入怀，起欲赴水。攸惊问何为，元章曰：'生平所蓄未尝有此，故宁死耳！'攸不得已，

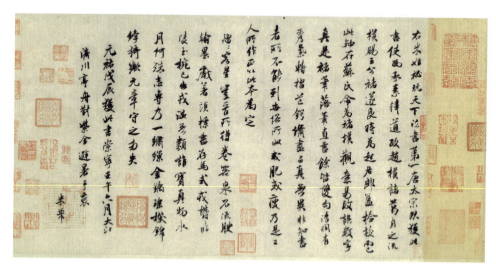

米芾《题兰亭序》

故宫博物院藏

遂以赠之。"另据孟元老《东京梦华录》记载，汴京相国寺内殿后资圣门前，有一处买卖"书籍玩好图画"的地方。很多文人雅士和收藏家经常来这里，米芾一次从这里以七百金购得王维《雪图》一幅，又一次以八金买到徐熙画的《桃二枝》。

米芾的收藏，除购买之外，也通过士大夫之间互相观摩、借阅、赠送、交换等途径获得。他在《画史》中说："余家收古画最多，因好古帖，每月一轴加到十幅以易帖。"又说："余家晋唐古帖千轴。"凡是经他收藏过的好书画，均钤上收藏印记。"其上四角皆有余家印记，见即可辨。""余家最上品书画，用姓名字印，'审定真迹'字印、'神品'字印、'平生真赏'印、'米芾秘箧'印、'宝晋书印'、'米姓翰墨'印、'鉴定法书之印'、'米姓秘玩之印'。玉印六枚：'辛卯米芾'、'米芾之印'、'米芾氏印'、'米芾印'、'米芾元章印'、'米芾氏'，以上六枚白字，有此印者皆绝品，玉印唯著于书帖。其他用'米姓清玩之印'者皆次品也，无下品者。其他字印有百枚，虽参用于上品印也。自画古贤，唯用玉印。"米芾作为北宋最大的私人收藏家，所收藏的书画等内容若何？他自己没有留下完整的记录，只能从其杂记形式的《书史》《画史》二书中略知一二。他曾将自己收藏的晋人法帖刻于石，名《宝晋斋法帖》，今有翻刻拓本存世。

米芾还把收藏者分为两种：一曰好事者，一曰赏鉴家。《画史》说："好事者与赏鉴之家为二等，赏鉴家谓其笃好，遍阅记录，又复心得，或自能画，故所收皆精品。近世人或有赀力，元非酷好，意作标韵，至假耳目于人，此谓之好事者。"时人评价米氏"心眼高妙，而立论有过人处"。其鉴赏力之精湛，为当时同辈之翘楚。

项元汴，字子京，号墨林居士，又称墨林山人，别号有香严居士、鸳鸯湖长、退密斋主人等。浙江樵李（今嘉兴）人。他的活动时代晚于文徵明、华夏，而与文彭（文徵明长子）、文嘉（文徵明次子）、陈道复、丰坊等同时。项氏家财殷实，经营典当业。其收藏之富、鉴赏之精，在明代收藏家中堪称巨擘。项氏贮藏金石书画的处所名"天籁阁"，以所得古琴"天籁"命名。与之同时的安徽书画鉴赏家詹景凤曾去项家观赏藏品，观后项氏很自负地提问："项家与韩家（韩存良）孰优？"可知项元汴之藏，傲视江南。

项元汴像
上海博物馆藏

项元汴所藏书画精品，常在画幅左右下角用《千字文》的一个字作为编号，如传世名画唐韩滉《五牛图》有"此"字编号，五代杨凝式《神仙起居法》有"摩"字编号，元王蒙的《葛稚川移居图》有"圣"字编号等。项元汴所用的印记极多，凡经他收藏的书画，经常在画的本幅前后和拖尾纸上，加盖他的多方印记，有时多至数十方，是历来在书画上钤盖收藏印记最多的一个。他钤记的格式没有一定之规，有时一方印前后重见多次。留传至今的古书画凡钤有项氏藏印的，虽偶有失误之处，但一般还是比较可靠的。

迄今所见钤有项氏印记的传世作品，很多都是自唐宋元至明中期吴门名家流传有绪的真迹名作。法书有唐代的欧阳询《仲尼梦奠帖》、怀素《苦笋帖》、杜牧《张好好诗》，五代时杨凝式《神仙起居法》，元赵孟頫早年行书《洛神赋》，明宋克《急就章》等。绘画有唐卢楞伽《六尊者像》、韩滉《五牛图》，宋杨无咎《四梅图》、李唐《采薇图》、马和之《豳风图》与《唐风图》、李迪《鸡雏待饲图》、马麟《层叠冰绡图》，元赵孟頫《鹊华秋色图》、李衎《四清图》与《墨竹图》、赵雍《沙苑牧马图》、曹知白《山水》、柯九思《清闷阁墨竹图》、倪瓒《竹枝图》、王蒙《葛稚川移居图》与《花溪渔隐图》、王绎与倪瓒《杨竹西小像》，明仇英《桃村草堂图》和《临萧照中兴瑞应图》等。其他见于各种著录但未流传下来的重要作品更是卷帙浩繁，不一而足。

经常见到的项元汴印记有"项元汴印""子京""墨林""檇李""天籁阁""寄傲""净因庵主""檇李项氏世家宝玩""项子京家珍藏""项墨林父秘笈之印""退密""子孙永保""神游心赏""子孙世昌""桃花源里人家"等。后来，项氏天籁阁的藏品，由子孙各房分散保存，顺治二年 (1645) 闰六月，清兵攻破嘉兴府城，项氏藏品被千夫长汪六水所掠，散失殆尽，存世藏品多归于皇室。

如此丰厚的收藏何以较《宣和书画谱》《石渠宝笈》犹沧海之一粟呢？正如《内务部古物陈列所书画目录》龚心湛序所言，古籍书画"国恒宝焉，顾其为物也，不盈一握，而直或逾万金，且散而之四方，非好之者不能聚也。好之矣而非强有力则其聚也无多，以元首之尊，而笃士夫之好，则四方辐辏焉"。

清代皇家收藏较之私家不可同日而语，而且数量超过前朝。在明末清初之际，流散在各地的书画、文物，已有一部分为清室所收集。此后许多私人鉴藏家的藏品也陆续归入内府，如著名鉴藏家梁清标、高士奇、安岐的收藏就不时出现在清宫收藏目录中。至乾隆朝，搜集书画古物的数量相当可观，存世的唐、宋、元、明的名画，几乎收罗无遗。在乾隆帝的倡导下，考据古物书画之风盛极一时，"上有好者，下必有甚焉者矣"[1]。臣子们争先恐后地为皇帝考据器物，以至开创于宋代的金石学在乾隆时期再度盛行，而皇家书画收藏，成为继宋徽宗宣和内府后的最大一次集中，当时汇集于紫禁城周围的鉴赏家有张照、梁诗正、董邦达、励宗万、阮元、胡敬等人。

　　乾隆帝本人酷爱书画，并以鉴赏家自居，往往喜欢自加品评，在画上题诗，加盖鉴藏印记。乾隆帝的考据有时还颇有成效，他在北宋书法家米芾墨迹上发现"勤有"二字印记，想确知"勤有"二字出自何时。他查阅宫内所藏宋版《千家注杜诗》，看到上面有"皇庆壬子余氏刊于勤有堂"十一字。皇庆系元仁宗年号，考知此书本元版而非宋版，纠正了前人的错误。乾隆帝又查阅宋版《古列女传》，书后有"建安余氏靖安刊于勤有堂"字样，知宋朝已存在勤有堂书坊。在宋人岳珂《相台家塾》中，他读到称"建安余仁仲"所刻书版为精时，断定南宋时余氏刻书已相当出名，但仍然不能知北宋是否有勤有堂刻板。他又访问朝中做官的福建士人，亦无人知晓。于是，乾隆帝下令军机大臣传谕福建巡抚钟音赴建宁府访余氏子孙，"现在是否尚习刊书之业，并建

<hr>

1　《孟子·滕文公上》。

安余氏自宋以来刊印书板源流，及勤有堂昉于何代何年，今尚存否？或遗迹已无可考，仅存其名？并其家在宋时曾否造纸，有无印记之处？或考之志乘，或征之传闻，逐一查明，遇便覆奏"。钟音按照皇帝的吩咐，找到余氏后人余廷勷。根据余氏族谱，查明余氏系北宋时迁至福建，以刊书为业，所刊书印有"勤有"二字。勤有堂之名则更早。宋理宗时族人余文兴，号"勤有居士"，系袭旧有堂名为号，而勤有堂之年代，今已不可考。至此，证明米芾墨迹属北宋版本。由此可见乾隆帝的鉴赏水准和品味。

当然，乾隆帝也有看走眼的时候。譬如，他对黄公望真伪两本《富春山居图》的颠倒品题，又将董源名迹《夏景山口待渡图》列为次等，而将伪造的米芾《云山图》列在上等，等等。

乾隆帝能作画，其技法也不逊于一般画家。清宫中设有如意馆，"凡绘工、文史及雕琢玉器、裱褙帖轴之诸匠皆在焉"。他在处理政事之余，经常去如意馆里看画家绘画，"有用笔草率者，辄手教之，时以为荣"。馆内画家张宗苍，擅长临摹北宋山水画，甚至能以假乱真，为乾隆帝所赏识，特赐张宗苍工部主事官。

乾隆三十年正月的宫内《臣工字画》档中载："正月初八日，胡世杰传旨，着张廷彦仿画《越王宫殿图》手卷。用新宣纸一张，高一尺七寸，宽二丈。共用新宣纸四张。"这位张廷彦画师，于《国朝院画录》有载，曰：供奉内廷，工人物画。

清宫何以收藏如此众多的墨迹古董呢？乾隆帝在《钦定秘殿珠林石渠宝笈续编》御序中说："然予以此举，实因志过，而非夸博古也。盖人君之好恶，不可不慎。虽考古书画，为寄情雅致之

松栢

为，较溺于声色、货利为差胜，然与其志此，孰若用志勤政爱民乎？四十余年间，应续纂者，又累累若此，谓之为未害勤政爱民之念，已且愧言之，而况于人乎？书以志过，后之子孙当知所以鉴戒去取矣。至《西清古鉴》可以类推，更弗赘言。"其实这话言不由衷，掩盖了其收藏的真实目的。

由有关资料可知，乾隆朝宫廷收藏的原动力有三个方面：

一是精神的教化作用。乾隆帝曾说过，每当捧观三朝御笔藏之金匮者，便油然产生了"辄增永慕，所当敬为什袭，贻我后人"的念头。他的这种情感是由衷的。这些古物就像是中国本位文化的根据一样，表现出巨大的教化作用。

《宣和博古图录》卷一《鼎鼐总说》云：

《周易》六十四卦，莫不有象，而独于鼎言象者，圣人盖有以见天下之赜，而拟诸形容，象其物宜，是故谓之象。至于近取诸身，远取诸物，仰以观于天，俯以察于地，拟而象之，百物咸备。以通神明之德，以类万物之情。故圜以象乎阳，方以象乎阴，三足以象三公，四足以象四辅，黄耳以象才之中，金铉以象才之断，象饕餮以戒其贪，象蜼形以寓其智，作云雷以象泽物之功，著夔龙以象不测之变。

而明代东书堂重修《宣和博古图》蒋旸序有云：

◀ 乾隆御笔《嵩阳汉柏图》

庚午年（1750）乾隆帝奉母西巡嵩洛，途经嵩阳书院，观赏院内古柏，留下了多首题诗和绘画。此幅绘书院汉柏，挺拔高大，直冲云霄。乾隆帝喜欢松柏，在宫廷山水画中，常常可以看到松柏，落款为"御笔"的松柏图也有多幅。

三希堂精鉴玺

乾隆帝"三希堂精鉴玺"组印

故宫博物院藏

宜子孙

故孔子所以有"不觚之叹"也。呜呼!法服法器,古人非所以为丽也,惟心一于正,则于是皆不苟焉。推之于大者,其先王仁政之形,井田、学校、封建礼乐之类,意者皆其心神之妙也。是以形而传,彼典籍今亦耿耿也。

二是作为一种"宝物"而"长宜子孙"。"内府所储历代书画积至万有余种",三代铜器数千件,无不是"子子孙孙,永保用享"。南宋的郑樵曾把自己的藏书献给皇上,并说:"蓬山高迥,自隔尘埃;芸草芬香,永离蠹朽;百代之下,复何忧焉。"可见,"长宜子孙"是中国收藏行为的又一大特征,而宫廷收藏无疑是"宜子孙"的最好方式之一。

溥仪在《我的前半生》中写道:"据说乾隆皇帝曾经这样规定过:宫中的一切物件,哪怕是一寸草都不准丢失。为了让这句话

《乾隆皇帝观画图》
故宫博物院藏

1　易培基《故宫周刊弁言》，摘自《故宫周刊》1929年创刊号。

变成事实，他拿了几根草放在宫中的案几上，叫人每天检查一次，少一根都不行，这叫做'寸草为标'。我在宫里十几年间，这东西一直摆在养心殿里，是一个景泰蓝的小罐，里面盛着三十六根一寸长的干草棍，这堆小干草棍儿曾引起我对那位祖先的无限崇敬，也曾引起我对辛亥革命的无限忿慨。"长宜子孙的宝物在社会变革之际产生了不可思议的保守的内在力，"曰秘殿，曰宝笈，循名责实，从可知矣，乃使一般普通民众，终身盲昧"[1]。宝物就像是一堵不可逾越的墙，壁垒着不同的阶级，而仅在持有者的子子孙孙间传承。

三是供皇帝个人私享。乾隆帝可以将王羲之的《快雪时晴帖》"几暇临仿"，"爱玩未已"，而宫内收藏的各种辑录首先是为方便皇帝玩赏服务的，诸如《石渠宝笈》等书的编辑，并不以时代分类，也不以作者分类，而是以殿座分类，以便皇室玩赏。

清宫的收藏盈千累万。尤其是在乾隆时期，皇帝以至高无上的权力搜集天下古物，众多书画古董如四方辐辏而聚于宫廷，这也是一件不小的工程。据记载，这些收藏的源流首先是进呈物品。专制时代，帝王一家天下，富有四海，国之所有莫不属于一人，逢年遇节，或万寿大典，臣子必有贡献亦属礼之当然，情之必至。乾隆四十五年 (1780)，乾隆帝七十大寿，其庆典场面大大超过了皇太后，他在避暑山庄过生日，各地官员争相进送贡品。据朝鲜使臣记载的沿途情形说：各地上贡礼品，贡车多达三万辆，人挑、驼负、轿驾者难以计数。为抢运贡品，各地车辆"篝火相照，铃铎动地，鞭声震野"。场面之豪侈，难以形诸笔墨。如此大规模的全国性献寿活动，所进呈的古董字画也绝不会少。

其次是收没物品。大臣或庶民触犯了法纪，皇帝有抄没犯者私人财产之权力。《红楼梦》中锦衣卫查抄大观园的描述，不啻一篇纪实文学。《石渠宝笈》中著录毕沅原藏之件甚多，其中字幅如张即之书《李衎墓志铭》，即为毕氏身后没收入宫者。又如有名的颜鲁公《祭侄文稿》，后有徐乾学、王鸿绪印，亦系籍没毕氏之物。此外，亦有皇帝假借某种名义，收取入宫者，如米芾书《蜀素帖》，原为大学士傅恒旧藏，传之其子福隆安，家中曾不慎失火，是卷因重裱在外，幸免于难。事后进入宫内庋藏。所谓进入者，不过美其名耳，事实上概系乾隆帝借口私人甲第不如天府安全，遂假名干没，明眼人自能知之。

再者是收购物品。《石渠宝笈》记录收藏书画的又一个来源是皇帝出资购买。观王羲之《袁生帖》御跋，乾隆帝云："右军《袁生帖》三行二十五字，见于《宣和书谱》……乾隆丙寅，与韩幹《照夜白》等图，同时购得，而以此帖为冠。"然而，此等事例在皇室收藏中是不多见的。

御制诗与文物

忙碌了一天的乾隆帝，缓步跨入三希堂。他盘坐在炕床上，尽情地赏玩着古董与书画。这时的他就像京师中一般老百姓玩鸟

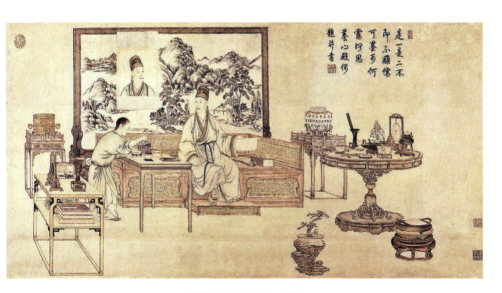

《乾隆皇帝是一是二图》

故宫博物院藏

笼子、踢毽子、斗蟋蟀、嗑瓜子、下棋、打麻将、聊大天儿一样，随性恬逸。如《孟子》所言，"养心莫善于寡欲"，他就像是一个退避三舍的将帅，于古董与书画间，"我善养吾浩然之气"[1]。

乾隆三十年正月初八日，皇上究竟御览了哪一些古董古画？这的确是难以确定的。然而在正月初一至正月初八日的御制诗中却有十余首有关内容的诗，这些诗不能确定作于这八天中的具体时间，但却可以帮我们了解这短短几天中，乾隆帝御览过的一部分古董及书画。其中包括古董六件（玉器五件、瓷器一件），书画九件（绘画八件、法书一件）。如果以这样的分类，再加之年代顺序的话，第一件应介绍的是李赞华的《射鹿图》。

李赞华是五代后唐的画家，而他本人却是契丹人。《辽史》说他是辽太祖阿保机之长子，姓耶律，名倍。《图画见闻志》中说他做过东丹王，又名突欲。《五代名画补遗》中说他小字图欲。《广川画跋》谓：阿保机攻渤海，取扶余一城，从为东丹国，以长子人皇王突欲为王。阿保机死，突欲投奔后唐。明宗赐姓东丹，名慕华。后更其名赞华，改姓李。

乾隆帝御制《题李赞华射鹿图》云：

> 东丹避嗣主，越海昔奔唐。
>
> 偶作射鹿图，缦胡犹旧装。
>
> 改姓事他国，回心忆故乡。
>
> 虽无逐鹿志，熟处亦未忘。
>
> 远愧吴泰伯，近输汉高皇。

1　《孟子·公孙丑上》。

李赞华《获鹿图》
美国大都会艺术博物馆藏

　　李赞华善画本国（契丹）人物、鞍马。多写贵人酋长，胡服鞍勒，率皆珍华，《辽史》《五代名画补遗》《清河书画舫》等书中均有载。有人品评他画马尚丰肥，然笔乏壮气。乾隆御制诗中的"缦胡犹旧装""改姓事他国，回心忆故乡""熟处亦未忘"等诗句，显然对其多有微辞，但对他的画意还是进行了比较准确的分析。

　　第二幅是盛懋的《映雪读书图》。盛懋为元代画家，原籍临安，父辈始迁居嘉兴魏塘镇。他善山水、人物、花鸟。始学陈仲美（陈琳），略变其法，精绝有余，特过于巧。这幅画由一个叫杨芝的人发现，并推荐内府购得。初名《负薪图》，乾隆帝观后，易名《映雪读书》。有御制诗云：

　　　　交游不杂乐家贫，映雪观书造意新。
　　　　自是棱棱志清介，何须类举负薪人。

　　由此，或可看到乾隆帝在鉴赏中的一股敏锐之气。

　　第三幅是元代画家方从义的画。方从义，字无隅，号方壶，

盛懋《山居纳凉图》

美国纳尔逊-阿特金斯艺术博物馆藏

方从义《高高亭图》

台北故宫博物院藏

龙虎山上清宫道士。他的山水画师米海岳（米芾）、高房山（高克恭，号房山道人），大有逸趣。《图绘宝鉴》《画史会要》等都载有他的事迹，评价他的山水：其峰峦高耸，树木槎枒，云横岭岫，舟泊沙汀，墨气冉冉，非尘俗笔也。常自言："太行、居庸，天下之岩险，其雄杰奇丽，皆古之名画，余所愿见者，今皆见之，而有以慊吾志，充吾操，吾非若世俗者，区区而至也。"其言自诩如此，故其画不易得，人以礼求，始出一二。

乾隆帝为这幅宫中藏画作《方从义松岩谈道用图间孙琰题句韵》诗，云：

> 无地楼临有顶松，金题玉躞启缃封。
> 由来可道非常道，茅狗难希骑二龙。

第四幅是明代著名画家沈周的《玉兰芝树图》。乾隆帝的题诗云：

> 芝朵丹黄兰叶青，石边木笔灿亭亭。
> 画家大有伊人念，规写无非谢氏庭。

沈周，字启南，号石田，自称白石翁。他的山水画法少承家学，凡宋元名手，皆能变化出入，而独于董源、巨然、李成尤得心印，中年以黄公望为宗，晚年乃醉心于梅花道人吴镇。有人说他唯仿倪瓒的画不似，原因是老笔过之也。他四十岁以前，多作盈尺小景；四十岁以后始拓为大幅，粗枝大叶，虽草草点缀，而意已足。据史载，他高致绝人，而和易近物，贩夫牧竖，持纸来索，不见难色，或作赝品求题以售，亦乐然应之，凭空为后世鉴别添了一些难处。而自作的人物花鸟无一不入神品，因之真伪亦可领会。

沈周《芝兰玉树图》

台北故宫博物院藏

第五幅是周臣的《村庄农庆图》。周臣也是明代画家，字舜卿，号东邨。画山水，师陈暹，传其法于宋人，摹李（李成）、郭（郭熙）、马（马远）、夏（夏圭），用笔纯熟，所谓行家意胜耳。兼工人物，古貌奇姿，绵密萧散，各极意态。同时他还是另一位著名画家唐寅的老师，无形中又使其名望倍增。乾隆帝的题诗云：

山庄无别事，惟是祝年丰。

纳稼村村急，高囷户户同。

社常接鸡犬，邻不远西东。

相聚农桑话，于于太古风。

看来乾隆帝更重视此画的内容，由此引起了一番思农之情。

第六幅是唐寅的《会琴图》。唐寅是明代大名鼎鼎的画家、才子，字伯虎，一字子畏，号六如居士。唐寅赋性疏朗，狂逸不羁，尝镌其章曰：江南第一风流才子。晚年好佛释，治圃舍北桃花坞，曰桃花庵，日饮其中。唐寅工诗词、古文，书得赵孟頫法，善画山水，自李成、范宽、马远、夏圭，及元之黄公望、王冕、倪瓒、吴镇四大家，靡不研解。行笔秀润，缜密而有韵度。有评论说"寅师周臣，而雅俗迥别"。又学刘松年、李唐之皴法，亦青出于蓝。至若人物、仕女、楼观、花鸟无不工。著有《六如画谱》传于世。此幅《会琴图》，乾隆帝也是由衷赞赏，其诗云：

露坐横陈膝上琴，爱披秀木有佳阴。

不知袖手对听者，可识高山流水心。

乾隆帝的诗，颇得唐寅画中意境，可谓好画有好诗。

第七幅画是文徵明的《松堂吟赏小轴》。文徵明与唐寅是同时代人。初名壁，字徵明，后以字行世，更字徵仲，号衡山居士，私谥贞献先生。诗文书画无一不妙。山水画师沈周，得其仿佛，益以神采，更出其上。人称其兼有赵孟頫、黄公望、倪瓒之体。《丹青志》则谓其师李唐、吴镇，翩翩入室。《五杂组》则称他远学郭熙，近学松雪道人，即赵孟頫。《明画录》又以兼得北苑 (董源) 笔意赞之。其实，文徵明的山水画法气韵神采，独步一时，不肯规抚比拟。遇古人妙迹，唯览观其意，而师心自诣，辄神会意解，至穷微妙处。其风格天真烂漫，不减古人。其得意之作，往往以工制胜，单行、矮幅更佳。其生平亦有三不肯应者，如宗藩、中贵、外国是也。他的出现使吴派文人画大成于世。

乾隆帝这一天见到的文徵明小轴如诗：

> 结宇茨荒草，向檐依老松。
>
> 延将幽籁飒，覆处翠阴浓。
>
> 芸简堪娱目，茶瓯借洗胸。
>
> 个中寻独乐，不拟客来逢。

由此诗可知，这幅画的体裁为古松，这是文徵明晚年常作的画题，其画松之用笔如神早已闻名，故乾隆帝观画而陶冶心性。如王充在其《论衡·自纪》中所说："养气自守，适食则酒。"乾隆帝则是以茶作酒，独赏佳作。

据乾隆三十年正月初九日 (1765年1月29日) 的《臣工字画》档载：御笔仿文徵明《山村嘉荫》，并题一轴写签。由于宫中藏画的名称并不规范，因此难以断定《松堂吟赏小轴》与《山村嘉荫》是否是同一幅画。

第八幅是清人方琮的山水画。其人在《国朝院画录》中有载，《石渠宝笈》中也录有作品。有评价说他工山水，宗大痴道人，即黄公望。乾隆帝曾为其画作题诗云：

> 茅店娈年宴，石桥招客游。
> 红桃经雨润，绿柳受风柔。
> 谷口云犹吐，溪头水已浮。
> 木兰待埼岸，将泛问春舟。

实在是勾勒了一幅山野美景，抒发了放情山川的雅逸情怀。

第九幅是书法，乾隆帝诗为《题钱陈群进伊祖瑞徵所篆瑞日祥云和风甘雨章》，云：

> 迎春帖子进南方，先以家藏古篆章。
> 瑞日祥云兆岁美，和风甘雨卜农庆。
> 休徵敢谓时斯应，善颂还嘉规不忘。
> 愿共吾民沐新祉，春祺喈喈萃方昌。

这幅书法作品的作者钱瑞徵，浙江海盐人，康熙癸卯年（康熙二年，1663）的举人。《国朝画征录》《曝书亭集》中有载。说他工诗善书画，好写松石，不事规仿，独抒性灵，而兴趣雅合，施笔圆厚，风致散朗。在乾隆帝看来，康熙朝的书帖已是"古篆章"了，可见，当时宫中收藏古书画范围之广泛。

仅这么几天，乾隆帝题玉器的诗即有六首，其中《咏周片云戚》云：

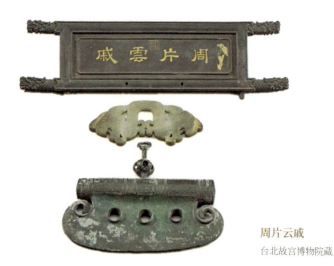

周片云戚
台北故宫博物院藏

杖黄曾纪武，剂白亦标文。

舞自称西乐，形犹肖片云。

穆然斐古色，铿尔振嘉闻。

义取和安乐，翰筵伴净芬。

戚为古代兵器，似大斧，清代冯云鹏在其《金石索·金索》中载有图。其实戚也用于乐舞。《诗经·大雅·公刘》云："弓矢斯张，干戈戚扬。"因此，金属戚又演变成玉戚，《礼记·明堂位》曰："朱干玉戚，冕而舞大武。"乾隆帝见到的所谓"周片云戚"便是此类物件。

乾隆御制诗还有《题和阗玉碗》，云：

潜确已称中国少，和阗真是异珍多。

春秋陈贡来包匦，杯碗相材命琢磨。

西旅却殊时致献，水精宁得与同科。

不斟旨酒浮香茗，延喜形闱受福那。

乾隆帝在诗下自注："昔年准噶尔台吉、回部和卓木虽屡贡玉碗，不比此拓。和阗为我属，春秋贡玉如内地，任土作贡也。"观赏古物，而思朝政，这是乾隆御制诗的一个特点。其胸怀绝不在咏物本身。

和阗位于今新疆维吾尔自治区南部，原为丝绸之路南道上的重镇。《明史·西域列传》载：和阗"东有白玉河，西有绿玉河，又西有黑玉河，源皆出昆仑山。土人夜视月光盛处，入水采之，必得美玉"。清姚元之在《竹叶亭杂记》中记载了这一带采玉的情形，曰："叶尔羌、和阗皆产玉，和阗为多……叶尔羌西南曰密尔岱（即密勒塔）者，其山绵亘，不知其终。其上产玉，凿之不竭，是曰玉山。山恒雪，欲采大器，回人必乘牦牛，挟大钉、巨绳以上，纳钉悬绳，然后凿玉，及将坠，系以巨绳徐徐而下，盖山峻，恐玉之卒然坠地裂也。"清人黎谦亭的《瓮玉行》诗序云："于阗大玉三，大者重二万三千余斤，小者亦数千斤，役人畜挽拽，率以千计，至哈密有期矣。"乾隆朝期间，着实从和阗等地运来不少大玉石，制成巨器，如"大禹治水图玉山""秋山行旅图玉山"等。据乾隆时《回疆通志》载：和阗距京师有一万一千一百零五里。其开采、运输之艰巨由此可窥一斑。

秋山行旅图玉山
故宫博物院藏

305

另有《题和阗汉玉蓑笠渔翁》，序云："汉玉者，非必炎刘时物，其土浸璘瑜，古色穆然者，皆可谓之汉。此玉有之，相其材，命工稍加琢磨为蓑笠渔翁，而系之咏。"诗云：

> 讵必炎刘始足珍，几千年出玉河滨。
>
> 欧鸟久是忘机侣，蓑笠曾非把钓伦。
>
> 弗受雕镌存朴古，岂资烧染自玢齒。
>
> 史编中问斯人传，不在清河在富春。[1]

又有《汉玉谷璧》一首，云：

> 粟粒平擎若自然，葆光韫采谢雕镌。
>
> 楚州底论第三宝，喜在嘉生兆有年。

《诗经·卫风·淇奥》云："有匪君子，如金如锡，如圭如璧。"璧为平圆形、中心有孔的玉器。古时或作礼器。

另一首是《和阗玉牛再叠前韵》诗，云：

> 爱牛缘何缘爱耕，来耜之利资尔能。
>
> 和阗玉子牛其形，稍加琢治如牟鸣。
>
> 造石非同拖五丁，聚道乃全拟大牲。
>
> 陈蕃无计可苇羹，兴锄解甲天衢亨。
>
> 任土作贡无别营，亦弗敢诩我武成，
>
> 漫因新旧评蓝青。

再有一首是《和阗玉观梅仙图》，云：

> 等度和阗玉，观梅琢作图。

1　"清河"即《清河书画舫》，是著录古画卷的书。"富春"所指，似为黄公望的《富春山居图》。

人将花总似，艰辨楷兮遹。

这后一句中的"楷"为刚直规整之意，而"遹"则有曲折多姿之意，乾隆帝是在夸赞玉工的高超工艺。

在御制诗的排列中，以顺序而论，最可将其列入正月初八日的一首诗是《咏哥窑瓷枕》。哥窑是宋代名窑，相传窑址在浙江龙泉县（今龙泉市）南七十里华琉山下。北宋处州龙泉县旧有龙泉窑，南宋章生一、生二兄弟亦在此制瓷，各主一窑。生一所制之瓷号哥窑，生二所制者号弟窑，又称章龙泉窑，简称章窑。哥窑瓷胎细质微带灰白，釉面有冰裂纹，黑色的称为铁线，黄色的称为金线。釉色以青为主，浓淡不一，口沿釉薄显出胎底，圈足底亦露胎，故有"紫口铁足"之称。

乾隆帝的诗云：

> 瓷枕出何代，哥哥类董窑。
>
> 金丝铺荇藻，铁足节筀筵。
>
> 文并楠榴重，珍非翡翠浇。
>
> 赠宜漆园吏，梦蝶忞逍遥。

如果今天以这七首诗为线索，在乾隆帝的收藏中找到这几件宝物的所藏，那可以说是在茫茫沧海中寻针，太难太难了。

据民国时期清室善后委员会所编六编二十八册的《故宫物品点查报告》，清宫中收藏的各类古物有一百一十七万余件。怎不令人概然有"沧海一粟"之叹呢。

2012年，台北"故宫博物院"研究员余佩瑾主编的《得佳趣——乾隆皇帝的陶瓷品味》出版发行。她在书中这样陈述：

北宋青白瓷水波纹枕
台北故宫博物院藏

　　枕作长方形，上下枕面略凹，每面外围浅划双线，平面
篦划水波纹。器内中空，一侧中心留一圆孔，圆孔旁及侧面
的四个端点共有五枚支烧痕。从中显露出瓷枕使用竖烧法烧
制成形，以及无釉处露出灰白色胎。通体满施青白瓷釉，釉
层薄且呈色不匀，局部出现深色开片。长方形底面镌刻乾隆
皇帝《咏哥窑瓷枕》……并落"几暇怡情"和"得佳趣"两
枚钤印。传世随附木座及锦垫一块。

　　……

　　另一方面，吴十洲先生认为乾隆三十年（1765）正月初八
日，乾隆皇帝在下朝后的傍晚总共御览、鉴赏十五件文物，
其中一件为瓷器，他并且从御制诗文集登录《咏哥窑瓷枕》
诗的时间，分析此诗正是乾隆皇帝针对该日提看文物油然而
生的吟咏感怀。

2013年底，我造访台北"故宫博物院"，与余佩瑾女士见面，
可谓是奇缘。

八 宫闱遗恨 孝道家殇

晚八时，乾隆帝于养心殿后殿东稍间就寝。这时他的皇后是乌拉纳喇氏。几天后，她在随乾隆帝南巡的路上欲削发为尼。这时乾隆帝宠爱的妃子是香妃。然而，她却像众多低等级的年轻嫔妃一样，没有生下一男半女。

戌正

二十时

就寝

夜，本来就包罗万象，落入冬夜的紫禁城，更有太多不为人知的玄机隐匿于夜色之中。被残雪染白的那几分沉寂和冷清，又让人生出无限的遐想。黑沉沉的夜幕下面，宫里那些长长窄窄的过道，在交织的网格里，静候着"夜漏宫中发"的告白。月光洒在落叶上，万物寂籁，一派肃杀。夜间里一个人走在那儿，任何魅影都会让人想到前朝灵异，想一想就脚底发软。

宫里熄灯了，各宫都在关门时分。夜深知雪重，时闻落冰声。

无论在形式上还是在实质上，皇室家庭的命运往往和这个国家的命运息息相关，尤其是帝后感情更为世人所看重。

香 妃 得 宠

养心殿中皇上准备就寝当儿，太监将承幸簿呈到御前。簿子上删去生病或信期的妃子，在承幸簿上的则由皇上任意挑选。

乾隆帝用手指微微示意，心领神会的太监提上灯笼，直奔后宫去召唤香妃，而香妃这边早已在恭候了。

这里所说的香妃，前文已经有所叙述。她是阿里和

红、绿头牌

弘历《瀛台胜景图》
故宫博物院藏

卓的女儿，雍正十二年 (1734) 在喀什出生，取名贾姆孜木，教名希帕尔汗，维语的意思是"香得很"。这也许就是"香妃"此名的来源。此时的她还不是妃子，只有一个嫔的名分。

几天来，乾隆帝往西苑里走得特别勤。从初一到初八，在太液池沿岸屡屡留下了身影。这几天中，仅中南海就有瀛台、宝月楼、俯清泚稍北的淑清院、宝月楼东边的涵春室、仁曜门西侧结秀亭再西的丰泽园、春耦斋循池西岸而北的紫光阁、响云廊东南室之千尺雪，及清音阁沿堤而南的同豫轩等处，出现在御制诗中。

其中《新正瀛台》诗云：

　　　　问安之便出西华，咫尺南台路不赊。

　　　　才隔旬余新岁是，恰欣春晚景祺嘉。

篆凝瑞霭猊喷雾，爆响平安树缀葩。

迎节彩菜惟卜昼，几曾宫蜡照红纱。

再如《宝月楼》诗云：

液池南岸有高楼，宝月佳名题上头。

正望元宵生玉魄，堪凭春色始皇州。

彩屏吉语农祥吁，香衮恒铭民莫求。

保泰深心端在此，敢因韶节恣欢游。

乾隆帝一连几日频繁出入西苑，竟到了趁给皇太后请安之便而出西华门，到南海跑一趟的份儿上。那些似是而非的诗文，如同下意识吐露的隐情，给人们以遐想，去猜度乾隆帝的宫闱秘事，去想象那位鹘眼穹鼻的宠妃。

由于"内言不出"的儒教戒律，满族皇帝也必须予以恪守，因之在所有的宫廷的、官方的记录中，都找不到乾隆帝私生活的只言片语。像前文所说的承幸簿也无存于清宫档案中。

从一份与之毫无关系的内务府《日记底簿》中，我们或许可以找到一些蛛丝马迹。这一档案记载有乾隆三十年正月初，四方人士呈送宫中礼品的账目。

其中，乾隆三十年正月初三日，西藏班禅额尔德尼·胡必尔罕[1]进有核藏杏二匣，每匣三十四斤、计五千七百八十个；无核藏杏一匣，计三十四斤、一千五百八十个。这项账目与宫闱秘事无甚关系。

1　这里应是指六世班禅额尔德尼（1738—1780）。乾隆三十一年（1766）受清朝颁赐金册。

又，正月初四日，西洋人刘松龄等进木瓜膏六十瓶。这可能也是馈赠活动的一部分，不过也看不出什么联系。

再往下看，有了。正月初七日，浙闽总督苏昌进西瓜十二个。本日福建巡抚定长进西瓜十二个，本日内务府总管马国用等恭议留用西瓜三个，进皇太后西瓜四个，差首领太监张忠进讫。给温惠皇贵太妃西瓜二个。另外，赐皇后等西瓜十二个，写折片一个，奏过奉旨依议。

由于皇后主持六宫，因此赐给后宫的西瓜都在名义上赐给了皇后。那么当时的后宫有几人呢？除了据生死簿、墓志铭估算，见于档案的，即乾隆二十九年十二月二十六日（1765年1月17日）《赏赐底簿》（簿字号七一九）和《年例散用底簿》（簿字号二六四一）记载的一次宫中赏赐活动。由以上材料可知，当时乾隆帝的后宫有：皇后、令贵妃、舒妃、愉妃、庆妃、颖妃、豫妃、婉妃、容嫔、慎贵人、林贵人、兰贵人、瑞贵人、鄂常在、白常在、禄常在、新常在、永常在、宁常在、那常在、武常在，共二十一人。另外在乾隆三十年（1765）正月十六日南巡前后，见诸《节次照常膳底档》，得到乾隆帝赐膳的有：令贵妃魏佳氏、庆妃陆佳氏与容嫔和卓氏，当然还有皇后乌拉纳喇氏。其中以容嫔和卓氏的地位最低。闰二月十八日后，不见皇后出现于《节次照常膳底档》。四月十九日，舒妃叶赫纳喇氏、豫妃博尔济吉特氏迎南巡回京圣驾于涿州。

那么，容嫔，也就是香妃何以得到乾隆帝的宠爱呢？说到底，乾隆帝纳维族女子为嫔妃是对被征服的回部实施拉拢的一种手段。

《威弧获鹿图》

故宫博物院藏。图中的这位正在为乾隆帝递送箭矢的回装女子可判定为香妃无疑。

香妃的娘家为回部上层贵族，与大小和卓布拉尼敦、霍集占一样，早年被准噶尔拘留在伊犁。

清军平定准部，达瓦齐失败，额色尹等即回到叶尔羌。因不肯随从霍集占等叛乱，避居布噜特。乾隆二十三年（1758）底，兆惠攻打回部，在黑水营被围，香妃的五叔额色尹与胞兄图尔都都曾联络布噜特人（清代对柯尔克孜族的称谓）进攻喀什噶尔，以声援清军。

史载："乾隆二十三年，闻大军征霍集占，抵叶尔羌。霍集占抗诸喀喇乌苏，（图尔都）阴以布噜特兵，从额色尹，攻喀什噶尔，分贼势。"额色尹、图尔都与布噜特兵配合作战，使布拉尼敦不得不分兵回援喀什噶尔，从而减轻了黑水营清军的压力。平定回疆后，清廷论功行赏，给予优遇。但是额色尹等系和卓家族，清廷怕他们留在回疆，以和卓名义，鼓动回众，再生事端。如兆惠所说："因思伊等系霍集占同族，又与布噜特相契，恐回人等又以伊等为和卓，妄行敬信。"这样令额色尹等上京入觐，趁机将其合族迁居北京。

这次从新疆迁京的回部上层人物甚多，除额色尹家族外，尚有功高势盛的霍集斯家族。霍集斯曾生擒达瓦齐，说降和阗，转战黑水营，追敌至巴达克山，立下重大功劳，但清廷还是不放心他留居故土，令其入觐。启行后，即强制将他全家分批迁移北京。乾隆二十四年十二月二十三日 (1760年2月9日) 有一道谕旨：

> 从前密谕办送霍集斯及诸子来京者，恐其仍居旧地，或滋事端。今霍集斯既情愿入觐，而沿途行走情形，又毫无可疑，则伊来京后自必加以恩赏，俾得安居。此时漠咱帕尔 (霍集斯之子) 等尚须办理起程，并传谕舒赫德等，遵照节次谕旨，毋使长途劳苦。伊等起程后，则所查霍集斯之家口，不妨明白晓示，以霍集斯蒙恩旨留京，来取家属团聚，务宜供给饶裕，加意照看。盖伊等非获罪之人籍没家产者可比，所有积蓄俱一同办送，仍约束兵丁回人，毋许妄行偷窃，其田园房屋，亦应变价给赏，以资生计。

由此可见，这次回部上层的迁京是遵旨行事，并非自愿，而且分批迁徙，做了诸多的防范。额色尹家族迁京与霍集斯家族为同时，情况亦相类似。额色尹身为和卓家族的成员，其境更处于危疑之地，额色尹于乾隆二十四年 (1759) 九月先晋京入觐，图尔都则于十二月到京。

这时乾隆帝给兆惠的谕令是："除兆惠所奏现在送京之图尔都和卓外，仍将伊等家口送京。其玛木特 (系额色尹之侄，香妃之堂兄) 之子巴巴和卓，兆惠等回京时亦即同来。"可见额色尹、图尔都之家口，包括额色尹之孙辈巴巴和卓在内，是与兆惠一同回京的。兆惠班师回京已在二十五年 (1760) 的二月底，但香妃来京略早，可能是和他的哥哥图尔都同行。据宫中《内廷赏赐例二》，乾隆二十五年二月初四日新封和贵人，赏赐珍珠、首饰、金银、缎袭等物。又据《哈密瓜、蜜荔枝底簿》，当年六月十九日，皇帝进皇太后及赏赐皇后等十八人荔枝，即有和贵人在内，名列倒数第二，在瑞贵人之前。同时，香妃的叔叔额色尹被封辅国公，哥哥图尔都，被封一等台吉。香妃入宫不久，乾隆帝即将宫内女子巴朗赐给图尔都为妻。乾隆二十七年 (1762) 五月，和贵人晋封容嫔，图尔都追论攻喀什噶尔功，晋封辅国公。

乾隆帝对于这批回部上层，一方面不放心其留在故土，聚众造反，是以把和卓家族、霍集斯家族移居京师，隐含隔离监视之意；另一方面又尽量笼络，给他们加官晋爵，赏赐财物。这正是乾隆帝恩威并用政策的体现。纳其女为妃，以及保护先世和卓的坟墓，都是他民族政策的组成部分。而直至乾隆三十年，乾隆帝笼络回部贵族的热忱依旧不减。

就在初八日之前不几天，乾隆帝于西苑紫光阁曲宴外藩并回部人士。为此他还作了御制诗，云：

> 值岁外藩入觐颜，新增伯克序年班。
>
> 四方来贺诚非易，三接推恩未可删。
>
> 筐篚两厢颁等第，鱼龙百戏斗斑斓。
>
> 西师绘壁思群力，敢曰折冲尊俎间。

《紫光阁赐宴图卷》

故宫博物院藏

从诗中看，又是宴膳，又是杂戏，又是赏银，又是赐爵，又以西师绘壁来震慑，乾隆帝可真是极尽羁縻、怀柔之术。

听到太监的招呼，香妃稍事修饰，太监持灯笼在前面导路，贴身的侍女在后面护送，就这样进入养心殿的偏房。这里早有准备，盥洗梳妆一番，脱掉衣服，摘去头饰，喊声"承旨"，于是裹上缎被由太监背到寝殿。这叫作"背宫"。

养心殿后殿东西耳房和东西两厢围房正当此用，东耳房现在有匾，名体顺堂，西耳房为燕喜堂。体顺堂是皇后来养心殿陪皇上住时临时坐卧的地点，燕喜堂是妃子来养心殿陪宿时临时用的房间。东西围房陈设比较简单，但各物什都十分珍贵，是嫔、贵人、常在、答应等在养心殿侍寝前临时待的地点，里面曾挂有"祥衍宜男""定生贵子"等匾额。香妃所用的临时房屋就在此。

养心殿后殿东稍间便是乾隆帝龙床的所在地。龙床是一座长一丈多的木炕，上设床帐为绸缎夹帐。床帐上有帐檐、飘带，帐内挂有装香料的荷包和香囊，既散发香气，又用以装饰。

中国人使用这种带有床帐的床架的历史可以追溯到魏晋，或者还可以更早一些。东晋大画家顾恺之的画卷《女史箴图》就描绘有这种床。画中的床是一种木制的笼状物，下半部分用硬木做成床体，上半部分为棂格。前面的四块木板中的中间两块像两扇门，朝外敞开，而整个"笼子"立在一个约五尺高的木制棚架上，帐幔从棚顶垂下，放下来后将完全看不清里面。床前是一对说悄悄话的夫妻，丈夫坐床前的凳子上与床架内的妻子谈话。《女史箴图》似乎在告诫人们，一切内事都将在帐幔内进行，并

养心殿体顺堂内景　　　　　　　　　养心殿燕喜堂室内槅扇

养心殿后殿

采自故宫博物院古建部编《故宫博物院藏养心殿历史影像》故宫出版社，2023年

《女史箴图》（局部）

画中的床是一种木板做成的笼状物，下半部是硬木做成的床体，上部分为棂格。

以此作为内外的分界。同时，床帐又是男人施展房中术的绝好天地，据说它能使阳气更易充盈聚合。

到了唐宋，这种床架比以前更像是一个隔开的小间房子。它是一个高度略低于房间的槅段，用带窗格的硬木做成。槅段后面放着垂挂帐幔的床，窗外留有足够的地方放梳妆台和茶几。槅段前面也用帐幔遮掩。这样的床帐式寝卧习惯一直保留到明清，这使中国人的私生活蒙上了一层神秘的色彩。

龙床上的被褥均用绸缎绣花面，铺的是大红毡、明黄毯。褥子、床单、幔帐、绣花被，都是由江宁、苏州、杭州"江南三织造"特供的。枕头为长方体。卧床的四周通体镶嵌玻璃水银镜。龙床两头，各有一个槅扇门，门内为一个很小的空间。其中东头的为乾隆帝更衣、沐浴所用，现在还能看到皇帝用过的长圆形藤编髹朱漆描金澡盆。其西头为化妆室，里面便是乾隆帝用"官房"处。"官房"就是民间所说的便盆。皇上的"官房"是银制的，上面有绸面的软垫。乾隆帝习惯于在入寝前用官房。

官房的盆内盛着香木的细末，要干松而蓬蓬，既不能多，也不能少，粪便下坠后，立即滚入香木末里，被香木末包起来，根本看不见秽物，更不会有异味散出。

乾隆帝说一声"传官房"，随时等待传唤的太监把用黄云龙套包着的官房恭恭敬敬地顶在头上，送到净房，请跪安，然后把黄云龙套迅速打开，把官房请出来。片刻之间，早有另外的太监赶紧去取油布，把地面铺起来，约二尺见方，官房就放置在油布上。与此同时，乾隆帝宽衣解带，坐在官房上从容溲便。一切完毕，官房由专司太监再用黄云龙套装好，头顶回去，清除粪便，重新擦抹干净，再填充香木末备用。经炭灰处理之后的粪便，每天定时运到宫外，不得滞留。

用完官房，乾隆帝在太监的伺候下，进行洗漱，然后进入寝宫。寝宫屋外廊下地炕口烧着柴，热气通过室内砖面下的烟道送入寝宫，加上室内地面铺有毡毯，并摆有许多烧炭的火盆，室里早已是暖融融的。

洗漱之后，乾隆帝于龙床对面的炕榻上盘腿而坐。满族人习惯于在炕榻上小憩，炕榻上摆着矮腿的桌子，这是一台紫檀嵌螺钿大理石心炕桌。大理石因盛产于中国云南大理而得名，其纹理呈云状，飘忽自然，白中间灰的石料与紫里透黑的木料相间相映，繁缛的螺钿则在烛光下闪闪发光，显得异常华美。

乾隆款画珐琅西洋人物图鼻烟壶

乾隆帝手拿一只精美的鼻烟壶，取鼻烟抹在鼻孔处，然后深深地吸了两下，其浓辣的气味令乾隆帝精神顿爽。这鼻烟的做法是将烟叶去了茎，然后磨成粉，再经发酵，或加香料而制成。当时由广东进贡而来，其市面的价格相当昂贵，更不用说是御用品了，而乾隆帝恰好之。

稍憩之后，乾隆帝开始宽衣，头东脚西顺卧于龙床之上。乾隆帝入被后，将偌大的明黄龙云被向胸部提拽，直至将两只脚露在被外。

少顷，太监已将香妃背到御榻前，包裹在香妃身上的缎被已滑落下来，香妃的胴体在殷殷的烛光下，显得丰肌秀骨，如筑脂刻玉一般。

香妃之美貌与中原女子迥异，她呈蔚蓝的目瞳在灯烛下显得目波澄鲜，棕黄的秀发随身动而如风卷霞云，其朱唇皓齿，修耳悬鼻自不在话下，更有酥胸高耸，束腰肥臀。若是民间男子早已是按捺不住，欲火中烧，然而乾隆帝却静静地躺在床上，闭目养神。

香妃低声说了声"皇上圣祥"，便伏身上床，匍匐到乾隆帝的脚下。与此同时，太监将幔帐放下，然后退出寝宫，在门口跪安。幔帐一经放下，帐内一下子与屋内的烛光隔离，变得更加昏暗，然而在香妃眼前却闪现出四射的用肉眼看不到的光芒。她寻光而去，掀开皇上脚上的被子，从脚下开始向前钻，紧张使细细的香汗润湿了手心。她把手半握着，以拳支撑着身体在皇上的身上慢慢向里爬，而乾隆帝却将被子扶在胸前，一动不动。香妃既不敢伏身于皇上身上，又无法起身。她不能意识到此刻自己灵魂内的冲突，这样若即若离了许久，才行男女之事。无怪杜甫制宫词《宿昔》云："宫中行乐秘，少有外人知。"

此刻，香妃娇喘咻咻，从御被中探出头来，吸了一口气。皇上已是五十五岁的人了，他深谙房中术，香妃早已是色变声颤，慢眼而横波入鬓，梳低而半月临肩。

正当二人暖滑淳淳之时，屋外已传来太监公鸭嗓"时辰到"的呼叫声。这是宫中的规矩，皇上临幸较低等级的嫔妃，嫔妃必须在一定的时辰内离开寝宫，为的是皇上的龙体。这无疑是十分扫兴的，曾引得无尽的千古哀怨。

这样的呼喊隔一刻时而如是三遍，假如寝宫内没有应答，呼声将更烈。这是古老的宫规，也是祖上的家法，皇上也奈何不得，只好云散雨收，令太监入寝宫将香妃背回围房，稍事休息再回后宫。

皇上金口玉言，接容嫔娘娘还宫的旨命即出，背香妃的太监已候在龙床的幔帐前。香妃知道这将是无法挽回的，沮丧的心情已到了极点。她伏在皇上的耳边，柔情喃喃地说了声："妾愿随皇上往巡江南。"

乾隆帝似乎意识到香妃的情意，拉着那即去的玉手，回应道："朕知道了。"花卉膏沐的芬芳，似转瞬即逝的云烟，又陷入深深夜色之中。

乾隆三十年正月十六日，乾隆帝驾幸江南，同行的有：皇后、令贵妃、庆妃、容嫔、永常在、宁常在六位。从养心殿东暖阁出发，经黄新庄行宫、涿州行宫、紫泉行宫、赵北口行宫、思贤村行宫、太平庄行宫、红杏园行宫、绛河行宫、新庄行宫、德州恩泉行宫、李刘庄大营、晏子祠行宫、潘村大营、灵岩寺行宫、小新庄大营、四贤祠行宫、中水大营、泉林寺行宫、永安庄大营、万松山行宫、孟家泉大营、郯子花园行宫、龙泉庄大营、顺河集行宫、林家庄大营、陈家庄大营、徐家庄大营……天宁寺行宫、高旻寺行宫、金山寺行宫、苏州府行宫、灵岩山行宫、上方山行宫、杭州府行宫、西湖行宫、赣州府行宫、栖霞行宫、江宁府行宫、金山行宫……一路阅尽湖光山色，极尽人间富贵。

由于容嫔出身回部，乾隆帝特别遵照伊斯兰教习俗赏赐给她的御膳有：涿州饼子一品、祭神糕一品、米面一品、馓子一品、奶酥油野鸭子一品、羊肚片一品、甑尔糕一品、羊他他士一品、野鸭子一品、油煤果一品、羊肚一品、小馍馍一品、茄干一品、羊渣古一品、锅塌鸡一品、腌菜炒春笋一品、四样小菜一品、羊肉他他士一品、腌菜炒莴笋一品、萝卜干一品、羊肉丝一品、折尖一品、爆肚子一品、糟鸭子一品、糟萝卜一品、腌菜叶炒燕笋一品、烩糟鸡一品、炒燕笋一品、豆豉一品、千层糕一品、豆腐干一品、苏州糕一品、炖羊肉一品、拌菝茉菜一品、梨丝拌菝茉菜一品、老虎菜一品、晾狍肉一品、酒炖羊肉一品、爆炒鸡一品、西尔查一品、羊西尔占一品、炸八件鸡一品、酸菜丝一品、鹿筋羊肉一品、豆豉鸡一品、鸭鸡蛋一个、野鸡沫一品、鹿尾一品、五香羊肉一品、羊肉丝炖酸菜丝一品、锅炖羊肉一品、火烧一品、羊肠汤一品、炖水萝卜一品、酸辣羊肚一品、面筋一品、奶子饽饽一品、野鸡他他士一品、烹炸肝肠一品、糖醋萝卜一品、青韭烩银丝一品、攒盘肉一品、笋丝一品、碎剁野鸭一品、拌老虎菜羊肉攒盘一品、羊肉炖萝卜一品、糖醋锅渣一品、榛子酱一品、羊肉炒豆瓣一品、奶子饭一品、绿豆一品、托火里额芬一品、廖花一品、水烹绿豆菜一品等。

乾隆三十三年 (1768) 六月初五上谕，奉皇太后懿旨：容嫔着封为妃。所有应行典礼，各级衙门察例具奏。十月初六日，命大学士尹继善为正使，内阁学士迈拉逊为副使，持节册封容嫔为容妃。册文曰：

朕惟祎褕著媺，克襄雅化于二南，纶绰宣恩，宜备崇班于九御。爰申茂典，式晋荣封。尔容嫔霍卓氏，端谨持躬，柔嘉表则。秉小心而有恪，久勤服侍于慈闱，供内职以无违，夙协箴规于女史。兹奉皇太后慈谕，册封尔为容妃。尚其仰承锡命，勖令德以长绥，祗荷褒嘉，劭芳徽于益懋。钦哉！

一颗柔弱的心灵便如此在幽幽的宫禁之中随波逐流了。

缅怀孝贤皇后

乾隆帝在其青壮之年，似乎曾有过这样的一个计划：他与众多的嫔妃以及更低等级的侍妾交媾并炼得更多的滋养，元气臻于极限，使他的元配皇后最容易怀上结实聪明的皇位继承人时，他才与皇后交媾。这项计划曾在短时间内获得了成功，他先后得到了两个嫡生皇子。

然而天公不作美，乾隆帝的计划很快就落空了，两位曾被寄以储君期望的皇子都不幸夭折。就在小嫡子永琮归天之后，丧子的悲痛也夺去了其母孝贤皇后的生命。这曾使乾隆帝的情感世界陷于崩溃的边缘。

即使此后在他的龙床上有过无数的丰肌秀骨、娉婷娇态，但却无法弥补由于失去结发贤妻孝贤皇后而生的那种落寞。在乾隆帝后来的漫长人生中，再也没有一位后妃能像孝贤皇后那样抚慰皇帝那孤寂的、焦躁不安的心了。他又有过皇后，也不乏年轻貌美的妃嫔、贵人、常在、答应，他和她们或许有性欲的游戏，但他已永远地失去了情爱与性爱和谐融为一体的家庭生活。乾隆五十五年 (1790)，皇上谒东陵时曾亲往孝贤皇后陵前，表白了一个心愿：

◀ 丁观鹏《宫妃话宠图》
故宫博物院藏

329

三秋别忽尔，一晌奠酸然。

追忆居中闱，深宜称孝贤。

平生难尽述，百岁妄希延。

夏日冬之夜，远期只廿年。

这一年，乾隆帝整整八十岁，向已成冢中白骨的爱妻诉说，自己不想活到一百岁，与之相会之期再远也不会超过二十年！

乾隆六十年 (1795)，已是八十五岁高龄的老皇帝又一次亲往孝贤皇后陵前酹酒三爵，当场赋诗一首，其结句是："齐年率归室，乔寿有何欢？"再次表达了甘愿早期与另一世界的孝贤皇后重聚。嘉庆元年 (1796) 春，刚刚归政的太上皇帝携子嘉庆帝再次前往孝贤皇后陵前祭奠，望着陵前高大葱郁的松林，他不禁又回忆起四十八年前那令人心碎的日子。太上皇帝留下了伤感的诗句：

吉地临旋跸，种松茂入云。

暮春中浣忆，四十八年分。

在此句的后面，太上皇自注云："孝贤皇后于戊辰大故，偕老愿虚，不堪追忆！"这是何等的情怀，由此可见孝贤皇后在乾隆帝心中的位置。

孝贤皇后富察氏，是察哈尔总管李荣保之女，大学士马齐的侄女。富察氏是满洲望族之一。雍正五年 (1727) 七月十八日，雍正皇帝特选名门闺秀富察氏为皇四子弘历的嫡福晋。鉴于当时早已密定弘历为皇太子，因此，嫡福晋自然就是未来的一国之母——皇后。毫无疑义，雍正帝是经过了深思熟虑而决定的这门亲事，其必然带有浓厚的政治色彩。皇四子弘历和富察氏恰似一对天造地设的夫妻，富察氏刚过门时十六岁，比弘历小一岁，小夫妻的生活过得美满和睦。婚后第二年，富察氏诞育了弘历的第二子，皇父雍正帝特意亲自命名"永琏"，有让弘历嫡子永琏日后承接神器的深意。乾隆二年十二月初四日（1738年1月23日），雍正帝去世二十七个月的孝期已满，新君乾隆帝三年服阕，遂举行隆重的册立皇后大典。册文中说：

孝贤皇后画像

"尔嫡妃富察氏，钟祥勋族，秉教名宗。"富察氏居中宫之位以来，乾隆帝越发体察贤妻举止言行得宜，是自己治理天下再好不过的贤内助。

皇后虽是大家闺秀，平素在宫中却不过以通草绒花为饰，并不稀罕珠宝翠玉。乾隆十二年（1747）秋天去塞外行围时，乾隆帝无意间对皇后谈及关外旧俗，说帝业初创，百物难觅，衣袖的装饰不过鹿尾氄毛缘边，哪里谈得上什么金线银线。没想到皇后记在心上，日后竟用鹿羔毧毢做了一个燧囊献给皇上，意在提示皇上处处不忘满洲本色。此举甚合乾隆帝心意，他十分珍爱皇后亲手制作的燧囊，一直带在身上。

乾隆初年，北方连年亢旱，皇帝有"十年九忧旱"的慨叹。当时最了解皇帝无日不以雨旸为念的，莫过于皇后。她与乾隆帝旸旱而同忧，雨雪而同喜，真称得上休戚与共。皇后平时办事有条不紊，而且待下宽慈，宫中上上下下没有不称道皇后美德的。六宫宁谧和谐，则乾隆帝无后顾之忧。如此种种，使乾隆帝对皇后深怀感激之情。

　　乾隆帝如何钟爱皇后富察氏与两位早逝的嫡生皇子，已不必再说，却说皇后之死为乾隆帝带来的悲恸与无尽的缅怀。

　　乾隆十二年 (1747) 除夕，千家万户沉浸在辞旧迎新的欢乐之中，皇宫却是一片死寂。出世不满两岁的皇七子永琮竟因出痘而亡，皇后因爱子再遭夭折，终至一病不起。皇帝破例赐永琮为"悼敏皇子"，命礼部从优办理一切丧仪。此时距拟议中的东巡启銮日期不过一个月光景，皇帝深知皇后体质素弱，又以幼子夭折，悲恸不已，因此对她是否随行东巡，一时颇难下决断。而恰在此时，钦天监又奏陈："客星见离宫，占属中宫有眚。"

　　离宫即天上的离宫六星。乾隆十二三年之交，一颗忽明忽暗、时隐时现的所谓"客星"出现在离宫六星之中，是为天象异常，占星家们以为它预示着中宫皇后将有祸殃临头。乾隆帝对钦天监官员的说法十分警觉，然而在表面上却以"皇后新丧爱子"加以解释。而客星的的确确在十几天后就完全消失了，皇后的病在御医们悉心调理之下，也日见起色。这样，乾隆帝随之将"客星见离宫"云云置诸脑后了。

　　同时，皇后十分虔诚地告诉乾隆帝，她在病中时时梦见碧霞元君在召唤她。她已经许下心愿，病好后定亲往泰山还愿。皇帝知道碧霞元君是传说中的泰山神女，宋真宗东封，曾命于泰山顶上建昭真祠，封她为天仙玉女碧霞元君。瞻礼碧霞祖庭已安排在东巡的日程上。所以乾隆帝答应了皇后的要求，同时还告诉她，自己也要亲往碧霞宫拈香，为皇后祈福，祝皇后身体康健，早诞贵子。

乾隆十三年 (1748) 二月初四日，是钦天监遵旨择定的出巡吉日良辰。乾隆帝一身征衣，端坐在轻舆中，随后是两驾凤舆，载着皇太后和皇后，以九龙华盖为先导，骑驾卤簿依次前进，从京师启銮随发。留京的王公百官则在料峭的寒风中彩服跪送。

二月二十二日，东巡的车驾驻跸距曲阜两日程的河源屯，适

弘历及妃古装像

有研究指出，所谓弘历妃实为孝贤皇后。

逢皇后三十七岁生辰，乾隆帝在御幄设宴，庆祝皇后千秋令节。二十四日驾临曲阜，翌日皇帝前往孔庙行"释奠礼"，第三天又恭谒先圣墓地——孔林，酹酒行礼。朝圣结束后，皇帝与皇后又要奉皇太后登泰山。一大早皇帝先去岱岳庙致祭，随即会同皇后奉迎皇太后銮舆从岱宗坊出发登山。这一天，皇后的精神出奇地好，脸上泛出久已不见的红晕。登临泰山后，在碧霞宫，帝后二人久久盘桓，不忍离去。当晚乾隆帝住宿泰山之巅，并以《夜宿岱顶》为题，赋诗二首：

> 攀跻凌岳顶，仆役亦已劳。
>
> 行宫恰数宇，旧筑山之坳。
>
> 迥与天为邻，潇然云作巢。
>
> 依栏俯岱松，凭窗盼齐郊。
>
> 于焉此休息，意外得所遭。
>
> 恭诵对月诗，徘徊惜清宵。
>
>
> 傍晚云雾收，近宵星斗朗。
>
> 仙籁下笙竽，天花入帷幌。
>
> 神心相妙达，今古一俯仰。
>
> 始遇有宿缘，初地惬真赏。
>
> 清梦不可得，求仙果痴想。

从泰山前往济南的途中，乾隆帝一直处于"攀跻凌岳顶"的兴奋心情。三月初三日一场新雪也引得他心情欢快，诗兴盎然。然而，身体衰弱至极的皇后却经不起伴随这场春雪而来的寒流的袭击，她真的一病不起了。乾隆帝闻讯，立即决定停止按程赶路，就近在济南府驻跸，以便皇后调养。

皇上行宫在济南名胜大明湖之北，庭宇宽敞，风景如画。三月初四日皇后被安顿下来，初七日清明节，皇上仍无回銮之意，随扈大臣和山东巡抚阿里衮只好奏请皇上再次临幸趵突泉。深识大体又心地善良的皇后不愿因自己而贻误皇上的国家重务，更不忍心拖累归心似箭的随扈人众，所以一再促请皇上旋銮北还。乾隆帝沉吟良久，才下令初八日奉皇太后回銮。

从济南到德州四天的行程颠簸，皇后的病势还算平稳。三月十一日午时，皇太后、皇后先行登上停泊在运河边上的御舟，随后乾隆帝驾临德州月城水次。当天日落之前，悲风骤起，夕阳惨淡。德州月城下运河岸边跪满了面色凝重的随扈王公大臣以及山东、直隶两省送驾、迎驾的大小官吏。皇后病势突然转剧的消息不胫而走，大小臣工闻讯齐集青雀舫旁，遥跪请安。戌末时分，皇后已经进入弥留之际，乾隆帝俯身紧握蓝幄边垂下的玉手，凝视着皇后苍白、安详、端庄的脸庞，悲痛莫名，但无能为力。亥刻，当新的一天即将来临之时，皇后富察氏终于弃屣仙逝。

乾隆帝抑制着内心的悲痛，立即前往皇太后御舟奏闻，当二人赶到时，皇三女和敬公主已扑倒在母亲身上嚎哭不止。见此情景，皇太后与皇上都不禁潸然泪下。皇后走得太突然了，皇上无论如何也不能接受与自己恩爱二十二年的贤妻就这样永远天人永隔的事实，他深深地感受到一种从未经历过的锥心之痛。

次日乾隆帝便在停泊于运河旁边的青雀舫上写下了痛悼大行皇后的挽诗：

恩情廿二载，内治十三年。

忽作春风梦，偏于旅岸边。

圣慈深忆孝，宫壸尽钦贤。

忍诵关雎什，朱琴已断弦。

夏日冬之夜，归于纵有期。

半生成永诀，一见定何时？

袆服惊空设，兰帷此尚垂。

回思相对坐，忍泪惜娇儿。

愁喜惟予共，寒暄无刻忘。

绝伦轶巾帼，遗泽感嫔嫱。

一女悲何恃，双男痛早亡。

不堪重忆旧，掷笔黯神伤！

　　宁静惬意的人生旅途对于还未到不惑之年的乾隆帝来说，似乎已经走到了终点。在今后千千万万的夏日冬夜里，他只能在梦

弘历行书《大行皇后挽诗》

幻中与皇后相见。

乾隆帝为皇后富察氏举行了隆重的丧仪，并向全国公布了噩耗，谕示天下：

> 皇后同朕奉皇太后东巡，诸礼已毕，忽在济南微感寒疾，将息数天，已觉渐愈，诚恐久驻劳众，重廑圣母之念，劝朕回銮；朕亦以肤疴已瘥，途次亦可将息，因命车驾还京。今至德州水程，忽遭变故。言念大行皇后乃皇考恩命作配朕躬，二十二年以来，诚敬皇考，孝奉圣母，事朕尽礼，待下极仁，此亦宫中府中所尽知者。今在舟行，值此事故，永失内佐，痛何忍言！昔古帝王尚有因巡方而殂落在外者，况皇后随朕事圣母膝下，仙逝于此，亦所愉快。一应典礼，至京举行。布告天下，咸使闻知。

按照总理丧仪王大臣所议，乾隆帝辍朝九日，仍循以日易月之制，服缟二十七日；妃嫔、皇子、公主服白布孝服，皇子截发辫，皇子福晋剪发；亲王以下，凡有顶戴的满汉文武大臣一律百日后才准剃头；停止嫁娶作乐二十七天；京中所有军民，男去冠缨，女去耳环。而且各省文武官员从奉到谕旨之日为始，摘除冠上的红缨，齐集公所，哭临三日，百日内不准剃头，持服穿孝的二十七天内，停止音乐嫁娶；一般军民，则摘冠缨七日，在此期间，亦不嫁娶，不作乐。天下臣民一律为国母故世而服丧，就清朝而言，尚属空前。

为了筹措孝贤皇后的葬礼，乾隆帝不惜耗费钱财，大兴土木。乾隆帝是三月十七日奉大行皇后梓宫[1]回京的，三月二十五日即谕令恭办丧礼处向户部支领白银三十万两，以备应用。同日，孝贤皇后的金棺从长春宫移至景山观德殿。观德殿在景山之北，是帝后梓宫出宫之后停放棺木之处。孝贤皇后死后，乾隆帝即下令挪盖观德殿。在金棺奉安观德殿期间，挪盖工程始终未停，直到乾隆十三年 (1748) 十月初七日移灵至静安庄，工程仍未结束。进入隆冬之后，因天寒地冻，不便施工，只得暂行停止，直到十四年春融之后，才继续施工完毕。

观德殿挪盖工程包括新建宫门、添盖净房、铺墁甬道、海墁散水、添砌墙等项，共用工匠八千二百四十二人，各作壮夫九千五百九十三人，通共销算白银九千六百余两。

静安庄是帝后梓宫移出观德殿之后、埋葬地宫以前停放棺木之所。静安庄本来已有殿堂，因规模较小，乾隆帝下令扩建。共新建殿宇房间三百三十八间，消耗白银九万一千三百余两。十三年 (1748) 四月二十二日，乾隆帝曾亲至静安庄工地阅视，唯恐不合己意。

至于东陵胜水峪的地宫，是乾隆帝日后的陵寝所在。孝贤皇后死时，胜水峪地宫工程正紧张进行。十四年 (1749) 三月，乾隆帝以金川平定为由告祭东西陵；十五年 (1750) 巡幸嵩洛，恭谒东西陵；十七年 (1752) 二月恭谒东陵。每次乾隆帝都乘谒陵之便，亲临胜水峪阅视陵寝工程。

十七年 (1752) 十月二十二日，孝贤皇后奉安胜水峪地宫前五

1 　皇帝、皇后的棺材。因其用稀有的梓木（或楠木）制成，故名。

日，乾隆帝骑马出东华门，车轿兼乘，再次恭谒东陵，参与孝贤皇后奉安地宫礼。十月二十五日晨，恭谒各陵之后，乾隆帝乘轿来到胜水峪，对"万年吉地"工程的宏整坚固，非常满意，当即谕令总理胜水峪工程的德尔敏补授工部右侍郎。十月二十七日，孝贤皇后奉安地宫。乾隆帝穿着素服，从隆福寺行宫出发，乘八人暖轿，来到了胜水峪，在孝贤皇后陵前最后奠酒举哀，看着皇后金棺慢慢下入地宫。

丧礼完毕，乾隆帝又立即下令设立"孝贤皇后陵寝总管衙门"。至此，孝贤皇后丧仪才落下了最后一幕。

除了这些隆重的礼仪之外，乾隆帝还写下了很多篇悼亡诗，收入《御制诗集》者即不下百数十首，堪称乾隆帝一生四万余首诗中最见真情的上乘之作。而在孝贤皇后丧满百日时，饱蘸着哀痛写成的《述悲赋》，更具有催人泪下的震撼力：

> 嗟予命之不辰兮，痛元嫡之连弃。致黯然以内伤兮，遂邈尔而长逝。抚诸子如一出兮，岂彼此之分视？值乖舛之叠遘兮，谁不增夫怨恚？况顾予之伤悼兮，更恍恨而切意。尚强欢以相慰兮，每禁情而制泪。制泪兮泪滴襟，强欢兮欢匪心。聿当春而启銮，随予驾以东临。抱轻疾兮念众劳，促归程兮变故遭。登画舫兮陈翟褕，由潞河兮还内朝。去内朝兮时未几，致邂逅兮怨无已。切自尤兮不可追，论生平兮定于此。影与形兮难去一，居忽忽兮如有失。对嫔嫱兮想芳型，顾和敬兮怜弱质。望湘浦兮何先徂？求北海兮乏神术。循丧仪兮怆徒然，例展禽兮谥"孝贤"。思遗徽之莫尽兮，诅两字之能宣？包四德而首出兮，谓庶几其可传。惊时序之代谢

兮，届十旬而迅如。睹新昌而增恸兮，陈旧物而忆初。亦有时而暂弭兮，旋触绪而欷歔。信人生之如梦兮，了万事之皆虚。呜呼！悲莫悲兮生别离，失内佐兮孰予随？入椒房兮阒寂，披凤幄兮空垂。春风秋月兮尽于此已，夏日冬夜兮知复何时？

乾隆三十年，孝贤皇后已死去十七年，乾隆帝第四次南巡，路过济南，绕城而行。作《四依皇祖南巡过济南韵》，云：

> 济南四度不入城，恐防一入百悲生。
>
> 春三月昔分偏剧，十七年过恨未平。

由此，三十年正月，乾隆帝对亡妻的缅怀之情也有所知矣。

天性至孝的皇帝

最令乾隆帝在心中与之引起共鸣的，是皇后非常孝敬乾隆帝生母崇庆皇太后。皇后生性仁孝，乾隆帝日理万机，问安视膳难免有不周之处，皇后却总能代皇上尽到孝养之心。每逢年节伏腊，乾隆帝总把生母接到圆明园中的长春仙馆。这本是雍正年间皇父赐给他居园时的住处，乾隆帝即位后，这里仍为皇后在圆明园时的宴息之所。每当婆母来时，婆媳俩融融洽洽，胜似一对亲母女。皇太后好动，喜欢热闹，皇后总是变着法儿让老太太高兴，又不失分寸。有这样一个既孝且贤的好妻子，乾隆帝深深感到家庭生活的和谐美满。

每每乾隆帝缅怀贤妻，总要赞美她的孝德。《述悲赋》中有这样几句:"循丧仪兮怆徒然,例展禽兮谥'孝贤'。思遗徽之莫尽兮,讵两字之能宣?包四德而首出兮,谓庶几其可传。"乾隆帝不顾赐谥皆由大学士酌拟合适字样奏请钦定的惯例,而破例径自降旨定大行皇后谥号为"孝贤"。其由来之一是,乾隆十年(1745)为去世的慧贤皇贵妃高佳氏定谥时,皇后曾对乾隆帝说:"我异日想以'孝贤'为谥,不知是否可以?"这是皇后在世时的心愿,并不为外人所知。因此,皇帝亲定"孝贤"为谥,在他看来,是夫妇相知最深。皇后对圣母皇太后最孝,对自己最贤,"孝贤"二字,最资征信,绝非私恩偏爱,这是其他任何人无法替代的一种真情实感。

孝贤皇后去世次日的那首御制诗中亦有"圣慈深忆孝,宫壸尽钦贤"之句。在公布皇后噩耗的谕旨中也有"诚敬皇考,孝奉圣母"之辞。在后来的怀旧诗中,这样的内容也屡屡出现。

乾隆帝天性至孝的心态与其生母出身微卑不无关系。据传,乾隆帝生母崇庆皇太后钮祜禄氏,即孝圣宪皇后,娘家居承德城中,家贫而无奴婢。在她六七岁上,父母遣诣市卖浆酒粟面。所至,店肆生意辄大盛,市人因异焉。十三岁时入京师,正值中外姊妹当选入宫,随往观之。门者初以为在籍中,既而引见,十人为列,始被察觉之,主持之人因惧怕受到宫中的责备,而令其入末班入选。不想由于她容体端顾,竟在中选之列,被分派到皇四子胤禛的雍亲王府。传雍正帝年青时肃俭勤学,靡有声色侍御之好,与娶来的福晋分房居住,进见有时。有一年的夏天,时为一般皇子的雍正帝染上了流行病,房内的妻姜虽多,却多不愿意接近他,担心被传染。在府中等级很低下的钮祜禄氏奉福晋之命,旦夕于雍正帝身边"服事惟谨",持续有五六旬之久。待到病人痊愈,便将其留在房内作为更为亲近的妻妾。这样生下了乾隆帝弘历。如此传说虽然很难找到过硬的史料加以印证,但皇太后出身寒微则是毋庸置疑的。

据考,乾隆帝的生母大概是康熙帝孝昭皇后与温僖贵妃的远房侄女,在其出世之际,这一支裔已属式微,近族中没有著名人物。乾隆帝的外祖父凌柱仅是四品典仪,是个名不见经传的中下级官吏。钮祜禄氏十三岁时被送进皇四子胤禛府内,胤禛当时是个贝勒,她成了贝勒府中一位平凡的格格。雍正帝从亲王到皇帝,可以举出姓氏的后妃共有九人,即乌拉纳喇氏、钮祜禄氏、年氏、耿氏、李氏、刘氏、武氏、宋氏、李氏。在乾隆帝出生之前,为雍正帝生儿育女的妻妾有:乌拉纳喇氏于康熙三十六年 (1697) 三月二十六日生长子弘晖 (死于康熙四十三年六月六日)。侧妃李氏于康熙三十六年六月初二日生弘昐 (康熙三十八年二月二十九日死,未排行);康熙三十九年 (1700) 八月初七日生第二子弘昀 (死于康熙四十九年十月二十五日);康熙四十三年 (1704) 二月十三日生第三子弘时。乾隆帝出生前,雍亲王府里曾有过四男三女,除去早逝的,尚有一子与一女,子即三子弘时,身为格格的钮祜禄氏入府七年后于康熙五十年 (1711) 才生下了弘历。

在封建宫廷内,妻以夫荣,母以子贵。因弘历受宠,康熙帝见到这位以前从未谋面的儿媳时,竟连声称赞她是"有福之人"。随着雍正帝、乾隆帝相继登上帝位,这位原来卑微的贝勒府格格,地位也逐步上升。雍正帝即位,她被封为熹妃和熹贵妃。乾隆帝即位,她又被尊为皇太后,徽号崇庆皇太后。而在其被康熙帝称为"有福之人"前，在雍亲王府中忍气吞声、寄人篱下的岁月才真正冶炼了乾隆帝日后的孝心。

同时，由于雍正时期十分尖锐的皇室内部矛盾，乾隆帝提倡"以孝治天下"，对于宗室中的长辈，撰拟册立时不称"尔某"以示"敬长之意"。对于孀居紫禁城内的康熙、雍正两代皇帝的几个妃子，因为她们和藩邸在外的子孙见面极少，则

崇庆皇太后画像

于岁时伏腊、令节生辰准许各王贝勒迎养于各自府邸，以享天伦之乐。

而对于生母钮祜禄氏，乾隆帝更是孝敬备至。无论是在紫禁城内，还是在圆明园中，乾隆帝总是三天一问安，五天一侍膳，对皇太后可以说是礼敬有加。皇太后的诞辰每每大事庆贺，极尽奢侈铺张之能事，比皇上的诞辰还要盛大隆重。

据稗史载，乾隆十六年十一月二十五日（1752年1月11日），为皇太后钮祜禄氏六旬寿诞。时人云，京师西华门至西直门外之高梁桥，十余里中张灯剪彩，铺锦为屋，九华之灯，七宝之座，丹碧相映。每数十步，间一戏台，北调南腔，舞衫歌扇，后部未歇，

前部又迎。游者如置身琼楼玉宇中听霓裳曲、观羽衣舞也。其景物之点缀，有以色绢为山岳状，以锡箔为波涛纹者。甚至一蟠桃大数间屋。此皆粗略，不足道。至如广东所构之翡翠亭，广二三丈，悉以孔雀尾作屋瓦，一亭不啻万眼。湖北所制之黄鹤楼，重檐三层，墙壁皆用玻璃砌成，日光照之，辉煌夺目。浙江出湖镜，则为广榭，中以大圆镜嵌诸藻井之上，四旁则小镜数万，鳞砌成墙。人入其中，一身可化千百亿身，为当时所罕见。以一姓之庆典，而靡费至于如此，固无解于后世之讥。虽说是皇太后母仪天下，至尊至贵，但如此奢侈，已超出常理，似乎是因在雍亲王府地位微卑而形成的压抑心态的一种反弹。

崇庆皇太后万寿庆典（局部）

这在皇太后一份称赞儿子孝道的遗诰中反映得更为显著，其中称："木兰秋狝前期，必奉予幸避暑山庄，以协夏清之礼；新正御园庆节，必奉予驻长春仙馆，以惬宴赏之情。至凡遇万寿大典，必躬自起舞，以申爱敬，每当宫廷侍宴，必亲制诗画，以博欣愉。"皇太后的高寿，一方面使皇帝得到了"八旬王母仍康步，六十六儿微白头"的天伦之乐，另一方面也使乾隆帝将他的孝道推向了极致。

钮祜禄氏身体健康，性情活泼好动，在她身上可以寻找出乾隆帝体魄强壮和性格活跃的遗传基因。乾隆帝巡幸各地、游玩娱乐，总是带着母亲，名义上是"奉皇太后安舆出巡"。这位老太太也乐此不疲，尽管年事已高，又路途遥远，却总是高高兴兴地出外旅游。又由于皇太后恪守祖宗法制，从不干涉儿子的政务，使得皇权独尊，因此也保证了母子之间长期的和睦关系。乾隆帝就在南巡前还作了一首御制《正月十一日延春阁恭奉皇太后观灯即事》诗，云：

> 年年御苑赏花钿，兹近南巡启跸幢。
> 节卜斋前迎凤驭[1]，月先望夕丽天杠。
> 兰珍百品罗琼几，华烛千行照绮窗。
> 高阁延春春信递，骈供慈豫噎祺庞。

老太后的日子真是天天都像过节似的。

乾隆帝在以生母崇庆皇太后为至孝之生养死祭的对象的同时，提出以孝治天下，并以特别挑剔的目光来苛求一切人，以致

---

1 该诗下注曰：以明日始值祈谷大斋云。诗载自《钦定日下旧闻考》卷一七。

很多人，包括自己的家人成了其孝道的牺牲品。

古稀天子的家庭悲剧

乾隆四十五年 (1780) 八月十三日，七十高寿的乾隆帝在承德避暑山庄的澹泊敬诚殿，接受扈从王、公、大臣、官员和蒙古王、公、贝勒、额驸、台吉，以及杜尔伯特汗玛克苏尔札布、土尔扈特汗策凌纳木札勒、乌梁海散秩大臣伊素特、回部郡王霍集斯、金川木坪宣慰司、朝鲜使臣等的庆贺。江苏学政彭元瑞因恭遇皇上七旬万寿，恭制古稀天子之宝，撰进颂册，乾隆帝十分欢喜，对其予以奖赍，并御制《古稀说》一文云：

> 余以今年登七秩，因用杜甫句，刻古稀天子之宝。……古人有言，颂不忘规。兹元瑞之九颂，徒见其颂，而未见其规，在元瑞为得半而失半，然使予观其颂，洋洋自满，遂以为诚若此，则不但失半，又且失全，予何肯如是夫？由斯不自满，歉然若有所不足之意充之，以是为敬天之本，必益凛旦明，毋敢或渝也。以是为法祖之规，必思继前烈，而慎聪听也。以是勤民，庶无始终之变耳。以是典学为实学，以是奋武非黩武，以是筹边非凿空，以是制作非虚饰。若夫用人行政，旰食宵衣，孰不以是为慎修思永之枢机乎。如是而观元瑞之九颂，方且益深予临深履薄之戒，则其颂也，即规也。

> 更惓思之，三代以上弗论矣，三代以下，为天子而寿登古稀者，才得六人，已见之近作矣。至夫得国之正，扩土之

广，臣服之普，民庶之安，虽非大当，可谓小康。且前代所以亡国者，曰强藩，曰外患，曰权臣，曰外戚，曰女谒，曰宦寺，曰奸臣，曰佞幸，今皆无一仿佛者。即所谓得古稀之六帝，元、明二祖，为创业之君，礼乐政刑有未遑焉。其余四帝，予所不足为法，而其时其政，亦岂有若今日哉，是诚古稀而已矣。夫值此古稀者，非上天所赐乎。天赐古稀于予，而予设弗以敬承之，弗励慎终如始之志，以竭力敬天法祖，勤政爱民，古云适百里者半九十，栗栗危惧，诚恐毫荒而有所陨越，将孤天恩，予又何敢如是。然则元瑞九颂，有裨于予者大焉，故为之说如右……

当乾隆帝以年登古稀的千古英君明主自诩时，乾隆三十八年(1773)已完成的秘密立储，或许也能让他暗暗庆幸。然而，回顾家庭，能与他在古稀之年，可亲亲父子之情的皇子已经寥寥无几。

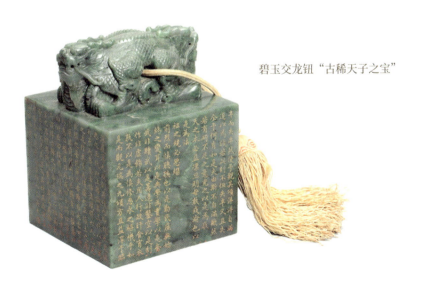

碧玉交龙钮"古稀天子之宝"

这时，十七位皇子中已有十二人逝去，其中未能成人而夭折的就有七人。仅剩的五位皇子中，皇六子永瑢，于乾隆二十四年十二月出继给慎郡王允禧作养孙。皇八子永璇刚愎自用，不为乾隆帝所喜。皇十一子永瑆，天性阴忮，好以权术驭人，又不讲信义，守财如命，显然难承继大统；而乾隆帝深爱其才，常幸其府第，他算是能得暮年父爱的皇子之一。再就是三十八年 (1773) 被选中承继皇位的皇十五子永琰，与不务正业的公子哥儿——永璘。乾隆对永璘"深恶之"。五十五年 (1789)，乾隆帝封永琰为嘉亲王，而却将其同母弟永璘"降封"贝勒。如此看来，能在乾隆古稀之年抚慰其心的只有皇十五子永琰了。另外，乾隆帝还曾有过十位皇女，然而，其中五人死于未成年，到了乾隆帝古稀之年，也只剩下皇三女固伦和敬公主与皇十女固伦和孝公主了。固伦和敬公主为孝贤皇后所出，于十二年 (1747) 下嫁给科尔沁蒙古王公色布腾巴勒珠尔，却仍留住京师，她也死在皇父的前面。固伦和孝公主为乾隆帝六十五岁时所得，在乾隆帝七十岁这一年五月指配给当时的军机大臣、户部尚书和珅之子丰绅殷德，她是乾隆帝晚年的掌上明珠。

在乾隆帝古稀之年，他名义上的四十一位妻室中，皇后与皇贵妃一级的七人已无一人在世，贵妃级的六人中有幸在世四人，妃级的尚有四人。其下的嫔、贵人、常在二十一人中，仍在世的有嫔二人、贵人七人，但无论她们是活着，还是已经亡故，都不曾为皇上诞下一男半女。即便不以级别而论，此间去世的妻妾已有二十五人之多，如果加上去世的皇子十二人，皇女八人，竟有四十五人之多。即在有乾隆纪年以后至四十五年 (1780)，平均一年就有一位亲人去世。

在乾隆家族的这些亡灵中，起码有两个战栗的孤魂是死于他们父亲严酷的孝道。

乾隆十三年 (1748)，孝贤皇后薨逝，乾隆帝陷入极度悲痛之中。皇长子永璜，年轻不懂事，因为死去的不是自己的生母，而没有表现得十分哀痛。这使乾隆帝难以容忍，以至声色俱厉，对永璜严加训斥，说："今遇此大事，大阿哥竟茫然无措，于孝道礼仪，未克尽处甚多。"对永璜的痛加训饬犹不能使乾隆帝平静，又以皇子的一切过失，"皆师傅、谙达[1]平时并未尽心教导之所致"为由，对永璜的师傅、谙达实行处罚。其中和亲王弘昼、大学士来保、侍郎鄂容安各罚俸三年，其他师傅、谙达各罚俸一年。至此，事情还没有结束，乾隆帝对永璜在皇后去世后的表现始终耿耿于怀，不能消释。孝贤皇后之丧刚满百日，乾隆帝又旧事重提，将永璜的罪名升级，将"不孝"之罪名加到了永璜头上，并"显然开示"。他说，对永璜的不孝之罪，"如不显然开示，以彼愚昧之见，必谓母后崩逝，弟兄之内，惟我居长，日后除我之外，谁克肩承重器？遂妄生觊觎。或伊之师傅、谙达、哈哈珠色 (皇子随从小厮)、太监等，亦谓伊有可望，因起僭越之意，均未可定"。乾隆帝就以这样的方式第一次公开地将皇长子永璜排除在皇位继承权之外。

---

1 或作安达、俺答，满语，汉译为友伴。按照清朝的家法，皇子、皇孙六岁起即在上书房读书。教满、蒙文者谓之"内谙达"，教兵马者谓之"外谙达"。每一皇子，各有三员谙达，轮日一人入值。此外有谙达五员，管理马匹鞍鞯，及教习鸟枪弄事，如皇子有事他往，则五员皆随行。

和永璜同时被排斥的还有皇三子永璋。永璋为纯妃苏佳氏所生，乾隆帝曾一度对他产生过好感，寄予希望。但在皇后去世时，十四岁的永璋的表现，同样不能令乾隆帝满意。他指责永璋"全无知识，此次皇后之事，伊于人子之道毫不能尽"。不孝的罪名也加到了永璋的头上，就这样毫不犹豫地将永璋排斥在皇位继承人之外。他断然宣布："此二人断不可承续大统……伊等如此不孝，朕以父子之情，不忍杀伊等，伊等当知保全之恩，安分度日……倘仍不知追悔，尚有非分妄想，则是自干重戾矣！"就这样，两个皇子成了乾隆帝所谓孝道的牺牲品。永璜受此严重斥责后，抑郁寡欢，终至染疾在身。一年以后，即于乾隆十五年(1750)三月十五日命归黄泉，年仅二十三岁。永璋也在惶惧的心态中，于二十五年(1760)死去，年仅二十六岁。

其实，乾隆帝名义上也有两位母亲，他的嫡母是雍正帝的皇后乌拉纳喇氏，内大臣费扬古之女。她于康熙三十六年(1697)生过一个儿子，名弘晖，是弘历的嫡长兄，长他十四岁。如果这个孩子一直健在，以皇后嫡长子之尊，必是帝位的有力竞争者，也许轮不到弘历做继承人。但是弘晖在八岁时病死了。在他这位嫡母寿诞之际，身为皇子的乾隆帝对她敬重有加，曾写过一首祝寿诗，云：

> 蓬莱晓日照金扉，纠缦云成五色辉。
> 觞捧六宫趋彩仗，嵩呼四海仰慈闱。
> 琼筵恭进仙人膳，文锦欢呈玉女衣。
> 叨沐恩勤逢令节，年年拜舞庆春晖。

这首诗不过描写了宫廷庆典的盛况，多为颂扬铺陈的套话，看不出他对嫡母有多深的情感。雍正九年 (1731)，弘历的这位嫡母病逝。其时，弘历二十岁，与后来的大阿哥永璜几乎是同一年龄。雍正帝和这位皇后的感情似乎亦属平常。皇后死时，雍正帝得病，刚刚康复，没有亲临含敛，并以《明会典》载皇后丧仪无亲临祭奠之礼为由，未亲临祭奠，而是由弘历和弟弟弘昼代替父亲，行祭奠之礼。在世皇帝对逝世皇后的态度不同，而使孝道有着截然不同的两种标准。亲历这两场丧仪的弘历，当然懂得亲生母亲与非亲生母亲在子女心中的地位。

也许正因为如此，乾隆帝对皇长子永璜的死，深感悲痛，他亲自临奠，并下谕追封永璜为亲王：

> 皇长子诞自青宫[1]，齿序居长。年逾弱冠，诞毓皇孙，今遘疾薨逝，朕心深为悲悼，宜备成人之礼，着追封亲王，一切丧仪，该部详察典礼具奏。至弥留之际，迁移外所，以便殡殓，虽属内廷向例，但当沉绵疾亟，令其远迁，朕心实有所不忍，况园亭不同大内，着即于皇子所居别室治丧。其亲王爵即令皇长孙绵德承袭。朕今年屡遭哀悼之事，于至情实不能已。

据清史学者周远廉研究，此谕有三点比较突出：一是立即追封永璜为亲王。在乾隆帝的十七个皇子中，有五位皇子早死无封，两位皇子出继，两位死后立即分别被追封太子、郡王，两位早卒以后很久才分别被追封亲王、贝勒。一位封郡王，一位封贝勒，三位封亲王。连孝贤皇后亲生的第二位嫡子，即乾隆帝想预

1　或作东宫。皇太子的宫府，亦可用以代称皇太子。东方色为青，故名。

立为太子的皇七子永琮，卒后也未立予追封，到了乾隆五十二年 (1787) 以后才被追封为亲王，而永璜却立即被追封，可见此举之特殊。二是破例留居治丧。按照宫廷惯例，病人弥留之际须迁至外面，此次永璜却突破旧制，留居别室治丧。三为其子绵德袭封亲王。按清制，除开国军功诸王和雍正帝胤禛特许的怡亲王系世袭罔替外，其他恩封王公皆须按等降袭，原为亲王者，其子降袭为郡王，原为郡王者，其子降袭为贝勒。乾隆帝之皇四子永珹出继履亲王允祹时降袭郡王，皇六子永瑢出继慎郡王允禧时降袭贝勒，而永璜之子绵德，亦即帝之皇长孙，虽系一幼童，却不降袭，立即袭封亲王。这三个与众不同之处表明，乾隆帝对永璜之死是非常悲痛的，因而破例优遇。[1]

在如此悲痛的背后，似乎隐藏着对皇长子的训饬过分严厉而致其早故的悔憾之意。

由此，亦可以说明，乾隆帝的孝道是将儒家礼法置于亲情之上，由于它被视为绝对的准绳，因此是十分苛刻，甚至是残酷的，最终酿成了如此的家庭悲剧。而就对永璜、永璋的过激处分而言，应是乾隆帝心境极度糟糕之下的失常之举，其本源仍然是将孝道绝对化。因此而遭殃的又何止是乾隆帝一个家庭。在这场风波中，乾隆帝抓住皇后丧葬中细微末节的问题，大兴问罪之师，在平静的宦海中掀起了重重波澜。在孝贤皇后死后的半年中，有一百多名大臣或被革职，或被降级，或被罚俸，甚至被处死。有多少家庭上演生离死别的悲剧啊！

---

1   参阅周远廉《乾隆皇帝大传》，第747—748页。

前文已经交代，在这不幸的一年中，有个别的人则是例外。傅恒是个幸运儿，他是孝贤皇后的弟弟，这是他受宠的必备条件之一。另一位则是乌拉纳喇氏，她在此后不久取代了孝贤皇后的位置。

乌拉纳喇皇后

夜深了，宫中静寂无声，乌拉纳喇皇后辗转反侧未能入睡。想着从祖上传下来的老话儿，还有这一天坤宁宫夕祭时的那些幻觉，想着想着，也不知道是什么时辰了，那祈佑的神灵显现在她的眼前。那是长白山天池旁的一棵大柳树，一棵最高最粗壮的柳树，几十个人才能将它围抱起来。这棵大柳树就是佛多妈妈。过了一会儿，佛多妈妈显了原形，她的脑袋长得像片柳叶，两头尖尖，中间宽，绿色的脸上，长着两只如同金鱼般的眼睛。尤其醒目的是她那两个巨大的乳房，有着多少孩子也吃不尽的乳浆，白色的乳浆像泉涌一样。她生育了众多的儿女，一切生灵都出产于那形似柳叶的女阴……突然，巨大的乳房枯瘪了，一滴乳汁也流不出来，柳叶枯萎了，卷缩抽巴成一团，由绿色变成铁黑，又变成灰白……一切都好像死了一样。

乌拉纳喇皇后似睡非睡，她只觉得被子里一片黏汗，浑身如同浸泡在水中一样，终于大叫起来。这是一声划破夜空的凄鸣，似乎没有可与之对话的人语。

这时，门外传来一声"皇后娘娘圣安"，这是值夜太监的探问。皇后没有应答。一切都回复了寂静，死一般的寂静。

几天来，太监和宫女格外警觉，皇后总是在夜里时不时地这么闹腾。

其实，这时皇后正处天癸竭之际。《黄帝内经·素问》中有这样的说法，女子以七年为一个发育阶段，到了七岁左右，肾脏的精气开始旺盛，表现为更换牙齿。头发逐渐茂盛。到了十四左右，对生殖机能有促进作用的物质——"天癸"，成熟并发挥作用，使任脉通畅，冲脉气血旺盛。任脉和冲脉都起源于肾脏之下，而联结到子宫。这两条经脉的通畅和旺盛，表现为月经按时来潮，因而有了生育能力。到了二十一岁左右，肾气充满，表现为长出智齿，所有牙齿长全了，身量也长得够高了。到了二十八岁左右，筋骨坚强有力，肌肉丰满，头发旺盛到了顶点，全身也达到了最健全盛壮的时期。到了三十五岁左右，经过颜面部的阳明经脉气血开始衰减，因而面容开始憔悴，头发也开始脱落。到四十二岁左右，经过头面部的三条阳经气血都衰减了，表现为面容枯憔，并且开始长出白发。到了四十九岁左右，任脉空虚，冲脉的气血衰减，天癸竭尽，所以月经停止，因而身体显出衰老，并且丧失了生育能力。

皇后这时已是年临四十九，正处于此当儿。就在这人将老、色近衰之际，人的心绪又是特别的烦絮。已入衰势的生理状况得不到心理的抚慰，转而加速了生理机能的衰竭，而恶劣的心情又如何能引得皇上的欢心呢？

宫廷里有个传统的规矩，在腊月三十与正月初一、初二这三个晚上，皇后有特权，必须陪伴皇帝就寝。过了这三天，皇帝方可召幸其他的妃子。这曾经是乌拉纳喇皇后的一张王牌，然而在今年——乾隆三十年，皇后与乾隆帝的同房遭受到前所未有的失败。

皇后必定是母仪天下的人物，绝对是一副至尊之相。她天庭开阔，眉清目秀，眼大而含光，微微突起的眼袋呈青灰色，却并不感到多余，反平添了几份贵相。头发黄软，双耳紧贴在头颈部，以相面术而言，定是在人前人后口碑不错的显贵之人，无怪册立她为皇后的诏书上称颂她"孝谨性成，温恭夙著"。其鼻若悬胆而鼻翼狭小，牙齿整洁而不善言表，身态秀美而略带娇姿，一看便知皇后是个性情内向的女人。

三天里，皇上冷淡的态度，使皇后的情绪越发焦躁，却又要强压怒火，索性背对着背，苦熬漫漫长夜，结果是不欢而散。

说起来，皇后是很了解乾隆帝对女色的态度的。乾隆帝在少壮之年，就曾谕示天下："朕自幼读书，深知清心寡欲之义。即位以来，三年以内，素服斋居，此左右近侍及在廷诸臣所共知者。上年释服以后，虽身居圆明园，偶事游观，以节劳勚，而兢兢业业，总揽万几，朝乾夕惕，惟恐庶政之或旷，此心未曾一刻放逸。每见廷臣动色相徼，至不迩声色之戒，尤未尝一日去诸怀也。"这份乾隆三年五月十二日的"不迩声色"的声明，历来罕有人相信，加上野史小说家们在这位"风流天子"身上不惜笔墨，推波助澜，使乾隆帝早有好色之名。然而乌拉纳喇皇后却曾信乾隆帝其言为真。

乌拉纳喇氏是佐领那尔布的女儿，在雍正朝时，便做了时为皇四子弘历的侧福晋，进宫时至多十六岁。这样一个毛丫头，很可能最初不易吸引年轻的皇子。乾隆二年十二月初四（1738年1月23日）册封皇后的同一天她亦被封为娴妃，册文上称她"持躬淑慎，赋性安和，早著令仪"。其地位在皇后富察氏、贵妃高佳氏以下，而在同日被封的纯妃苏佳氏、嘉嫔金佳氏等以上。乾隆十三年（1748）皇后谢世，此前慧贤皇贵妃（即高佳氏）亦已亡故，中宫不宜久虚，于是在十四年（1749）四月，晋封乌拉纳喇氏为皇贵妃，摄六宫事。然而在册封皇贵妃的仪制上，乾隆帝故意降低规格，不准公主、王妃、命妇等前往皇贵妃宫行庆贺礼。理由十分牵强，说是如果初封即系贵妃者，公主等自应前往祝贺，而乌拉纳喇氏初封娴妃，由妃晋皇贵妃，"仪节较当酌减"。但真相却是，乾隆帝在感情上不能接受乌拉纳喇氏入住坤宁宫代行皇后之职的事实，因此是勉遵皇太后懿旨，循资而进罢了。

乾隆十五年（1750）是孝贤皇后去世的第三个年头，这一年八月十三日又逢皇帝四十大寿。在崇庆皇太后一再催促之下，乾隆帝只得勉尊懿旨，册立乌拉纳喇氏为皇后。由于这次立后，是乾隆帝为了恪守孝道，而放弃了不想让任何一位妃嫔取代孝贤皇后位置的初衷，并未在感情上接受这位皇后，因此颇有些像民间的先上花轿后谈爱的故事。在写着新后"承欢兰殿，表范椒涂，勷孝治于朕躬，覃仁风于海宇"的祝词后面，皇上却在八月的晚风中，赋诗缅怀孝贤皇后：

> 净敛缃云碧宇宽，宜旸嘉与物皆欢。
> 中宫初正名偕位，万寿齐朝衣与冠。
> 有忆那忘桃月节，无言闲倚桂风寒。
> 晚来家庆乾清宴，觌眼三年此重看。

看来乾隆帝在四旬万寿大典之上不过是强作欢颜，而愈是矫情，愈是深深地思念三年前逝去的爱妻——孝贤皇后。

乌拉纳喇皇后新立，却默默地陪伴着终日沉浸于昔日柔情中的皇帝，其间受到的冷遇，恐怕只有她自己才能说得清楚。待到乾隆帝一朝有感"岂必新琴终不及，究输旧剑久相投"时，才有了与继后重建美满婚姻的念头。乾隆十七年 (1752) 四月，皇后乌拉纳喇氏为皇上生了她的头胎孩子——皇十二子永璂，为此她几乎等待了二十年，当时已是三十五岁了；接着皇后乌拉纳喇氏又在十八年 (1753) 六月生下了皇五女，在二十年十二月生下了皇十三子永璟。

然而，由于乾隆帝对孝贤皇后的挚爱过深，与乌拉纳喇氏的这段美好光阴只持续了五六年，随之帝后的关系似乎就冷淡下来了。

在乾隆帝五旬寿辰以后，一种倾向悄悄地浮现在他的身上。说得更透彻些，当老景将至而未至的时候，性的冲动似乎突然变得急迫起来。即使青年时代因严格的宗教与道德训练而守身如玉的人，到了这个年龄，也会突然变节，好像是潜意识里觉得以前吃了亏，到此时逼近崦嵫，不得不力图挽救似的。这种倾向越来越变得不知顾忌，不识廉耻，老年男性的年龄越是递加，被侵犯的女子年龄便越是递减。这在乾隆帝的身上也有着明显的迹象。

雍正五年 (1727)，乾隆帝与富察氏结婚时，夫妻之间的年龄差距只是一岁；乌拉纳喇氏与乾隆帝也只差七岁，苏佳氏与乾隆帝只有两岁的差距。而在乾隆十年 (1745) 入宫的魏佳氏则比乾

郎世宁《乾隆帝及后妃图》

又称《心写治平图》，画面从右向左，依次呈现了乾隆皇帝和孝贤皇后以及十一位妃嫔的半身
画像，每个图像的右侧都附上榜题，却独不见乾隆皇帝的第二位皇后乌拉纳喇氏的面容。

隆帝小十六岁，乾隆二十三年（1758）入宫的博尔济吉特氏比乾隆小十六岁，乾隆二十五年（1760）入宫的和卓氏比乾隆帝小二十三岁，乾隆二十八年（1763）入宫的汪氏比乾隆帝小三十六岁，乾隆三十一年（1766）入宫的钮祜禄氏比乾隆帝小三十八岁，还有更多的生辰年代不详的妃嫔无法进行比较。因此在这一段时间里，乾隆帝疏远皇后也是意想之中的事。

十多年间，皇帝与皇后也如寻常百姓家过日子一样，你过你的，我过我的，年纪也都老大不小了，宫廷之中从表面上看也无甚异常。皇后作为六宫之首，对于皇上与年轻妃嫔同房也绝无妒恨的道理。如果就这么着将就下去，或许还会有人因之编造出什么帝后恩爱的故事来。然而，不幸的事件终于发生了。

这在事先几乎没有被任何人察觉，乾隆二十九年（1764）十一月二十一日，内务府《来文簿》载有礼部为皇后内廷主位恭诣皇太后前行贺礼。乾隆三十年（1765）正月十六日，乾隆帝奉皇太后自京启銮，举行第四次南巡，乌拉纳喇皇后以及令贵妃、庆妃、容嫔等随行。

闰二月初七日，皇帝一行驻跸杭州府行宫。越二日，改驻圣因寺行宫，宫闱中仍一派承欢洽庆景象。据宫中皇后赏膳底簿的记载，十八日于名胜"蕉石鸣琴"处进早膳时，皇上还赏有乌拉纳喇皇后的膳品，到十九日早膳时，则只有令贵妃、庆妃和容嫔的了。由此可知帝后冲突爆发应在闰二月十八日。据行宫中流传出来的消息说，皇后对皇上有所冒犯，然后怒气冲冲地到皇太后前哭诉，恳求在杭州出家为尼，并抽出利剪，将万缕青丝齐根剪去。猝然自行剪发乃触犯了满人习俗之大忌，随即皇上命将"突发疯疾"的乌拉纳喇皇后由额驸福隆安等严加监护，先期遣送回京。

第二年七月十四日，被幽禁于冷宫的乌拉纳喇氏辞别人世。乌拉纳喇氏临终前的日子实在太凄惨了。乾隆三十一年 (1766) 五月，皇帝命将其历次受封的册宝悉数收缴，其中包括皇后一份、皇贵妃一份、娴贵妃一份、娴妃一份，这意味着乌拉纳喇氏不仅失去了皇后的位号，而且被永远地、彻底地从皇帝诸后妃中摒弃了。七月初，这位可怜的女人已奄奄一息，手下供使唤的宫女仅剩两名。但乾隆帝对她已无丝毫恻隐之心，仍于七月初八日从圆明园启銮，奉皇太后前往热河秋狝木兰。六天后，乌拉纳喇皇后含恨而死。乾隆帝接到留京办事王大臣的讣告，恰逢中元节、刚刚抵达避暑山庄之时。他立即向天下臣民宣布皇后奄逝，并首次披露了前一年春天帝后失和的情况：

> 据留京办事处王大臣奏，皇后于本月十四日未时薨逝。皇后自册立以来，尚无失德。去年春，朕恭奉皇太后巡幸江浙，正承欢洽庆之时，皇后性忽改常，于皇太后前不能恪尽孝道。比至杭州，则举动尤乖正理，迹类疯迷。因令先程回京，在京调摄。经今一载余，病势日剧，遂尔奄逝。此实皇后福分浅薄，不能仰承圣母慈眷、长受朕恩礼所致。

并且谕旨："(皇后) 所有丧仪，止可照皇贵妃例行，交内务府大臣承办。"乌拉纳喇氏被安葬到了裕陵妃园寝，而未能像孝贤皇后一样被葬入胜水峪地宫。

两百多年来，对于这次帝后失和，皇后在南巡途中竟愤不

郎世宁《塞宴四事图》

在这幅描绘乾隆二十五年九月初九，乾隆帝木兰秋狝的巨幅纪实画卷中，人们也发现了部分妃嫔的面容有改动痕迹，并据此推测，那被涂改掉的，正是当时的皇后乌拉纳喇氏的面貌。

欲生而自行剪发，人们持有很高的兴趣，成为乾隆时期帝后生活的一个关注焦点。有意思的是，由于各种官修史书对此避而不谈，一些现代历史学者竟依野史笔记的说法，认为乾隆帝中年以后，因为武功显赫、天下太平而耽于声色，并不时有冶游之举。乌拉纳喇皇后多次进谏不从，遂有愤而剪发之事，遭到乾隆帝的遗弃。另有一种猜测认为，乾隆三十一年 (1766) 十一月十六日新封了明常在，即乾隆三十年南巡中艳遇的倾城美女"扬州姑娘陈氏"，皇上欲在江南立一妃子，皇后不依，将发剪去。

这些说法无疑将乾隆帝置于十分尴尬的境地。从大量的宫廷档案资料与御制诗文看，乾隆帝一生钟情于孝贤皇后是无可置疑的，而乌拉纳喇氏并非皇上的意中人，遵从皇太后的懿旨立乌拉纳喇氏为后，似是乾隆帝为尽"天家孝德"的一种表示。再者，乾隆十三年 (1748) 前后，皇室遭受巨大创伤，继嗣大业尚未确定。"不孝有三，无后为大"，立嫡子为储君的意识，在乾隆帝心中并未泯灭。然而，乌拉纳喇氏所出皇十三子永璟与皇五女都在三岁上夭折，皇十二子永璂又不为乾隆帝所喜，几乎很少提及，这样乌拉纳喇皇后又未能"母以子贵"。乾隆二十年 (1755) 以后，皇上经常临幸入宫较晚的年轻的令妃，即后来诞育嘉庆皇帝、被追赠为孝仪皇后的魏佳氏。在大约十年之间，她为皇上一连生了四男二女。皇十五子永琰由于长相非常像父皇，"天表奇伟，隆准丰颐，举止凝重"，而且"性尤纯孝"，因此深得乾隆帝的欢心。这使乌拉纳喇皇后在得不到夫爱的情况下，又添恐失母仪天下之位的忧惧，感到前途暗淡，无人相助。

从另外一个方面来看，这时的乾隆帝也将步入老年，他一生共得十七子、十女，在乾隆三十年前有了十六子、九女，乾隆三十年之后仅有一子一女，这不能不说是性功能衰退的一种反映；相对地，他的妃嫔越娶越年轻，年轻的妃嫔却无生育，这是明显的"房中术"现象。即便是健康的老人，其性要求也会变得越来越容易满足，在这样的情况下要求皇上对继后持有"一江春水"的感情是不切实际的。而乾隆帝性情高雅，与风尘女子厮混的野史笔记就更不足信了。

从皇后的一方来看，长期的性压抑是帝后结怨的重要原因。乌拉纳喇皇后具有母仪天下的地位，却得不到乾隆帝感情上的认可，更谈不上什么爱抚。同时又不能出宫，以皇后居处，还不如一般官妾之无拘束。加之到了天癸竭的岁数，用现代医学的眼光看，由于绝经，很可能引起精神萎靡与情绪波动的症状。再加上皇后个人性情上的原因，这种性情或许几置皇上难堪，并终于迎来一次总爆发。盖乾隆帝所说"皇后性忽改常，迹类疯迷"，也非无稽之谈。

人们对这一疑案关注的第二个焦点是对废后的处分问题。

乌拉纳喇皇后亡故的讣告发表之后，奉旨按皇贵妃例办理丧仪的内务府总管大臣们却毫无动静。御史李玉鸣终于沉不住气了，依据《大清会典》，上折参劾内务府未能遵旨治丧。七月二十四日，乾隆帝在避暑山庄览折大怒。当即命锁逮李玉鸣，并宣谕将其发配伊犁。

乾隆四十三年 (1778) 九月，乾隆帝东巡谒祖回銮至锦县地方，有一个叫金从善的秀才遮道进递呈词，第二条即请皇上为乌拉纳喇皇后一事下诏罪己。为此，乾隆帝降旨予以批驳，曰：

> 至所称立后一事，更属妄诞。乾隆十三年孝贤皇后崩逝时，因那拉 (纳喇) 氏本系朕青宫时皇考所赐之侧室福晋，位次相当，遂奏闻圣母皇太后，册为皇贵妃，摄六宫事。又越三年，乃册立为后。其后自获过愆，朕仍优容如故。乃至自行剪发，则国俗所最忌者，而彼竟悍然不顾，然朕犹曲予包含，不行废斥。后因病薨逝，只令减其仪文，并未降明旨削其位号。朕处此事，实为仁至义尽。且其立也，循序而进，并非以爱选色升；其后自蹈非理，更非因色衰爱弛。况自此不复继立皇后，朕心事光明正大如此，洵可上对天祖，下对臣民，天下后世，又何从訾议乎？该逆犯 (指金从善) 乃欲朕下

罪己之诏，朕有何罪而下诏自责乎？

乾隆帝与乌拉纳喇皇后不谐，本系夫妻二人的私事，而闹到废后的地步，人们就要出来说话了。时人认定此事牵扯国体礼制，已超越二人感情的范围，因此有人不顾死活上疏要求皇上认错，妄议乾隆帝的感情世界，当然为皇上所不容。迨三十四年后乾隆帝崩逝，嘉庆帝亲政伊始，即下诏将乌拉纳喇氏重新按皇后丧仪安葬，或亦出于礼制的考虑。而今人又嫌乾隆帝对剪发皇后的所作所为太绝情，其实也有强人所难之嫌。

从乾隆帝的角度来看，皇后因私怨而当众剪发，是"国俗所最忌"，为礼法所不容。对乾隆帝个人来讲，此举更甚于背叛，无疑置乾隆帝于难堪之境而不顾，为私情所难容，已到了非亲必仇的地步。因此，乾隆帝自己认为处理此事，"实为仁至义尽"。

乌拉纳喇皇后死后埋葬于纯惠皇贵妃园寝（位于裕陵妃园寝）。实际上，她的丧礼办得冷冷清清，规格远比皇贵妃丧礼还低。她没有自己的墓穴和宝顶，棺椁被硬塞进纯惠皇贵妃地宫里，放在纯惠皇贵妃金棺东侧的从属位置。园寝大殿上既不供奉她的神牌，每年的清明、中元、岁暮、冬至和忌辰也乏人奠祭。乌拉纳喇氏从此没没无闻，再也无人提起，仿佛这座园寝内根本没葬进这位皇后一样。

这场家庭风波对乾隆帝的刺激不可谓不大，为此他谕旨不再册立皇后。

乾隆三十年五月初九日，内阁奉上谕，"奉皇太后懿旨，'令贵妃敬慎柔嘉，温恭端淑。自膺册礼，内治克襄，应晋册为皇贵妃，以昭壶[1]范。钦此。'所有应行典礼，各该衙门照例举行。钦此。"

魏佳氏以皇贵妃摄六宫事。经历了乾隆三十年的这场宫内风暴，大内之中无不震骇，人人精神不振。据宫内《人参底簿》记，乾隆三十年十二月二十二日起，至三十一年正月二十一日止，皇贵妃魏佳氏饮人参汤用过人参三两一钱，噙化用过人参三两一钱，汤药内用过人参八钱。今人陈可冀主编的《清宫医案研究》惊叹："在三十一天中，用人参竟达七两，每日二钱有余，亦属峻补矣！"与魏佳氏同用人参的还有颖妃巴林氏，从乾隆三十年十二月起到三十一年正月二十一日，噙化用过人参三两一钱。后宫在此间服用这样多的人参，可见是体虚神衰所致。

乾隆三十一年 (1766) 五月十一日，年近四十岁的魏佳氏为乾隆帝生下了皇十七子永璘，服用人参时应在孕期。

乾隆六十年 (1795) 九月三日，即在颁来年新历之前，将预立储君的秘密公开。当天乾隆帝御勤政殿，召集王公百官，启密缄，册立魏佳氏所出永琰为皇太子。当天的谕令曰：

> 将癸巳年 (乾隆三十八年) 所定密缄嗣位皇子之名，公同阅看，立皇十五子嘉亲王颙琰为皇太子，用昭付托。定制，孟冬朔颁发时宪书，其以明年丙辰为嗣皇帝嘉庆元年。俟朕长至 (冬至) 斋戒后，皇太子即移居毓庆宫，以定储位，皇太子生母令懿皇贵妃着赠为孝仪皇后，升祔奉先殿，列于孝贤皇后之次，其应行典礼，该衙门查照定例具奏。皇太子名上一字，改书"颙"字，其余兄弟及近支宗室一辈，以及内外章

---

1 《尔雅·释宫》："宫中弄谓之壶。"引申为内宫的代称。

疏，皆书本字之"永"，不宜更改。其皇子、王公、臣下之名，清书缺写一点，以示音同字异，而便临文……

此时，嘉庆帝之母魏佳氏已辞世二十年。

一代权臣和珅

这一年，他十七岁，这位年轻人的身影游荡在帝国的某一角落。他的出现预示着帝国的衰落，使以英察自诩的一代明君乾隆皇帝陷入思维混乱。他的发迹是乾隆朝，乃至大清天朝盛极而衰的转折点。

乾隆三十年的一份銮仪卫的文件记录了銮仪卫仪仗堂上办事处为帝后妃出巡江南、江宁各地应用轿乘、盥洗盆、支领宫尉路费、钱银等事给内务府等的堂稿，《銮仪卫正堂范》(奈字第拾号)写道：

> 堂子办事处呈为补领路费事。照得此次皇上南巡，本卫派往请皇太后轿乘并请皇后轿乘校尉一百拾六名，每名发给路费银一钱三分。内除校尉谈四儿在途病故，其在京领过六十日路费银两，应照例免其追缴，又校尉札拉芬、金丙、蔡三格三名先行奉差回京，其应补路费银两业经支领外，所有请皇太后轿乘校尉二十名，俱于正月十六日起程，至四月二十五日回京，计一百二十九日，除在京在途二次领过一百二十日路费银外，尚应共补领九日路费银二十三两四钱。

又请皇上各轿乘校尉九十二名，俱自正月十六日起程，至四月二十一日回京，计一百二十五日，除在京在途二次领过一百二十日路费银外，尚应共补五日路费银五十九两八钱。以上共应补领路费银八十三两二钱。相应开列旗分佐领花名。咨部发。可也。一咨户部。

这份文件有很多的研究点。譬如，前段所录伺候皇太后、皇后轿乘中有三名校尉先行奉差回京，这应是将乌拉纳喇皇后送回京师的人。而其余的銮仪卫仪仗却抬着空轿乘照行不误，这一点就连銮仪卫的官员都没有发现。如若不然的话，这份宫内文书就不会还将皇太后与皇后并称。可见在皇后讣告发出之前，皇后剪发之事并不为人周知。

其二是在文件的最后，写有"开列旗分佐领花名"。如果这份花名册果然存在的话，也许能够找到前面提到的那位十七岁的年轻人的名字。他叫和珅。

和珅，字致斋，钮祜禄氏，满族正红旗人。其家世已难以考订。钮祜禄氏为满族八大贵族之一。始于随清太祖努尔哈赤从龙入关的额亦都，额亦都有十六子，又以幼子遏必隆最显贵。和珅的五世祖尼牙哈纳巴图鲁在清军入关的战争中以军功获三等轻车都尉世职。父亲常保除承袭世职外，

和珅像

又因其堂叔阿哈顿色随康熙帝亲征准噶尔阵亡，追叙军功，赠一等云骑尉。此外，常保还曾任福建都统。乾隆三十四年 (1769)，和珅承袭三等轻车都尉世职，后以咸安宫官学生任銮仪卫校尉，寻授三等侍卫，旋即又挑补黏杆处侍卫，至此他一直效力于銮仪卫。

乾隆四十年 (1775)，是和珅天赐鸿运的一年。这一年闰十月，和珅被调为乾清门侍卫；隔月，擢御前侍卫，得到了接触皇上的机会。据陈焯《归云室见闻杂记》载，和珅第一次见到皇上，就以奏答甚合上意，给乾隆帝留下了深刻的印象，由此而飞黄腾达。

当时，和珅扈从皇上临幸山东。乾隆帝喜欢乘一种骡子驾驭的小辇，"行十里一更换，其快如飞"。有一天，碰巧和珅在这种小辇旁随侍，于是君臣二人有了下面的这段交谈[1]：

> 上顾问：是何出身？对曰：生员。问：汝下场乎？对曰：庚寅（乾隆三十五年）曾赴举。问：何题？对：孟公绰一节。上曰：能背汝文乎？随行随背，矫捷异常。上曰：汝文亦可中得也。其知遇实由于此。

从此，和珅官运亨通，由銮仪卫侍卫、乾清门侍卫、御前侍卫，而晋升为正蓝旗满洲副都统。乾隆四十一年 (1776) 正月，和珅为户部右侍郎；三月命在军机大臣上行走；四月授总管内务府大臣；八月，调镶黄旗满洲副都院；十一月，充国史馆副总裁，赏戴一品朝冠；十二月，总管内务府三旗官兵事务，赐紫禁城骑

---

1 关于对话时间，各书记载多有偏差。印鸾章《清鉴纲目》记为四十四年，孙文良等《乾隆帝》说为三十六年。

马。这年和珅才二十八岁，就走上了一般官员钻营一辈子都未能达到的位置，这在讲资格论辈分的封建官场上不能不算是一个奇迹。其实，古往今来的正常年份，大凡跻身于朝廷中枢"领导核心"的大臣们，无外乎有三种人：科举前三甲进士中的佼佼者，中枢大臣之后中的幸运儿，再就是君王身边的近臣。其他人怕是就沾不着边儿了。和珅即属于这第三种人。

乾隆四十五年 (1780) 五月，乾隆帝特下谕旨，赐和珅之子名为丰绅殷德，指为最为喜爱的幼女固伦和孝十公主额驸，并赏戴红绒结顶、双眼孔雀翎、穿金线花褂，待公主及笄时举行婚礼。和珅由此攀上了皇亲，做上了皇上的亲家翁，可称得上是宠眷至极了。

和珅这样一个扈从侍卫，取悦于皇上，得其如此宠信，应当说是适逢其会。和珅见用之时，步入老年的乾隆帝，精力和体力都大不如前。乾隆四十五年 (1780)，乾隆帝已处于老境来临的衰态中，他的左耳早已有了重听的毛病，左眼又视力衰退。这一年他因臂痛而一度不能弯弓射箭。而后，乾隆四十八年 (1783)、四十九年 (1784) 的上辛郊祀大典，也因气滞畏寒而派皇六子永瑢代行。而且，乾隆帝夜里常常失眠，记忆力明显减退。乾隆五十九年 (1794)，据朝鲜使臣的记录，八十五岁的乾隆帝竟健忘到"早膳已供，而不过霎时，又索早膳"的程度。大约在乾隆四十五年 (1780) 以后，乾隆帝处理政务的时间逐渐减少。老年的皇上因应付纷繁复杂的国务而厌倦，同时对一切军国要务，又要亲自裁断，用人行政大权还一揽于手中。再加上人老了，其性更喜奢华，倾于享乐，因此产生了宠信奸佞的内在条件。

一品官补子

　　自乾隆五十年 (1785) 后，和珅的家几乎成了官场上的黑市交易场，政以贿成已成风气，大小官吏趋之若鹜。有人形象地描绘说："和相当国，一时朝士若鹜。和 (珅) 每日入署，士大夫之善奔走者，皆立伺道左，惟恐后期。时称为'补子胡同'。以士大夫皆衣补服也。"

　　有人还就身着补服绣衣的官僚们的奴才相作诗嘲讽：

　　　　绣衣成巷接公衙，曲曲弯弯路不差。

　　　　莫笑此间街道窄，有门能达相公家。

　　昭梿《啸亭杂录》中也说："当和相擅权时，一时贵位无不仰其鼻息，视之如泰山之安。"

　　地方官进呈土贡方物，例由内廷转奏，和珅竟以大学士兼总管内务府大臣的身份，将应该转给皇帝的贡品不予奏报，据为己有，以致许多奇珍异宝在皇宫大内找不到，而和珅家中却比比皆是。

嘉庆年间，皇帝追查两淮盐政徵瑞行贿和珅一案时，徵瑞供认说，他曾于嘉庆元年 (1796) 和珅之妻病故时，送给和珅白银二十万两，但和珅嫌太少。所谓"彼时和珅意存见少，欲伊增至四十万，是以未收。而从前曾送和珅二十万当经收受"。可见，徵瑞长期把持两淮盐政的肥缺，与他多次重金行贿和珅有关，以致和珅的胃口越来越大，到后来，二十万两都难填和珅之欲壑。

嘉庆四年 (1799) 正月，太上皇帝一死，和珅便被下狱治罪。查抄家产时发现："所盖楠木房屋，僭侈逾制。其多宝阁及隔（槅）段式样，皆仿照宁寿宫制度。其园寓点缀，竟与圆明园蓬岛瑶台无异。"其蓟州坟茔，竟设立享殿，开置隧道，"附近居民有和陵之称"。

和珅府中所藏的大量珠宝玉器、金银器皿、古玩文物、各种衣物，无不令人触目惊心。而"夹墙藏金二万六千余两，私库藏金六千余两，地窖内并有埋藏银两百余万"，就更是骇人听闻了。据说和珅的家产估算有八九亿两白银之多。当时清朝的国库收入每年只有七千万两左右，和珅的家产不啻为国库十几年的收入。因此和珅被抄家后，民谣就唱"和珅跌倒，嘉庆吃饱"。清人还发过这样的议论："和珅以二十年之宰相，其所蓄当一国二十年岁入之半额而强。虽以法国路易第十四，其私产亦不过二千余万；四十倍之，犹不足以当一大清国之宰相云。"[1]而这样的一代宰相，

1　《清朝野史大观》卷六"和珅之家财"条。

在大清国的二百余年的历史上，也只有在乾隆盛世，同时也只有在乾隆帝衰老时才会出现，这是一个无法复得的时机。

和珅的出现，代表着封建官僚政治中腐败的极致，可以说预示着大清国走完了它的全盛阶段，开始走向衰落。乾隆帝"惟耄期倦勤，蔽于权幸，上累日月之明，为之叹息焉"。

九　民间祭星　宫禁孤影

这一天在京师内有祭星的风俗，道观、喇嘛教寺庙都有节日活动。这一夜在荒漠的帝国边城乌里雅苏台驻扎着一支越冬的锡伯族官兵。在风雪交加中，这支远征军又挨过了一个饥寒交迫的夜晚。

戌正以后　二十时以后　入眠

西山顶上的余晖渐渐消尽，远山变得更加朦胧，不知怎的，此情此景却勾起人们对远方那一片模糊暮色的向往。声声孤零的鸦雀归巢的噪鸣，唤起了袅袅炊烟，这是夜幕降临时京城常见的情景。

黑夜的暗影吞没天边的最后一线霞光，阳光曾赋予皇宫的辉煌已不存在，轩窗掩映，玉栏朱楯在月光下仅存铁色的身影。屋脊上鳞片似的残雪已较凌晨大大减少，在暮色中瑟缩，闪动着微弱的光。护城河里的冰不时发出嘎嘎的声响，像是冰下的鬼魅在不耐烦地呻吟。

民 俗 祭 星

一首味如嚼蜡的御制诗，可以用来印证乾隆三十年 (1765) 正月初八日京城上空的月色。这是乾隆帝经常写在元旦 (即春节正月初一) 之后的诗题之一《新月》，诗云：

> 元正越二日，太昊启节昌。
>
> 行庆际芳辰，大来延千祥。
>
> 举首见新月，一钩垂天潢。
>
> 盈虚固其恒，新年迥异常。
>
> 依依最有情，溶溶已流光。
>
> 值闰以为佳，春况百二长。
>
> 舒辉盼上元，凝和丽青阳。
>
> 却笑九华枝，爝火言蒙庄。

随着夜晚的来临，月空与星辰为京城呈现出一幅与白日迥异的神秘图景，它使人们祈佑的热忱高涨。在清代中期，人们的信仰呈多极化发展，宗教形式也呈多样化。

汉东方朔《占书》云："岁正月一日占鸡，二日占狗，三日占猪，四日占羊，五日占牛，六日占马，七日占人，八日占谷。"人们相信，如果正月初一天晴，则是年鸡畜繁育，阴雨则鸡畜不旺。初二阳晴则兆狗畜旺，初三阳晴则兆猪畜旺……以此类推。这一年正月初八日的晴好天气为人们带来了五谷丰登的好兆头。民以食为天，自古祭谷神为从事农业生产的汉民族所重视。后稷即古代周族的始祖，世人崇奉的"谷神"。传"周后稷，名弃……弃为儿时……好种树麻、菽，麻、菽美。及为成人，遂好耕农，相地之宜，宜谷者稼穑焉，民皆法则之。帝尧闻之，举弃为农师，天下得其利，有功。帝舜……封弃于邰，号曰后稷……"[1]后世帝王、诸侯祭土神和谷神于社稷。

《白虎通·社稷》云："王者所以有社稷何？为天下求福报功。人非土不立，非谷不食。土地广博，不可遍敬也；五谷众多，不可一一祭也。故封土立社，示有土也。稷，五谷之长，故立稷而祭之也。"以正月初八日占谷祭后稷，这在京城已不见诸记载，而在这一天祭星，亦谓之顺星，却是当时京师的重要风俗之一。

依照道教和星象家的说法，每人每年都有一位值年星宿，也叫作流年照命星宿，即日、月、水、火、木、金、土、罗睺、计都九星轮流值年照命。人一年的命运如何，完全掌握在这位值年

---

1 《史记·周本纪》。

辰星神（水）　　太白星神（金）　　镇星神（土）　　荧惑星神（火）　　岁星神（木）

唐梁令瓚《五星二十八宿神形图》中所绘五星神

星宿手里。而每年正月初八日为诸星君聚会之期，是日"诸星下界"，故如果在这天祭祀星君，也就是顺星，祈佑之人便可能获得星君的垂护。

依京城的旧俗，正月初八日，无论人们是否去庙里进香，是日晚间，天上星斗出齐后，各家都要举行一个顺星的祭祀仪式，以燃灯为祭。从屋内到大门，有的人家设一百零八盏，有的人家设一百四十九盏，还有的人家按《玉匣记》"本命星灯"之数，于初更天摆放香案，供上元宵或素馅饺子若干、清茶一杯。

香案上祭神是顺星用的星神码，一共两张，头一张印着"星科""朱雀""玄武"等名目，并分别列出其所属的星宿名。中间为"八卦"，里圈印着天干、地支字样，外围绕圈印着十二属相的图案。后一张是"本命延年寿星君"，放在星神码的后面，只露上端名号。两张同时夹在一个神纸夹子上，放于正厅天地桌后面正中。

星神码前面摆的灯盏，用黄、白色灯花纸捻成灯花，谓之"金灯""银灯"。元宵则或三或五碗，每碗五个。

讲究的人家还要在案前设香炉、蜡扦等供器，蜡扦下分别压着黄钱、千张、元宝等敬神的"钱粮"。祭祀时，由长辈主持，燃烛上香，全宅按尊卑长幼次序行三叩首礼，肃立十分钟左右。待香烛欲尽，再依次三叩首后，即清香根，将星神码及钱粮一并置于庭院里事先准备好的钱粮盆中，与松木枝、芝麻秸一起焚化。同时燃放鞭炮。一时间，院中光花四散，满地皆星，名为散星。

祭星时，还要在案头、灶台、门槛、锅台等处各放一盏"金灯"，予以点燃，谓之"散灯花儿"。有辟除不祥之意。祭星仪式结束后，全家即聚在一起吃上一顿元宵。

初更天的京师，被一阵劈劈啪啪的爆竹声和孩子们的欢笑声惊得打了个激灵。随之，万家燃灯的祭火便映亮了城市的夜空。这在常年处于宵禁的京师，确实是难得的热闹。人们并无心灵的奉献，只是去做求佑于神祇的祭奠，似乎并没有感铭上苍，只是一时间在心灵的表面罩上了一层和善的光环。这一风俗主要来源于道教。因此，这天晚上，人们也有到白云观星神殿，即元辰殿去烧香顺星的。

这一天的白天，京师白云观已经举行了道教庙会。这一庙会从初一到十九，历时半月有余，为清代京师正月规模最大的庙会，宗教庙会与都市古老风俗在此合为一体。而道教在清代得了统治者的鼓励，据乾隆年间吴长元所辑《宸垣识略》记："白云观在西便门外一里，元太极观故墟。中塑丘真人像，白皙无须眉。""本朝乾隆二十一年、五十二年两次敕修，有圣祖暨今上御书联额，并御制碑。又真人像前有本钵一，乃刳木瘿为之，上广下狭，可容五斗，内涂以金，恭刻皇上御制诗其中。石座承之，

徐扬《日月合璧五星联珠图》（正月民间祭拜场景）

台北故宫博物院藏

绕以朱栏。"由此可知乾隆朝白云观的概况。

然而，顺星之祭并非道教所独有，在萨满教中，祭星活动也极为普遍。在满族民间的观念中，一般有祭七星和三星的，也有普祭群星的。

譬如，满洲石姓的顺星神歌：

众姓之中的哪一姓？石姓子孙，在此祈祷。家萨满何属相？屈身在尘地，跪地叩头。学习诵唱神歌，祈祷神灵。

男女东家何属相？曾亲口许愿，女亦同意。春种已过，迎来富秋之时，四季平安。旧月已去，新月来临。在新的吉日里，在洁净的祥月里。今晚，在七星斗前祈祷。

高桌上供献，木盘桌上排列。点燃了把子香，敬做了阿木孙肉。摆供三摆，烧纸一打。慎重买来神猪，精心圈养家中。神猪肥壮，今将神猪绑上，按节行刀。神猪即刻丧命，一切情形甚善。遵照传统礼仪，供献神坛。今日夜晚，石姓子孙，屈身叩头，逐一宴请，统统随降。蓝天上的星辰明月，高天上的玉皇帝君。七星北斗星君，五斗星官，二十八宿星官。千颗星君出现，万颗星君出现，三星宿官出现。当天色已晚，金鸡、银鸡弯脖宿窝之时，光线隐匿之际，祭祀祖先星神，祭祀神坛星神，乞请众祖先神，值此之际，乞请高高的天君降临。

（下接唱南炕神歌）[1]

1　神歌均引自宋和平《满族萨满神歌译注》。

从这首石姓的顺星神歌中，可以看出满族与汉族祭星之间的许多相同与不同之处。

其中相同之处有汉族的流年照命星宿讲的是星君与人的命运的联系，而满族的祭星是祭祀祖先的星神，也是星君与人之间的联系。从人们祭星求佑的愿望来看，顺星的意义也是相同的。另外，从行传统礼仪的叩头礼、燃香等祭祀形式上来看，也有相似的地方。

但是，在相同的名称下，汉族与满族的祭星有着多种的不同，譬如，汉族人的祭品是元宵、饺子和茶，满族人的祭品是神猪、烧酒、米酒和饽饽。汉族人的祭星既无神歌，也没有固定的祝词，而满族人有固定的神歌，而且似乎还要求下一代学诵神歌。汉族人祭祀的星君有九位，而满族人的星君却不那么固定，有七星北斗星君、五斗星官、三星宿官、二十八宿星官、千颗星君、万颗星君等。又如，汉人用燃灯，满人无燃灯，只有烧火；汉人祭星为每年的正月初八日，而满人祭星似乎是在新月来临之际。还有汉人的祭祀单位是住在一个院落里的一家人，满人的祭祀单位则是同姓的一个家族。另外，更为重要的是，汉人的祭星祈佑，与其说是一种信仰，不如说更像是一种礼仪；而满人的祭星却有明显的自然神崇拜的特征，以宗教史的观点来看，更加原始一些。

乾隆年间，正月初八日，弘仁寺等处还要举行喇嘛跳布札打鬼，人们扮演金刚佛母、诸天神将、黑白妖魔鬼怪，手执彩棒，挥洒白沙，鸣锣吹角击鼓，演念经文，演跳驱魔斩鬼之舞，迎祥除祟。因规模宏大，内容复杂，每年场面都极为热闹，观者如潮，几乎万人空巷。[1]

正如清人富察·敦崇在《燕京岁时记》中所记："打鬼本西域佛法，并非怪异，即古者九门观傩之遗风，亦所以禳除不祥也。"这里所说的"打鬼"实为俗称，喇嘛教称其为"跳布札"，为蒙古语，是藏传佛教为鞭挞邪教"魔祟"而举行的法事，实际上是以歌舞剧的形式宣传黄教的教义。据说，"跳布札"是黄教祖师宗喀巴所创。清人认为"其法近古之大傩"，也很有道理。因为中原汉族地区，早在春秋时期就有腊月驱除疫鬼的习俗，意在迎新春，"逐尽阴气为阳导也"，称作"大傩"，或"乡人傩"。这也正是"喇嘛打鬼"很快为京师习俗所接受的一个重要原因。

有清一代，实行尊崇喇嘛教的政策。京师建了许多著名的喇嘛庙。京师元月的跳布札庙会主要举行于弘仁寺、西黄寺、黑寺和雍和宫。

据乾隆元年 (1736) 的统计，当时在京各寺庙原有度牒之喇嘛、格隆、班第共九百五十九名，后增福佑等寺食钱粮之格隆、班第共三百一十四名，但尚未得度牒。此外，还有既无度牒又未食粮者六百七十五人，系额外所收之徒。三者总计一千九百四十八人。[2]乾隆帝本人曾修炼密宗，经常向章嘉国师请教佛法。据《章嘉国师若必多吉传》所载，乾隆十年 (1745)，乾隆帝曾遵照喇嘛教的严格礼仪，接受章嘉国师传授全部的"胜乐铃五神"灌顶法。作为传授灌顶的酬劳，乾隆帝送给他一具镶满奇珍异宝、重约百两的金质曼札 (梵文Mandala，汉译为坛、坛场)，所布施其他财物更是不计其数。

1　潘荣陛《帝京岁时纪胜》。弘仁寺旧址在太液池西南岸，今址在北京市西安门内大街。
2　光绪《大清会典事例》卷九七四。

犹如清廷特准达赖喇嘛、班禅额尔德尼、哲布尊丹胡图克图在京城支搭黄布城，乘坐黄车、黄轿一样，章嘉国师享有"紫禁城内乘用黄车"的特殊待遇。据赵翼的《檐曝杂记》载："（章嘉）住京师之栴檀寺，每元旦入朝，黄幰车所过，争以手帕铺于道，伺其轮压而过，则以为有福。其车直入东华门。"书中还记载了作者对章嘉的印象："余尝见章嘉，颜状殊丑劣，行步需人扶，然蒙古经及中土大藏佛经皆能背诵，如瓶泻水。汪文端（汪由敦）尝叩一佛事，辄答以某经某卷，检之果不爽，则其人亦未可浅量矣。"

乾隆二十一年（1756），札萨克图汗所属和托辉特部首领青滚杂卜，利用喀尔喀部众中因清廷连年征调兵马和额琳沁赐死而激起的不满情绪，发动叛乱。他下令撤回了北路阿尔泰汛界所有卡伦（哨卡）以及阿尔泰通往伊犁的十六至二十九驿的所有喀尔喀兵丁，致使羽书不通，供应断绝，史称"撤驿之变"。此时，章嘉国师正扈从乾隆帝在木兰行围，闻知此事后，说："皇上勿虑，老僧请折简以消逆谋。"于是连夜作札，"遣其徒白姓者，日驰数百里，旬日始达其境。哲敦（哲布尊丹巴，即额琳沁之兄）已整师刻日起事，闻白至，严兵以待，坐胡床上，命白匍匐而入。白故善游说，备陈其事颠末，哲敦已折服。更读师札，乃善谕白归，其谋乃解"。正如时人所评论的那样："夫蒙古素称强盛，历代以全力御之，尚不能克，师乃以片纸立遏其奸，亦可嘉也。"[1]

就在佛教、道教在中国获得大的发展，伊斯兰教也得到朝

---

[1] 昭梿《啸亭杂录》卷一〇。

御笔菩提笺心经

廷礼遇的同时，以西方传教士来华为特征的中西文化交流却遭受厄运。由于种种原因，康熙帝把罗马教皇的使者送进了澳门的监狱。雍正帝因怀疑传教士和其他皇子勾结，而对他的帝位不利，于登基当年（1723）即下令除留驻京城的极少数在钦天监供职的传教士外，其他西方传教人员一律驱逐到澳门，不许擅入中国内地。

乾隆二十五年（1760），法国传教士蒋友仁献《坤舆全图》，向清廷介绍哥白尼的日心说和开普勒的行星运动三定律，竟然未引起清政府和学者们的兴趣。生在乾隆二十九年（1764）的阮元，待他长大熟读了中国经书，并举为进士时，竟打着尊学术的旗号，攻击起哥白尼的学说来："其为说至于上下易位，动静倒置，则离经畔（版）道，不可为训，固未有若是甚焉者也。"[1]一代大儒却成了旧传统的卫道士，实在值得人们深思。

在乾隆帝身上，多重信仰体现得十分突出。他以满族萨满教信仰为宗本，以固大清国统治的根基。同时，为使"新旧蒙古畏威怀德"，乾隆帝诵习蒙古及西番字经，于黄教密宗"究心讨论，深识真诠"。他还坚持书写《般若波罗蜜多心经》，至今尚有大量手稿存于故宫博物院。他不止一次听章嘉呼图克图若必多吉传授密法，坚持每天修证等活动，在听受有关咒语的指导时，竟跪在地上，顶礼章嘉国师之脚，以获蒙古太平数十年。又"从宜从俗"，尊重伊斯兰教信仰，纳回部女子为妻。此外，他还深谙儒术，呵护道教，得人心于中原汉族。清朝入关时，兵马区区四十万，能定鼎京师，统治中国两百余年，并能开疆拓土，扩充版图，维系多民族之统一，这一切除去清帝的个人才华及努力外，实际上是以牺牲本原文化为代价，将满族自身奉献于祭坛，实现了真正的凤凰涅槃。

太 监 出 逃

1　阮元《畴人传》卷四六《蒋友仁传》。

乾隆十五年（1750），清廷在紫禁城西部春华门内，明朝道庙旧址上落成了一组以雨花阁和中正殿为主体的佛堂建筑。这使清廷的喇嘛教佛事更加昌隆。与此同时，在乾隆帝的后宫，以修来世之福，死后入极乐世界的宗教热忱也已十分炽烈。后宫内除有慈宁宫后殿及慈宁花园的咸若馆等大佛堂外，各处还有很多的小佛堂，平时都可以去祭拜。清后宫本来是信奉萨满的，但是后妃中不少是蒙古族，深信佛教，估计佛教随着她们逐渐被带入后宫。由于后宫有了佛堂，因此也就出现了从事佛事的太监僧。

乾隆三十年正月初八日，总管内务府杂录档案曾记载，总管李三屯、杨茂呈报：

> 静宜园太监僧刘义，年四十三岁，本年正月初七日告假，未归，逃走。查刘义出走时头戴青缎僧帽一顶，身穿青布僧袍一件，足穿僧鞋袜。系天津府沧州民，正黄旗威和德管理下。此名原系 (乾隆) 十七年进宫，年二十九岁，二十二年正月初二日万善殿交，三十四岁。二十七年正月初九日逃走一次，本年二月初五日自行投回，仍交原处当差，现今逃二次。于乾隆三十年正月初八日具奏。奉旨："交包衣昂邦严拿，钦此。"慎刑司笔帖式安泰、番役处笔帖式得福等抄去。

这位刘太监僧所当值的静宜园，位于京师西郊西山山岭之一的香山，这里重峦叠嶂，花木满山，清泉潺潺，景色清幽，故金、元、明、清历代帝王都在此营建离宫别院。康熙年间于香山修建宫室数间，不施彩绘，以存香山野雅趣味。乾隆八年 (1743)，乾隆帝游香山后，命葺园增室，大兴土木，营建亭台楼阁，共

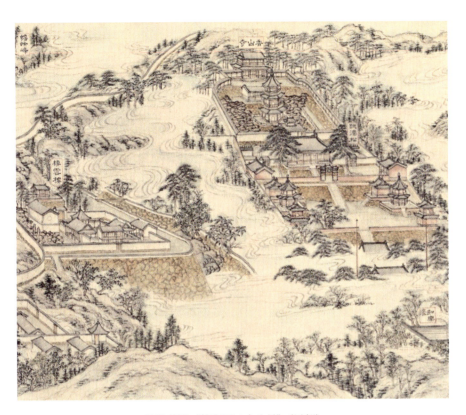

清张若澄《静宜园二十八景》（局部）
故宫博物院藏

二十八景，如勤政殿、翠微亭、栖云楼、香山寺、森玉笏等，并加筑围墙，名"静宜园"。园中寺庙众多，由于帝后妃嫔经常来礼香，因而有了太监僧这样的职司。

刘太监僧是天津府沧州人，此地向为太监多出之地。或有做上太监总管的大太监荣返故里，"请全村人白吃肉馅包子，还要唱上三天大戏"。一些天真的农家孩子仿佛从中望到了皇宫飞檐凌空的八角楼，臆想净身入宫之后有的是荣华富贵、光宗耀祖、出人头地。然而哪里知道，在家里吃不饱的穷孩子，并非当上太监就可以凌驾于万人之上，抖上赫赫威风。

以这份档案看，刘太监僧进宫那年已二十九岁，想必已有了家室，这样的人也要走上这一步，想必是处境困苦至极了。而且，他做了太监僧，并没有被派到宫中，而是去了距京师有四十余里的偏野之处。虽说香山有"西山晴雪"的胜景，风光旖旎，但却与他入宫的初衷相去甚远。他能看到的、听到的，是大多数太监终日在宫中各处当牛做马，有的被折磨致死，有的在老病无力当差时，出宫为民。然而老病出宫以后，因无法劳作，往往饱受冷眼，最后悲惨地死去。只有极少数上层太监，可以捐款修庙，年老之后得以居于寺庙以终其生。

清代宫廷对太监定有严酷的宫规，如果有太监违犯宫规，轻则受皮肉之苦，重则由内务府慎刑司惩办。不过，据说太监若犯了死罪，皇上可优待太监不死，因为他们因阉割生殖器已在鬼门关走过一回了。

像刘太监僧这样因不堪虐待而逃出宫禁的，是十分典型的太监逃跑。宫中规定：凡太监逃跑，第一、二次自行投回的，处分较轻，责打后罚为苦力，交吴甸（南苑）铡草。若被拿获或逃跑三次以上的，责打后交慎刑司，要枷号一两个月，并发黑龙江配给兵丁为奴，永远不得返回。凡逃跑的，很少有不投回或不被拿获的。如果太监无法忍受折磨，走投无路而自杀者，宫中认为不吉利，处罚更严。规定如有太监在宫内自杀经人救活，本人判处绞监候，即绞刑，待秋后执行死刑。自杀身亡者，将尸骸抛弃荒郊，其亲属发配伊犁给兵丁为奴。真是毫无人性可言。

刘太监僧已是第二次逃跑了，而且宫中慎刑司已奉旨严拿，他的处境十分险劣。据京师民俗，正月初八日不宜远行，也不知道他是否能逃脱官方的追捕。可叹这个游荡于二百六十年前的黑夜中的孤魂……

三十年后的"十全老人"

在古人的观念中，富贵贫贱，吉凶祸福以及死生寿夭，穷通得失……无不取决于冥冥之中，非人类自身所能把握的一种神秘的力量。这在主张以忠孝仁义治国的儒家也是兼信的。孔子门下的子夏就说："商（子夏姓卜，名商）闻之矣，死生有命，富贵在天。"宋国的桓魋有一次想谋害孔子，孔子声称："天生德于予，桓魋其如予何？"在孔子看来，自己的命是天赐的，绝不是一般庸碌之辈所能改变的。因此，他又说："不知命，无以为君子也。"[1]

孔子还曾说过如果给他增加几年的寿命，让他在五十岁的时候去学习《易经》，便可以没有大的过错了。孔子不是专门学《易经》的，但却深受《易经》的影响。他按年龄把人生分为六个阶段。他自述成德立言之道曰："吾十有五而志于学，三十而立，四十而不惑，五十而知天命，六十而耳顺，七十而从心所欲，不逾矩。"也告诫弟子们说："君子有三戒：少之时，血气未定，戒之在色；及其壮也，血气方刚，戒之在斗；及其老也，血气既衰，戒之在得。"孔子以不同年龄段的心理和行为特征来论

---

1 《论语·尧曰》。

述人生。前一条应是圣人的标准，后一条应是君子的标准。

在《论语·子路》中，他又说道："善人为邦百年，亦可以胜残去杀矣。诚哉是言也！"讲的是，善人治理国家一百年，也就可以战胜残暴、免除杀戮了。

接着他又说："如有王者，必世而后仁。"古代以三十年为一世。他的意思是，如果有圣明君主出来，也一定要经过三十年之后才能实现仁政。

这前两条是与其个人的生命历程有关的，而后两条则是与帝王治国有关的。

乾隆三十年时，乾隆帝五十五岁，如果以圣人的标准来衡量，他正处于"知天命"与"耳顺"的年纪之间；如果以君子的标准来衡量，他正处于"戒之在斗"向"戒之在得"转化的年龄段。

就乾隆三十年时的大清帝国建国历史而言，清朝初立于西历1616年，初名后金，1636年改国号为清，1644年入关，到乾隆三十年，即西历1765年，分别已过去一百四十九年、一百二十九年和一百二十一年，均在孔子说应做到的战胜残暴和免除杀戮的时间范围内，再者，乾隆三十年，正是乾隆帝执政整整三十年，即一"世"的时候，应实现仁政。当然这不过是援引孔子个人的观点而已。

有人为乾隆帝排过八字，算过命。清代任铁樵在《滴天髓阐微》中曾做过如下的测算：

高宗纯皇帝御造

（年）劫 辛卯 财

（月）官 丁酉 劫

（日）庚午 官
印

（时）杀 丙子 伤

大运　丙申

　　　乙未

　　　甲午

　　　癸巳

　　　壬辰

　　　辛卯

　　　庚寅

　　　己丑

批曰：天干庚辛丙丁，正配火炼秋金，地支子午卯酉，又配坎离震兑。支全四正，气贯八方，然五行无土，虽诞秋令，不作旺论。最喜子午逢冲，水克火，使午火不破酉金，足以辅主，更妙卯酉逢冲，金克木，则卯木不助午火，制伏得宜。卯酉为震兑，主仁义之真机，子午为坎离，宰天地之中气，且坎离得日月之正体，无消无灭，一润一暄。坐下端门，水火既济，所以八方宾服，四海攸同。金马朱鸢，并隶版图之内；白狼元兔，咸归覆帱之中。天下熙宁也。

从乾隆帝御造之五行来看，日元庚金，得月令之酉金，年干之辛金为助，其自身的气势十分强劲，但局中无土，其强之势不至偏枯；局中丙丁之火，通根于坐支午火，又得年支卯木相生，虽不得令，但其强势有盖己之虞，幸得时支子水相克，使煞星不

碧玉盘龙纽"皇帝奉天之宝"

致太过为灾，但子水虽有三金相生，却有三火旺相，略嫌不足，所以行运不宜南方火运。命局用神，当取伤宫子中癸水。

　　再看乾隆帝御造之家庭生活方面：月令提纲酉金克年（本命松柏木），双亲上定有损克，实际上其父雍正帝寿在五十八，在位十三年；其母贵为皇太后，却也为了这份尊贵，寡居了四十二年之久。同时乾隆帝坐下妻宫与时支子宫子午相克战，有刑妻克子之虞，再加之日元庚金，年干辛金，透于月令通根乘旺，妻星卯木势孤，且辛金盖头，虽有子水印星救助，但子水处于丙火、午火的夹攻之中，难以施其救助之功，且相距遥远，杯水车薪，自顾不暇，所以克妻甚重。若运行金旺之地，难免不遭刑克。另外，子星子宫同时支子水所临之位，与三火丙、丁、午相征战，尤子午冲克最甚，幸有三金相生，克势有减。实际上，在他的四十一位妻妾中，于乾隆帝之前去世的竟有三十三人；而在他的二十七名子女中，于乾隆帝之后存世的仅有四人。

譬如，乾隆十三年 (1748)，乾隆帝大运甲午，甲木死于午，又与命局日柱干支天克地比，不吉，流年戊辰，克去命局子水，使大运甲木和命局卯木无所依托，又与命局日柱干支天克地比，同时流年辰支与原局月令酉支合而化金，克伐命局妻星卯木。而是年皇后富察氏死于东巡途中。

乾隆三十年，乾隆帝大运壬辰，流年乙酉。流年之酉金与命局月令之酉金与大运辰支合而化金，克伐命局妻星卯木和流年天干乙木，克妻之势重现。乾隆帝并没有特别关注这些，此年所作的《新正重华宫》诗曰："岁值木奋轧[1]，月得土长养。酉秀成熟兆，寅津辖达广。"然而，就在这一年的闰二月十八日，继后乌拉纳喇氏在南巡途中突然愤而剪发，帝后失和。次年，乾隆的大运壬辰与流年丙戌犯天克地冲，为大灾变故之征。是年三月，云贵总督刘藻御缅兵败，自杀。是年七月，继后乌拉纳喇氏亡故。表面上看，乾隆帝对乌拉纳喇氏的离世并没有流露出多少哀伤之情，实际上，他的精神受到很大的打击。此后三十年间，乾隆帝再也没有立过皇后，并下令凡要求立后之人皆处以死刑。这无疑使皇帝的家庭生活有失协调。妻妾的接连死亡，也许使乾隆帝产生了逆反的心态。乾隆三十年之后，他曾大肆册封妃嫔，试图抵抗那多舛的家庭命运与日渐衰退的生命力。

乾隆三十年 (1765) 五月初九日，册封魏佳氏为皇贵妃。

乾隆三十一年 (1766)，赐扬州籍汉女陈氏为明常在。乾隆四十年 (1775)，晋明贵人。乾隆五十九年 (1794)，册封为芳嫔。

1　奋轧为草木萌生。《汉书·律历志》有"奋轧于乙"之说。

同年，册封钮祜禄氏为顺嫔。乾隆三十三年 (1768) 又晋为顺妃。

乾隆三十三年 (1768)，晋和卓氏为容妃。

乾隆三十六年 (1771)，册封汪氏为惇嫔，后晋为惇妃。

乾隆四十年 (1775)，赐号苏州籍汉女陆氏为禄贵人。

乾隆四十一年 (1776)，册封钮祜禄氏为诚嫔。

同年，册封伊尔根觉罗氏为循嫔。乾隆五十九年 (1794)，又晋为循妃。

乾隆四十二年 (1777)，赐号金贵人。

乾隆四十五年 (1780)，赐号慎贵人。

乾隆五十九年 (1794)，八十四岁高龄的乾隆帝赐号西林觉罗氏为鄂贵人。

同时赐号的有柏氏为寿贵人，另外一人为白贵人，等等。

如此多的封赐似乎并不能说明什么，反过来只能表明老皇帝对自己妻星势孤、刑妻克子之虞的一种抗争。然而，这却有忌于孔子所说的老而"戒之在得"的君子之道，因而受到了后人的责难。

假若以乾隆三十年为分界线来看乾隆帝未竟的事业，似乎有一种恰在途中的感觉。

譬如，乾隆帝曾把自己六次南巡说成是效法皇祖康熙帝而为之，并作为平生一件大事。他七十五岁时曾作《南巡记》，宣称："予临御五十年，凡举二大事，一曰西师，一曰南巡。"乾隆三十年之前有三次南巡，乾隆三十年之后亦有三次南巡，分别是在三十年、四十五年和四十九年。

乾隆帝还六次西巡五台山，乾隆三十年之前有三次，乾隆三十年之后亦有三次，分别是在四十六年、五十一年和五十七年。

另外，乾隆帝先后八次到山东曲阜，向孔子顶礼膜拜。乾隆三十年前有四次，乾隆三十年之后亦有四次，分别是在三十六年东巡、四十一年东巡、四十九年南巡及五十五年东巡时。

在八十二岁那年，乾隆帝将"古稀天子"的称号换为"十全老人"。乾隆五十七年 (1792)，清军取得了反击廓尔喀战争的胜利后，乾隆帝御制了一篇《十全记》。文中称自己一生取得了十全武功。"十功者，平准噶尔为二，定回部为一，扫金川为二，靖台湾为一，降缅甸、安南各一，即今二次受廓尔喀降，合为十。"开疆拓宇，四征不庭，揆文奋武，于斯为盛。十功者，乾隆三十年前有四次，三十年后有六次。至于后三十年的几场战争实在不值得炫耀，如进攻缅甸时，清军主帅明瑞战死，几乎全军覆没；入安南之役，清军狼狈退回；再征两金川，动用十万大军，五年时间战胜了仅三四万兵马的土司。这实在有一种盛极至衰的感觉。

另外，乾隆年间曾四次普免全国各省应交的地丁钱粮。乾隆三十年之后有三次。其中乾隆三十五年 (1770) 普免的背景是，乾隆帝六十大寿与其母崇庆皇太后八十岁华诞。乾隆帝在是年元旦的上谕中说："普天忭祝，庆洽频年，尤从来史册所未有，是宜更沛非常之恩，以协天心而彰国庆。"

乾隆四十二年 (1777) 普免的背景是，这一年的正月，崇庆皇太后以八十六岁高寿去世。乾隆帝第三次普免全国钱粮，以使全国亿万臣民"共被慈恩，永申哀慕"。

乾隆五十五年 (1790)，乾隆帝八十大寿，他在元旦第四次下令普免全国钱粮，"敷锡兆民，用叶崇禧，以答嘉贶"。

这三次普免的背景，与乾隆十年六月初六日首次宣布普免全国钱粮时提出的"藏富于民""持盈保泰""天下之财，止有此数，不聚于上即散于下"的主旨有异，带有浓厚的自我炫耀的意味。

一种浮夸炫耀之风几乎充盈于整个乾隆朝后三十年，乾隆帝意骄志满、不可一世的情绪更是日见显著。乾隆三十年前后，缅甸内乱中失败的土司骚扰我云南边境，杨应琚组织清军击退缅兵后，主张乘机征服缅甸，结果失败。在此形势下，乾隆帝根本没有把缅甸放在眼里。"若准夷回部，莫不为我臣仆，又何有于弹丸僻处，胜不为武之缅匪乎？"打败缅甸算不上什么大胜利，至于失败，他从来没有想过，以致明瑞征缅兵败。

乾隆三十九年 (1774) 八月，山东临清发生了王伦组织的清水教教民反清起义。给事中李漱芳上疏称"奸民聚众滋事，为饥寒所迫"；又言近畿亦有流民扶老携幼，迁徙逃亡，但官府在卢沟桥设下路障，阻之不使北行。给事中范宜宾也持相同说法，奏请朝廷增设粥厂。山东连年遭灾，本属事实，乾隆帝却拒不承认，将李漱芳此奏指斥为"转代奸民饰词诿罪，止图为一己沽名"。

姚文瀚《崇庆皇太后八旬万寿图》

乾隆三十六年（1771）十一月二十五日，乾隆帝于慈宁宫为母亲庆贺八旬寿辰。图绘场景定格在彩衣躬舞、捧觞上寿之后。殿内太后端坐在宝座上享受着筵宴，乾隆帝侧坐在母亲身旁，东西次间为乾隆帝的妃嫔等，殿外月台上为其皇子、皇孙们。

乾隆帝还令侍郎高朴、袁守侗带同李漱芳、范宜宾前往良乡及黄村、东坝各处查看。因为事先做了掩饰，李漱芳和范宜宾二人"并未见成群乞食流民"。结果，李漱芳被降为礼部主事，范宜宾被夺职并充军新疆。一次本来并非偏颇的进谏，就这样被压制了，言路受到严重阻塞。

其实在乾隆中期，社会经济潜伏着诸多矛盾，人口与土地的矛盾尤已呈显著之势。乾隆三十一年 (1766)，全国田地为七亿三千一百四十四万九千五百亩，人口有二亿零八百零九万五千七百五十六口，人均耕地只有三亩多。虽然这个数字并不是十分可靠，但是反映了耕地不及人口增长的客观事实。按照乾隆后期著名学者洪亮吉《意言·生计篇》提出的"率计一岁一人之食，约得四亩"的标准来看，已有严重不足。加之土地兼并日益激剧，民乱已呈上升势头。本来，到乾隆中期，清朝已统治有百年，汉人的亡国切齿之痛已消磨于专制皇权的积威之下，但由于社会矛盾的加剧，终于在乾隆末年爆发了以"反清复明"为宗旨的白莲教起义。由下层民众点燃的汉族意识再觉醒的火种，这次几乎一直蔓延到清末。这不能不说是乾隆帝"必世而后仁"的失败，更谈不上"善人为邦百年，亦可以胜残去杀矣"。

再者，乾隆时兵额不为不多，乾隆后期又提出挑补实额。乾隆四十六年 (1781) 九月，大学士阿桂请奏毋庸挑补，而乾隆帝却以银库充溢，决计行之。迨至嘉庆朝后，两次议裁兵额，卒不能裁，仍依原数。乾隆帝因逞好大喜功之片念，竟贻子孙以无穷之忧。《清鉴纲目》云："佳兵者不祥，器满者必覆。清之不竞，其自高宗晚年始乎？"

另外，于外交者，据统计，至乾隆二十九年 (1764)，中国对欧洲各国外贸总额已达白银554.5万两。其中从欧洲输入的商品总值约为191万两，而从中国输出西方的商品总值约为364万两。这说明，处于封建经济发展又一高峰的乾隆盛世中期，中国仍处于出超国的优越地位。

乾隆后期，西方资本主义方兴未艾，以英国为代表的先进国家强烈要求对华贸易。乾隆帝从维持封建专制统治的政治需要出发，采取了闭关锁国政策。这势必使清朝陷于闭目塞听的境地，直至英国人已经把炮舰开到乾隆帝的眼前，他还在喋喋不休地侈谈恩赐给人家茶叶、瓷器。自乾隆五十八年 (1793) 英使马戛尔尼来华，四十七年后就发生了第一次鸦片战争，清政府这时才做出了英国"船坚炮利"的结论，乾隆帝对此应负有不可推卸的历史责任。

孔子没有活到八十岁，因此他最多说到"七十而从心所欲，不逾矩"。待到乾隆帝完成了举世闻名的《四库全书》的纂修，又完成了"十全武功"，好像就要登上"文治武功"的圣君宝座了。这时已年逾八旬的乾隆帝内心似乎有了几分忏悔之意。他晚年曾说："朕临御天下六十年，并无失德，惟六次南巡，劳民伤财，实为作无益害有益。"

马戛尔尼进自来火鸟枪

嘉庆二年 (1797) 十月二十一日，乾清宫交泰殿发生火灾。为此乾隆帝"寝食靡宁"，借此大发议论，除了列述自己在位六十年，享寿八十有七，亲见五代元孙，武功十全，诸福备具以外，认为这是天灾示儆，从而提出政有缺失，并主动承担责任。他表示："现在朕虽已传位，为太上皇帝，而一切政务，仍亲理训示。兹政事有缺，皆朕之过，非皇帝之过。"

嘉庆四年 (1799) 正月初三日上午，八十九岁的乾隆帝带着企盼镇压川、楚、陕白莲教大起义奏捷的焦虑心情，与只差一年就可以举行庆典祝贺"九旬万寿"的遗憾，与世长辞。举朝上下对太上皇帝之死早有思想准备。等到他死亡的确切消息传出后，据当时朝鲜使臣的记录说，人们只见各衙门官员摘去了帽上的红缨，路上来往的行人也是如此。"而皇城之内，晏如平日，少无惊动之意，皆曰此近百岁老人常事。且今新皇帝至孝且仁，太上皇真稀古有福之太平天子云。"

金漆龙纹宝座

此供座形制与乾隆帝生前使用的宝座形制相同，髹漆涂金，九龙盘绕，宝座上供奉死者的牌位。平时一般供奉于太庙后殿，祭祀时用黄舆请至前殿，接受叩拜。

乾隆六十年 (1795) 九月初三日，八十五岁的乾隆帝主动要求让位归政。于次年改号嘉庆元年，自为太上皇帝，军国重务乃奏闻，秉训裁决，大事降旨敕。直至他一旦倒下，才真正宣告一个时代的结束。嘉庆帝亲政伊始，就把乾隆帝压制的宗室，原降贝勒，或降郡王者，一个个重新晋封，该封亲王的封亲王，该封郡王的封郡王，又赦乾隆年间文字狱案涉及人员。最为突出的是把盛极一时的和珅逮捕下狱，处死，勒令抄家，为推行新朝之政扫清了道路。

乾隆帝希望大清帝国的事业能有亿万斯年之福。然而，他也清楚地意识到：自古以来，未有一家恒享昊命而不变者。他在八十五岁时，御制《匣衍记》文，记载了乾隆十一年春确定象征大清国皇权的国玺为二十五之数时，他曾"密用姬周故事，默祷上苍"，希望清朝能享国二十五代。

所谓"姬周故事"，指周平王迁都洛邑，开东周二十五代王业。乾隆帝把顺治帝作为清朝定鼎兆京后的第一代，自己便是第四代。他"享祚之久，同符圣祖，而寿考则逾之。自三代以后，未尝有也"。他企盼自己的王朝能像东周那样，延续二十五代。

锡伯部落的远征

正月初八日的半轮夜月在风雪中显得有些迷蒙。凛冽的寒风将雪花吹得漫天飞卷，系在车马上的铃铛随着呼啸的寒风晃来晃去，发出丁零丁零的响声。一座小城在雪夜中时隐时现。

这座边塞城镇是雍正十三年（1735）由清朝驻屯军修建的。由于这里有几眼温泉，柳树成荫，因而有了"乌里雅苏台"的名称，蒙古语意思是柳树多的地方。

乌里雅苏台（uliastai）即今天蒙古国扎布哈朗特（Jibhalanta），雍正帝曾在这里设乌里雅苏台将军。

在这个风雪交加的夜晚，乌里雅苏台的城外驻扎了一支疲惫不堪的军旅。简易的帐包分散在城垣东南的洼地处，厚厚的积雪把帐包里的人压得抬不起头来。在一个不大的帐包里往往要挤上三四十人，而这些帐包加起来足有上百个。风雪在人们头顶上呼啸着，他们靠彼此的体温来取暖，相依偎着度过这可怕的寒冷之夜。

这支饥寒交迫的军旅，正是奉朝廷之命，从盛京调往新疆伊犁的锡伯官兵及其家眷。在中心帐包里，一根长长的"子孙绳"在风雪中受到族人的特别呵护。在信奉萨满教的锡伯族人的精神世界中，这根绳索是纪念全族人生命里程的神器，他们又称之为"喜利妈妈"。即使是在远征的途中，也必须珍藏在"子孙袋"中，以此来保佑族人的身家性命。同时，帐包里的人们相互讲述着三国英雄关公的故事，在寒冷中激励士气。接受关公作为萨满教的神祇，完全符合锡伯族人西迁时克服艰难险阻的精神需要。

据档案记载，朝廷从盛京及其所属诸城的锡伯官兵中，挑选年富力强、善于骑射的兵丁一千名，防御、骁骑校各十员，官兵之家眷三千二百七十五口，共计四千二百九十五人迁往伊犁。但实际到伊犁的锡伯族人不止此数。乾隆三十年，伊犁参赞大臣爱隆阿的奏文称："据护送一千名锡伯官兵之协领阿穆呼郎、噶尔赛呈称：去岁，我等前来时，除已入册之人口外，沿途陆续新生男女幼童共三百五十余名。此外，我等于途中查出跟来之闲散四百余名。当即询问伊等，皆答称系官兵之兄弟子女，由原籍起程时，跟随而来。其中，男二百四十七名，女一百五十八名。实系起程时跟随而来，并无他故。惟印册内无其名额，等因具结前来。"由此算来，当年迁徙伊犁的锡伯族男女老少，约为五千零五十名。

这支人马从盛京出发前，朝廷特别由盛京户部支给被派出防御、骁骑校各一年的俸银外，又发给两个月盐菜银，每人每月二两，马六匹。发给兵丁两个月盐菜银，每人每月一两五钱。每户发给整装银三十两，帐房、铁锅之折价银六两，马两匹，牛三头，车一辆。每人携带两个月口粮。这群官兵和家眷被分成两批，先后起程。其第一批派去防御五员，骁骑校五员，兵丁四百九十九员，官兵之家眷共一千六百七十五口，一并交协领阿穆呼郎管带，于乾隆二十九年 (1764) 的四月初十日起程。第二批派去防御五员，骁骑校五员，兵丁五百零一名，官兵之家眷共一千六百口，一并交协领噶尔赛管带，于乾隆二十九年四月十九日起程。

锡伯族官兵扶老携幼，赶着牛车，离开自己多年生活的家园——盛京，他们出彰武台边门，经克鲁伦路和蒙古路，于八月二十四、二十五日抵达乌里雅苏台。

旧历八月末的蒙古高原，已是青草无存，寒气袭人。这支军旅携带家眷、精疲力尽，牲畜也因长途乘骑，疲瘦无力，加之粮草又成了大问题，队伍已无法前进。于是，就在乌里雅苏台扎了营，等来年春草返青，再赶往伊犁。

锡伯族原隶属于科尔沁蒙古。康熙三十一年 (1692)，科尔沁蒙古王、公、台吉将锡伯族"献给"了康熙帝，被编入满洲上三旗（镶黄、正黄、正白），分驻在齐齐哈尔、伯都纳和吉林乌拉三城，隶属于黑龙江将军和吉林将军。

然而，朝廷又疑心锡伯人众，恐日后生出事端，便采取了"分散各境，万不可使居一国"的分而治之政策。康熙三十八年 (1699) 到四十年 (1701) 间，下令将三城锡伯族兵丁及家眷迁到北京、盛

明瑞像

伊犁将军明瑞等奏选派盛京锡伯官兵驻防伊犁地方满文奏折（局部）

京及其所属之开原、锦州、辽阳、熊岳、金州和凤城等地驻防。这是锡伯族人的第一次大迁徙。

话又说到乾隆二十二年 (1757) 和二十四年 (1759)，清政府先后平定了阿睦尔撒纳和大小和卓叛乱以后，为了加强新疆之防务，设立了伊犁将军，并调拨满洲、索伦、绿营、察哈尔和额鲁特等兵往新疆驻防。然而，战后的伊犁地区人烟稀少，土地荒芜，防务空虚，沙皇俄国又不断向东扩张。面对这种形势，清政府一面由内地派遣官兵，筑城驻防，一面从南疆移民屯田，并于乾隆二十七年 (1762) 命明瑞为首任伊犁将军，驻伊犁惠远城，总理天山南北两路军政事务。然而，军机大臣们仍感兵力不足，防务不甚坚固，尤其地处伊犁东北的"塔尔巴哈台地方，非但与伊犁毗连，且通阿尔泰、科布多等地。虽于伊犁驻兵，而塔尔巴哈台不驻，则西北两路，声势不能呼应。惟于塔尔巴哈台驻兵，周围环设卡伦，则西北两路方能彼此呼应，伊犁军威，将更加强盛"。于是朝廷决定在塔尔巴哈台筑城，由伊犁派兵换防，交伊犁将军明瑞承办此事。明瑞深感伊犁现有官兵不敷调遣，乃具折奏闻，请调拨盛京锡伯兵增援伊犁：

> 塔尔巴哈台驻兵后，当年七月，此一千五百名兵又该换班，若即于伊犁携眷满洲、索伦、察哈尔兵内派出换防，则凉州、庄浪之满洲兵，皆携眷来驻。初从戎行，其步射、枪法尚可，而马背技艺，一时不能谙练，即使苦练，亦需数年之暇，且至丙戌年，三千兵方能到齐。至察哈尔兵，本选无能、情愿来居者移之，迁至伊犁后，方始操练，亦不能即成强兵……至布特哈索伦兵，来年方能到齐。若后年春即遣驻

塔尔巴哈台，则其家眷尚未定居，亦有不便之处。请仍派换防兵，再换一班。此次换班时，仍于京城满洲前锋、护军、健锐营前锋及黑龙江兵内拣选兼派，似于事有利。再，奴才等闻得，盛京驻兵共有一万六七千名，其中有锡伯兵四五千名，伊等未甚弃旧习，狩猎为生，技艺尚可。近几年出兵时，未曾遣派伊等。奴才以为于此项锡伯兵内，拣其优良者一同派来，亦可与黑龙江兵匹敌。[1]

明瑞的奏折很快得到了乾隆帝的批复，并责成军机处策划锡伯族人的这次远征。

也许这是乾隆帝为满洲文化流传留下的最精妙的一笔。正是这五千余名锡伯族远征军，他们从中国大陆的最东端出发，跨越蒙古草原，翻越阿尔泰山脉，经过一年又三个月的长途跋涉到达了中国大陆西端的伊犁地区。由于这批人及其后裔远离具有强大文化影响力的汉民族，因而始终没有忘却满语，成为满语唯一的继承者。

每年的旧历四月十八日，是锡伯人西迁的纪念日。在这个特殊的日子里，孩子们将锅底黑烟灰涂在自己的脸上，也涂在相见人的脸上，以此来纪念先祖们的业绩。

今天在中国第一历史档案馆里，收藏有大量的满文档案，分属有内阁全宗满文档案、军机处全宗满文档案、宫中全宗满文档案、内务府全宗满文档案及宗人府全宗满文档案等十余个卷

1　见《伊黎（犁）参赞爱隆阿等奏锡伯官兵家口数目折》，原件见军机处乾隆三十年九月满文《月折档》。

宗，反映了清代政治、经济、文化、军事、民族关系、外交等各方面的重要史实，仅有目可查的与汉文档案不相重复的就达一百五十万件左右。这无疑是一份十分珍贵的历史文化遗产。可以告慰于乾隆帝的是，两个世纪以前的那支锡伯族远征军的后裔，他们的儿女有的成为了中国第一历史档案馆满文处的研究人员，正在整理着这份庞大而珍贵的档案资料。

附

录

附录一

《乾隆十二时辰》原版序
常建华

2019 年，电视剧《长安十二时辰》一路热播。该剧讲述了天宝三年 (744) 都城长安上元节花灯大会前一天内破获纵火行刺阴谋的故事。故事情节虽然是虚构的，但所构建的细节颇有历史感，仿佛带领我们重新回到了大唐。这是文艺作品的力量。

如果历史学也写一天之史，又当如何呢？清朝有大量的清宫档案保存至今，如果选择某一天，将当天所涉档案找出来，则可以呈现出清朝历史的一些侧面。

吴十洲教授的《乾隆十二时辰》正是这样一种尝试。该书通过乾隆三十年 (1765) 正月初八日这一天来反映乾隆朝乃至清朝的统治特色。

乾隆朝共六十年，是清代历史上由盛而衰的时期，了解乾隆朝对于把握清史至关重要。然而为何选择这一年、这一天呢？乾隆三十年正好是乾隆朝之半，选择这一年从时间上考虑，最平衡、最有代表性。就描写皇帝而言，那自然是选择留下档案较多、活动内容丰富的那一天，叙述起来才能得心应手。正月初八日正好可以满足这样的要求。

这一天发生的事情，确实充满了清史特别是乾隆史的重要信息。清朝以"敬天法祖"为家法，常年举行朝祭和坚持阅读圣训、实录，这是皇帝的日常。这一天清廷的节庆活动有重华宫茶宴，这是君臣吟诗联句的雅集。联句结束后，乾隆帝特赐与会者《石渠宝笈》一部。这种君臣间礼物的流动具有主仆特色。清帝标榜文化事业超迈历朝，《石渠宝笈》被作为礼物赏赐，对于大臣来说，无疑是重要的世宝，昭显的是皇恩浩荡。

清朝的另一家法是"勤政爱民"。勤政就要坚持亲自处理政务。这一天乾隆帝批阅了奏本，接见了府州县等基层官员。阅览奏本可使皇帝与大臣间保持信息通畅，维护君臣关系。而中下级官员即京官五品以下、外官四品以下，在授官、京察、大计、保举、升调、俸满时，朝见皇帝，由皇帝当面鉴定升降去留，可以保持皇帝对官员以及基层社会的了解。这些都是勤政的表现。当然，皇帝也不是事事都自己拿主意，遇到复杂的问题，会和大臣商议，比如召军机处领班傅恒面议政事等。

除了处理政务，乾隆帝还雅有艺趣，书画文物，样样精通，经常在养心殿三希堂赏玩书画器物。至于乾隆帝的家庭生活，这里面自然少不了乾隆帝一生念念不忘的爱妻富察皇后、怨偶第二任皇后乌拉纳喇氏、民间流传最广的宠妃香妃。

这一天还是顺星节，要祭祀星辰。这一年正月十六日，乾隆帝将要第四次南巡江浙。这一天宫中上上下下也都在为即将启程的南巡做准备。乾隆帝仿祖父康熙帝，亦有六次南巡，一路察吏安民，锤炼官兵，体现了清朝"马上朝廷"的统治特色。而南巡表达的孝道、尊儒、治河等政治文化，亦极具清朝意识形态的特色。

"内言不出"，诚然在清宫档案中，乾隆三十年正月初八日基本是"一夜无话"的。但历史学者通过勾连史料，建构出了乾隆帝这一天丰富的行程。朝廷的大事小情，经十洲先生的巧思佳构，生动地再现出来。这是史学的力量，逼真而超出一般人的想象力。

这部别具一格、雅俗共赏的一日史，值得一阅。

2020年8月31日

新体裁史书的尝试之作

——吴十洲著《乾隆一日》序

冯尔康

　　吴十洲先生的新著《乾隆一日》即将同读者见面，我知道他花了很多的心血，有了令人欣喜的成果，首先向他表示诚挚的祝贺。

　　当日十洲携来《乾隆一日》的稿子，要我写篇序言。"一日"的历史如何写法，我闻所未闻，颇有新鲜之感。迨及粗粗阅读一过，多少明白十洲的用心之所在。原来：乾隆一日，系指乾隆三十年正月初八日（1765年1月28日）。这一天，既不是冬至、元旦、万寿节这三大国家节日，也不是皇帝有大事要举行祭祀太庙的告庙盛典，亦没有什么班师献俘的大典礼，以至大吏的任免、亡故、赐祭，重大灾情的报告和政府的蠲免，民众的运动，藩属的来朝，等等，一切重要的特殊的事情都没有发生，这是个极平常的日子。所以《清史稿·高宗本纪》的纂修者对它未予理会，做了空白的处理，而十洲选择了它。这是使用了如同社会学的随机抽样调查方法，并无特别的深意，就是要在平常之中发现一些有价值的事情，或许能从某一个侧面了解乾隆帝和他所处时代的历史。

　　这一天乾隆帝自然有他的理政活动和生活内容，据十洲在书中所列的乾隆帝《起居一览表》，乾隆帝于清晨六时至乾清宫西暖阁阅览《圣训》，八时至九时与大臣、学士在重华宫对诗联句，十时至十二时于养心殿批阅臣工的秘密奏折，下午一时至二时于养心殿接见被大臣引见的官员，三时批览臣工的题本，四时与军机处领班傅恒面议政事，五时至六时在养心殿三希堂鉴赏书画器物。大致说来，乾隆帝像往常一样批奏折、题本，会见并训饬将有新任命的低级文武官员，为即将启程的南巡做进一步准备，这些是处理政事。与臣下对诗联句，表示君主雅兴和六艺俱精，也是文治的一种表现。联句结束，特赐与会者《石渠宝笈》一部。这部书画鉴赏专著，是乾隆帝不满意过往的这类著作，特命专家和他共同研治的。《四库全书总目》介绍该书云："我皇上几余游艺，妙契天工，又睿鉴所临，物无匿状，是以品评甲乙，既博且精，特命儒臣录为斯帙，以贮藏殿阁。"作书是乾隆九年（1744）的事，此后乾隆帝对书画的兴趣丝毫未减，看他这天用两个小时在三希堂观摩书画古董，可知他入迷了。拜读先祖的圣训，从父祖那里获取治国的思想和经验，是实现清朝"敬天法祖"国策的一个基本要求，是皇帝的必修课，亦是皇家的家法。在这一天中，乾隆帝还有其家庭生活和私生活。

在一天之内，任何人所做的事情都是有限的，皇帝也不例外。那么点事，能写成书？原来吴先生采取了投石于水，随波浪扩展的层层推进的写作方法，即以乾隆帝所做的事情为中心，将与其有关联的史实一并写出来，以此做到上下的纵联，左右的横联，这样由点及面，就能把乾隆帝在正月初八日所做的事情前后贯穿起来，做出有头有尾的交待。比如批阅奏折一事，就将奏折的产生过程及其功能，奏折的处理与录副奏折，汉文之外的满文奏折，都涉及了。如此一来，就可能把事情说得丰满些，原委叙述清楚些。

写作专著，有些内容必须在正文里表达，而有些内容应当写，又不能全写，否则就会造成枝蔓繁生的弊病，因此作者们常常用附录来辅助正文书写的不足。看来十洲深谙此道，做了多个附录，都很必要，尤其是《乾隆帝后妃一览表》《乾隆帝皇子皇女一览表》《乾隆年间北京皇宫全景图》等，以便读者将正文与附录对照阅览，接受得方便一些，快捷一些，可见作者为读者想得很周到。

以上是我对《乾隆一日》的写作方法和某些内容的理解，由此我来进一步认识该书的特点和价值，大致体会到以下几点：

第一，此书的写作是创造一种前所未有的史书体裁的尝试。古往今来的史书体裁甚多，不讲那些资料图籍，就以近人的而言，有通史、断代史、某个特定时期史、专史、事件史，以及人物传记，此外近期出现以某一年份为限的史书，如颇有盛誉的《万历十五年》。最近听说有史家在组织编写一套丛书，将为中华人民共和国建立以来的每一年写一部书，这同《万历十五年》一样，是以年为史。这一信息，可能预示以年为史的著作将会多起来，或许会成为常见的史书体裁。然而以日为史者，尚未听说过，有之，可能自吴先生的《乾隆一日》开始（当然，我这里是就中国史书讲的，是仅仅就此范围而言，其他则不在此限）。因此，我认为这是一种史书体裁的创新，实系大胆的尝试。写一日的历史，剖析极其短暂的历史时间，是从一个新的视角观察历史，也是使用人们运用过但不甚强调的点面融为一体的研究方法，用吴先生的话说是："《乾隆一日》的写作或许是认识乾隆时代的一种思维模式。"（《乾隆一日·后记》)他是就具体事情说的，然而我想他的这种研究，具有方法论的意义。写一天的历史，是完全可能的事情，十洲创新的尝试，理应得到肯定，这是开启书写一日历史之先河啊！

第二，内容的选择，别有情趣。《乾隆一日》的内容，诚如作者所说，不是要把政治史放在优先地位，而是要表现那个特定时间的文化与社会(《乾隆一日·前言》)。作者着墨较多的是坤宁宫的朝祭，由此而推展到满人的萨满教信仰、敬神仪式、灶祭、赏吃"神肉"；清晨读《圣训》，如前所述，是遵循家法，温故而知新；在茶宴间，君臣对诗联句，进行的是高雅的诗歌创作活动，亦是君臣联谊、联欢生活，是庆祝元旦的继续；三希堂鉴赏大内秘藏，非书画文物专家都能得到的欣赏机会，只有"古稀天子""十全老人"的乾隆帝所能独享，但不容否认这是他的文化生活的一项内容；乾隆帝自诩为"十全老人"，可是家庭生活远不是民间想象的那样美满：心爱的皇后死了，另一个皇后却"疯"了，儿子生了十七个，然而殇逝的早走了，不成器的徒然让老子烦恼，害得继承人都不好找，亏得他心硬，强颜生活。十洲还写到京城正月初八日的祭星风俗。这样，把宗教信仰、诗词创作、文物鉴赏、读书求知等内容的文化生活，君臣交往(人际关系的一种)、家庭生活等社会生活，都容纳到书中。此书确实具有文化史和社会史的品位。十洲在开卷写乾隆二十九年(1764)冬天的降雪和乾隆帝的喜悦，农业社会的人们盼望"瑞雪兆丰年"，以便安居乐业，皇帝则因"大有年"而国库充盈，社会稳定，所以疆吏的奏报冬雪和乾隆帝相应的关注，虽不是正月初八日这一天的事情，但是国家的大事，叙述出来的必要性是显而易见的。皇帝是政治人物，如果从此着眼，则应写他的政治活动及其后果。有的著作可以这么写，但不能对每一本书都提这样的要求，否则就会出现"千人一面，千部一腔"的公式化作品。十洲对乾隆帝历史内容的选择，体现了他对历史人物及其时代的理解，应当说是有个性的，同时也能反映所研究的对象——乾隆帝及其时代的某些特色。

第三，利用档案史料的贡献。如果从正史讲，《清高宗实录》《乾隆朝起居注》所能提供的乾隆三十年正月初八日的史料就是那几条，自然不能据以写什么专著，《清高宗御制诗文集》同样所涉无多。"巧妇难为无米之炊"，吴先生乃向清史研究的资料宝库——清代档案索取原料。看《乾隆一日》的附录《主要参考资料》，首先开列的是:《御茶膳房档案》《节次照常膳底档》《江南节次照常膳底档》《传账档》《来文簿档》《宫中穿戴档》《内务府来文簿》《军机处录副奏折档》《军机处满文录副奏折》《杂录档》《日记档簿》《宫中档》《进等样南果底簿》《进等样干果底簿》《总管内务府杂录档案》《銮仪卫正堂范》《王公文武大臣等职名黄册》等，以及尚未印行的乾隆朝《内阁汉文起居注》，业已梓刻的有《宫中档乾隆朝奏折》《乾隆朝上谕档》。可以说依据档案史料写作，是《乾隆一日》的一大特色；换句话说，没有档案材料，写不出这部作品。说说利用档案，是很轻巧的事情，然而档案素材的搜求，可就不那么简单了。凡到过档案馆查阅档案的学人，就能体会到困难之多，是从图书中搜集资料难于比拟的。作者的不辞辛劳，对档案的索取，实乃为写成此书打下坚实的基础。正是这些档案资料，能给读者以有用的学术成分。如果仅仅看到该书的档案史料价值，似乎也还不够，它的作者具有较多的文博知识，因而能够对乾隆帝的书画、古董鉴赏的经历做出较成功的说明。

开创写一日之史新方法的《乾隆一日》，无疑有其需要改进的地方，比如材料用得多而必要的深入分析比较缺乏；内容的生动有趣与有的部分写得乏味，二者不相谐调，如联句部分的单调写作方法，令不熟悉联句诗的读者难以卒读；文字运用的功夫，尚待锤炼。相信假以时日，吴先生将会在再版时做出必要的改进。

我很赞成吴先生治学的求实态度，他明确申明：写书的目标，不是告诉读者历史的发展规律，而是以具体的史实供读者去理解。看看宣布给读者以历史规律的著作，有哪些可以令读者满意的哩！那不过是其作者良好的主观愿望，或者是人云亦云，或者是说大话，何尝能给读者以规律性的教益。我国的史学传统，历来讲求"史鉴"，即为人君求治提供历史经验；也注意于"教化"，即根据官方哲学的需要选取史事教育民众。这些都是政治性的功能，所以也使史学取得高贵的学术地位。

星移斗换，岁月更新，时代发展到今天，史学的那些政治功能色彩必然黯淡了，而社会功能需要加强。历史读物要能给人以历史知识，用历史的真实启迪读者，增加人们的智慧，从而发挥人的创造力，增强人们的生活情趣和提高人们的生活质量。"知识就是力量"，能给人以历史知识，历史学的使命就完成得不错了；向往于提供历史规律，愿望固然很好，只是难于做到，恐怕一般读者也不买这个账。故而我赞成史书提供历史知识之说，照这个方向去做点实实在在的学问，因此，我乐于为《乾隆一日》写几句话。

假如要我用一句话说出对《乾隆一日》的认识，那就是：这是尝试用新体裁编撰历史的著作，有兴趣的读者不妨一阅。如果要我为我的这篇小文拟个题目的话，就用"新体裁史书的尝试之作——《乾隆一日》"吧。

1998年9月20日于南开大学顾真斋

山东画报社2006年版补白：

六年前我写序，首先祝贺《乾隆一日》（以下简称《一日》，南开大学出版社梓刻）的问世；岁越三载，有台北远流出版公司的本子与读者见面；又是三年，山东画报出版社的版本就要呈现在读者面前了，六年之间三个版本，表明读者的认可。就此我想说一个故事，远流版的样书是公司直接寄给我的，其时我手中有三部书，我要送给一位青年的朋友，我说这三部书赠送一部，请自己选取，他就挑中了《乾隆一日》，可见这部书为人喜爱了。因此我要再次向吴先生道贺，写了好书，为您高兴，为读者喜悦。

现在作者和出版社要我就新版再说几句话，我想原来的《序》不必改动了，因为那是"历史"，何必"篡改"，不如保留它，再依据新版的特点和近日的理解，说点新话和补充的话，故曰"补白"。

十洲在"前言"中说:"在所有的人文社会科学中,社会学在揭示'文化'特质的观点上与历史学最为接近。研究文化的转移,不同文化、不同民族、不同社会之间的接触所引起的变化,是历史学和社会学共同关注的课题",并表示:"这本书中政治史不再放在优先的地位,而努力去揭示一种文化发展的动力才是设想中的写作目的"。他试图将历史学、社会学结合起来写出文化史,或者说得贴切些是社会文化史的作品。他是如愿以偿了。在乾隆史的研讨中,无疑属于政治史的比较多,比如五六部乾隆帝的传记多系如此,而着重在社会文化史的尚不多见,如同在历史编纂体裁方面创新一样,《一日》以社会文化为研讨对象,也是别开生面的,可以说改写了乾隆史研究面貌。近年乾隆文化史研究也在前进,上个月在北京开新书发布会的汪荣祖教授《追寻失落的圆明园》,即为一例。不仅在乾隆史探讨方面,社会文化史的研究是世界范围内的当代新史学的潮流,20世纪90年代以来我国史学家开始关注社会史和文化史研究的结合,倡导社会文化史的研究,以至有的史学家将传统史学以外的范畴均视作文化史,由此可见《一日》是走在史学研究前沿的,充分表明作者学术目光的敏锐性,学术意识的前瞻性。

　　南开版仅有一幅乾隆时期北京全图的插图,新版绝然不同了,它将配图骤增至二百余帧,使得《一日》大大改观,成为图文配合的新读物。所配之图,大多与文字内容相吻合,除了乾隆帝与其皇祖康熙帝、皇父雍正帝、母后、后妃的画像、皇太后祝寿图之外,就是紫禁城雪景、乾隆赏雪图、行乐图、君臣书法图、乾隆帝御书"福"字、礼器图、圆明园图、堂子图、郎世宁画作《聚瑞图》、坤宁宫朝祭场所、重华宫内景外景、孔庙大成殿、内廷漱芳斋戏台、抚琴图、三希堂内景、鉴赏古人书画图（王羲之《快雪时晴帖》、王献之《中秋帖》）、三希堂精鉴玺、佛家故事的洗象图、清宫藏各种如意、宫中门神像、法驾卤簿图、文渊阁遗址图、养心殿外景、养心殿西暖阁、养心殿皇帝寝宫、奏折匣、乾隆朝满文廷寄、军机处外景、军机处值房内景，以及御膳档、《四库全书》等书影，等等，不再一一罗列，以省篇幅。有了这些图片，对图书本身都是形象的改变，令人耳目一新。

一部文字书而拥有这么多的图片，自然是作者和编者共同努力的成果，这就不由得令我想到十洲的历史文物和图片积累的深厚功力。早在十年前，他参加了日本NHK电视台在中国拍摄大型电视历史文献片《故宫至宝——话中华五千年》，不但查阅了与《一日》有关的文献资料，还获得大量的文物图片，如今再广肆搜求，自然图片丰富了。写到这里，我想扩展开去，说几句与此有关的话，这就是图片的图文配合的学术问题。

当代的图书出版业出现两种潮流，换句话说是传统的图书图文配合遇到两种挑战：电子本的问世及其向纸质本的问难；图文配合书籍向纯文字书籍的发难。我认为时至今日，撰著、制作、出版图文配合的书籍已经开始形成风气，在向纯文字书籍挑战，至少可以说图文并重的图书时代已露端倪。在这种情形下，配制了大量图片的《一日》是顺潮流而动，是以率先之举，为新兴的图文配合图书事业助力，有此贡献，我想作者、编者乐何如哉！就我本人讲，拙作《雍正传》的四种版本，每种插图不及十幅，年初我对文字做出较多的增加，同时配图一百数十帧，人民出版社乔还田编审当即说这是该社传记丛书中第一部大型图文配合之作，要出好，我亦颇为高兴（近日信息，该社要同时推出数种同类读物，拙作之梓行日期后推了）。既然图文并重时代到来，史学工作者似宜对此种现实有明确认识，并能主动应对，付出应有的努力。十洲是主动的态度，他的学识令人感佩。

我在这里说"图文配合"，而不能说"插图"，意在提高"图"在"书"中的地位，书不能光有文，还得有图，文、图配合，图不是可有可无的插图。图本身可以当作史料用，是历史之佐证，至于通常所理解的图的作用是视觉形象，加深读者的印象，只是其功能之一而已。图文配合是图书表达方式的重大变革，对作者亦是一种挑战，意味着变革传统研究方法和写作方法，从而需要相应地提升自身的学术研究水平。这种认识，我于十天前在清华大学历史系王国维学术讲座做题为"史学著作的图文配合与建设视觉史料学刍议"的演讲谈到了，今天我愿借十洲和陈晓东责编给我写补白的机会，将建设视觉史料学的倡议要旨附述于此，与有兴趣的同仁共商之。

何谓"视觉史料"的学术命题，我想可以这样规范和约束：凡依据一切历史的、现实的实物、事象所拍摄的照片、纪录片及文艺表演影像，均是视觉史料，是理解、阐释历史的史源之一。所谓"一切历史的、现实的实物、事象"，系指自然景观、人文景观、社会事象、生产工具及生产物、城池道路、生活用品及其使用方法、文化产品（如艺术造型、图书、字画、文房四宝、手稿、手迹等等）、信仰意识的物质载体（如寺庙道观及神佛造像）、人物及其活动。所谓"历史的"，包括历史遗存物、历史遗迹、历史遗址、历史传承的社会风俗和人们的具有历史传承性的生活方式。纪录片，指新闻片、人类学的社会调查纪录片（也是一种"故事片"）。文艺表演影像则指电影、电视剧、戏剧片、VCD 与 DVD 磁带所录制的表演图像。简单地说，视觉史实是照片、影视图像所提供的视觉材料，经过史学家的史料学处理，被用作解释历史的资料。视觉史料学的定义如此，对于去哪里寻觅视觉史料，视觉史料如何分类，视觉史料学的学术规范等相关问题的想法，就不在这儿说了。我的目的就在于呼吁图文配合红火起来，并有相应的学术规范，以利其健康发展，造福于读者和学术界、出版界。谢谢十洲和山东画报出版社给我这个篇幅发表意见，谨以此补序。

2005 年 11 月 17 日于南开大学顾真斋

附录二

乾隆帝后妃一览表

谥号	氏名	生年	薨年	享年	入宫简史	子女
孝贤纯皇后	富察氏	康熙五十一年	乾隆十三年	37	雍正五年七月奉雍正帝赐册与皇四子弘历成婚。乾隆二年十二月立为皇后。	皇二子、皇七子、皇长女、皇三女
皇后	乌拉纳喇氏	康熙五十七年	乾隆三十一年	49	雍正十二年入宫，为皇四子弘历侧福晋。乾隆二年册封为娴妃，十年晋贵妃。孝贤皇后逝世后，晋皇贵妃，摄六宫事。十五年立为皇后。三十年废。	皇十二子、皇十三子、皇五女
孝仪纯皇后	魏佳氏	雍正五年	乾隆四十年	49	乾隆十年入宫，充贵人，同年十一月册封为令嫔。后晋令妃、令贵妃。三十年五月初九日册封为令皇贵妃。六十年十月以所出皇十五子永琰（顒琰）立为皇太子，特追封孝仪皇后。	皇十四子、皇十五子、皇十六子、皇十七子、皇七女、皇九女
慧贤皇贵妃	高佳氏	不详	乾隆十年		雍正年间为侧福晋。乾隆二年十二月册封为贵妃。及卒，追封皇贵妃。	无
纯惠皇贵妃	苏佳氏	康熙五十二年	乾隆二十五年	48	雍正年间入宫。乾隆帝即位，册封为纯嫔。后晋纯妃、纯贵妃、纯皇贵妃。	皇三子、皇六子、皇四女

谥号	氏名	生年	薨年	享年	入宫简史	子女
庆恭 皇贵妃	陆佳氏	雍正 二年	乾隆三 十九年	51	乾隆初年赐号贵人。十六年册 庆嫔，后晋庆妃、庆贵妃。嘉 庆帝即位，以尝受抚育恩，与 生母无异，追封为庆恭皇贵妃。	无
哲悯 皇贵妃	富察氏	不详	雍正 十三年		雍正年间入侍。乾隆元年追 赠为哲妃，十年追封哲悯皇 贵妃。	皇长子、 皇二女
淑嘉 皇贵妃	金佳氏	不详	乾隆 二十年		初赠号贵人。乾隆二年册封 为嘉嫔。后晋嘉妃、嘉贵妃， 死后追封皇贵妃。	皇四子、 皇八子、 皇九子、 皇十一子
婉贵 太妃	陈氏	康熙 五十五年	嘉庆 十二年	92	乾隆初年为贵人。十四年册 封为婉嫔，五十九年晋为婉 妃。嘉庆年间尊称婉贵太妃。	无
颖贵 太妃	巴林氏	雍正 九年	嘉庆 五年	70	乾隆初年以贵人入宫。乾隆 十六年册封颖嫔，后晋颖妃。 嘉庆帝即位，奉太上皇敕晋 封为颖贵太妃。	无
皇祖 晋太妃	富察氏	不详	道光 二年		乾隆时赐号贵人。嘉庆 二十五年八月，道光帝即位， 以皇祖乾隆帝嫔妃仅存者尊 封为皇祖晋太妃。	无
忻贵妃	戴佳氏	不详	乾隆二 十九年		乾隆十八年入宫。十九年册 封为忻嫔，二十八年晋忻妃。 死后以贵妃礼葬。	皇六女、 皇八女
愉贵妃	珂里叶 特氏	康熙 五十三年	乾隆 五十七年	79	雍正年间入官。乾隆初年赐号 贵人，六年册封为愉嫔，十 年晋愉妃。死后以贵妃礼葬。	皇五子
循贵妃	伊尔根 觉罗氏	不详	嘉庆 二年		乾隆四十一年入宫，赐号贵 人，并晋循嫔。五十九年晋 循妃。死后以贵妃礼葬。	无

谥号	氏名	生年	薨年	享年	入宫简史	子女
舒妃	叶赫纳喇氏	雍正六年	乾隆四十二年	50	乾隆六年入宫，赐号贵人，后封舒嫔。十四年晋舒妃。	皇十子
豫妃	博尔济吉特氏	雍正七年	乾隆三十八年	45	乾隆二十三年入宫。初赐号贵人，二十四年册封豫嫔，二十八年晋豫妃。	无
惇妃	汪氏	乾隆十一年	嘉庆十一年	61	乾隆二十八年入宫，赐号永常在。三十六年册封为永贵人、惇嫔，后晋惇妃。四十三年因擅杀宫女降惇嫔，后复晋惇妃。	皇十女
芳妃	陈氏	不详	嘉庆六年		乾隆三十一年赐号明常在。四十年封明贵人，五十九年晋芳嫔。嘉庆帝即位，奉太上皇敕晋芳妃。	无
容妃	和卓氏	雍正十二年	乾隆五十三年	55	乾隆二十五年以贵人入宫。二十七年册容嫔，三十三年晋容妃，俗称香妃。	无
仪嫔	黄氏	不详	雍正十三年		雍正年间入侍。乾隆元年封为仪嫔。	无
怡嫔	柏氏	不详	乾隆二十二年		乾隆初年赐号贵人。乾隆六年册封为怡嫔。	无
恂嫔	霍硕特氏	不详	乾隆二十七年		乾隆二十四年封郭常在，二十五年赐号郭贵人。二十七年追封为恂嫔。	无
诚嫔	钮祜禄氏	不详	乾隆四十九年		乾隆二十二年入宫，赐号贵人。四十一年册封为诚嫔。	无
慎嫔	拜尔噶斯氏	不详	乾隆二十九年		乾隆二十四年赐号伊贵人，二十七年册封慎嫔。	无

谥号	氏名	生年	薨年	享年	入宫简史	子女
恭嫔	林氏	不详	嘉庆十年		乾隆十六年赐号林贵人，五十九年册封恭嫔。	无
白贵人		不详	嘉庆八年		乾隆十五年封常在，五十九年赐号白贵人。	无
金贵人		不详	乾隆四十三年		乾隆四十一年封常在，四十二年赐号金贵人。	无
慎贵人		不详	乾隆四十六年		乾隆十五年已是慎贵人。	无
新贵人		不详	乾隆四十年		乾隆二十七年封常在，后赐号贵人。	无
瑞贵人		不详	乾隆三十年		乾隆二十年赐号贵人。	无
福贵人		不详	乾隆二十九年		乾隆二十八年封常在，后赐号福贵人。	无
秀贵人		不详	乾隆十年			无
寿贵人	柏氏	不详	嘉庆十四年		乾隆二十九年封那常在，五十九年赐号寿贵人。	无
顺贵人	钮祜禄氏	乾隆十三年	乾隆五十三年	40	乾隆三十一年赐号常贵人，三十三年册封顺嫔，四十一年晋顺妃，五十三年降为贵人。	无
鄂贵人	西林觉罗氏	不详	嘉庆十三年		乾隆十五年封常在，五十九年赐号鄂贵人。	无
武贵人		不详	乾隆四十六年		乾隆二十九年封常在，四十五年赐号武贵人。	无
陆（禄）贵人	陆氏	不详	乾隆五十三年		乾隆二十五年封常在，四十年赐号陆贵人。	无

谥号	氏名	生年	薨年	享年	入宫简史	子女
张常在		不详	乾隆十年			无
宁常在		不详	乾隆四十六年前后		乾隆二十八年封常在。	无
揆常在		不详	乾隆二十一年		乾隆十五年封常在。	无
平常在		不详	乾隆四十三年前后		乾隆三十三年封常在。	无

*此表据《清列朝后妃传稿》制。

乾隆帝皇子皇女一览表

生年	皇子·皇女	生母	享年	主要纪事
雍正六年	皇长子永璜	哲悯皇贵妃	23	乾隆十三年皇后富察氏薨，乾隆帝斥其不可继承大统，抑郁而终。死后追赠定安亲王。
雍正六年	皇长女	孝贤纯皇后	2	早殇。
雍正八年	皇二子永琏	孝贤纯皇后	9	乾隆元年七月密立为皇太子，早殇。
雍正九年	皇二女	哲悯皇贵妃	1	早殇。
雍正九年	皇三女	孝贤纯皇后	62	即固伦和敬公主，乾隆十二年下嫁科尔沁蒙古王公色布腾巴勒珠尔，仍留京师。
雍正十三年	皇三子永璋	纯惠皇贵妃	26	死后追赠循郡王。

生年	皇子·皇女	生母	享年	主要纪事
乾隆四年	皇四子永珹	淑嘉皇贵妃	39	别号寄畅主人。乾隆二十八年十一月出继履亲王允祹之孙，降袭履郡王。著有《寄畅斋诗稿》。
乾隆六年	皇五子永琪	愉贵妃	26	封荣亲王。
乾隆八年	皇六子永瑢	纯惠皇贵妃	47	号九思主人，又号西园主人。乾隆二十四年十二月出继慎郡王允禧之孙，封质亲王。
乾隆十年	皇四女	纯惠皇贵妃	23	即和硕和嘉公主，乾隆二十五年下嫁孝贤皇后之侄、大学士傅恒之次子福隆安。
乾隆十一年	皇七子永琮	孝贤纯皇后	2	早殇，死后追封哲亲王。
乾隆十一年	皇八子永璇	淑嘉皇贵妃	87	即和硕仪慎亲王，著有《古训堂诗》。
乾隆十三年	皇九子	淑嘉皇贵妃	2	早殇，未命名。
乾隆十六年	皇十子	舒妃	3	早殇，未命名。
乾隆十七年	皇十一子永瑆	淑嘉皇贵妃	72	即成哲亲王，善书法。少字镜泉，后号少厂，又号诒晋斋主人。著有《听雨书屋诗集》《诒晋斋集》等，以及书法拓本《诒晋斋法帖》。
乾隆十七年	皇十二子永璂	乌拉纳喇皇后	25	著有《日课诗稿》。
乾隆十八年	皇五女	乌拉纳喇皇后	3	早殇。
乾隆二十年	皇六女	忻贵妃	4	早殇。
乾隆二十年	皇十三子永璟	乌拉纳喇皇后	3	早殇。

生年	皇子·皇女	生母	享年	主要纪事
乾隆二十一年	皇七女	孝仪纯皇后	20	即固伦和静公主，乾隆三十五年下嫁喀尔喀蒙古额驸、超勇亲王策凌之孙拉旺多尔济。
乾隆二十二年	皇八女	忻皇妃	11	早殇。
乾隆二十二年	皇十四子永璐	孝仪纯皇后	4	早殇。
乾隆二十三年	皇九女	孝仪纯皇后	23	即和硕和恪公主，乾隆三十七年下嫁协办大学士、一等武毅谋勇公兆惠之子札兰泰。
乾隆二十五年	皇十五子永琰（顒琰）	孝仪纯皇后	61	即嘉庆帝，乾隆三十八年十一月冬至节密立为皇储。嘉庆元年正月即位，四年正月亲政，谥仁宗睿皇帝。
乾隆二十七年	皇十六子	孝仪纯皇后	4	早殇，未命名。
乾隆三十一年	皇十七子永璘	孝仪纯皇后	55	即庆僖亲王。
乾隆四十年	皇十女	惇妃	49	即固伦和孝公主，乾隆五十四年下嫁大学士和珅之子丰绅殷德。

*此表据《清皇室四谱》卷三、卷四制。

清代皇帝二十五印玺一览表

名称	文体书体	质地	制作时间	用途	使用频率
大清受命之宝	满文、汉文篆体	白玉	清初	以章皇序	先代相承，不敢妄动
皇帝奉天之宝	满文、汉文篆体	碧玉	清初	以章奉若	先代相承，不敢妄动

名称	文体书体	质地	制作时间	用途	使用频率
大清嗣天子宝	满文、汉文篆体	金	清初	以章继绳	
皇帝之宝	满文篆体	青玉	清初	以布诏赦	
皇帝之宝	满文、汉文篆体	栴檀香木	乾隆十三年	以肃法驾	使用最多
天子之宝	满文、汉文篆体	白玉	乾隆十三年	以祀百神	
皇帝尊亲之宝	满文、汉文篆体	白玉	乾隆十三年	以荐徽号	
皇帝亲亲之宝	满文、汉文篆体	白玉	乾隆十三年	以展宗盟	
皇帝行宝	满文、汉文篆体	碧玉	乾隆十三年	以颁赐赉	
皇帝信宝	满文、汉文篆体	白玉	乾隆十三年	以征戎伍	
天子行宝	满文、汉文篆体	碧玉	乾隆十三年	以册外蛮	
天子信宝	满文、汉文篆体	青玉	乾隆十三年	以命殊方	
敬天勤民之宝	满文、汉文篆体	白玉	乾隆十三年	以饬觐吏	
制诰之宝	满文、汉文篆体	青玉	乾隆十三年	以谕臣僚	
敕命之宝	满文、汉文篆体	碧玉	乾隆十三年	以钤诰敕	使用最多

名称	文体书体	质地	制作时间	用途	使用频率
垂训之宝	满文、汉文篆体	碧玉	乾隆十三年	以扬国宪	
命德之宝	满文、汉文篆体	青玉	乾隆十三年	以奖忠良	
钦文之玺	满文、汉文篆体	墨玉	乾隆十三年	以重文教	
表章经史之宝	满文、汉文篆体	碧玉	乾隆十三年	以崇古训	
巡狩天下之宝	满文、汉文篆体	青玉	乾隆十三年	以从省方	
讨罪安民之宝	满文、汉文篆体	青玉	乾隆十三年	以张征伐	
制驭六师之宝	满文、汉文篆体	墨玉	乾隆十三年	以整戎行	
敕正万邦之宝	满文、汉文篆体	青玉	乾隆十三年	以诰外国	
敕正万民之宝	满文、汉文篆体	青玉	乾隆十三年	以诰四方	
广运之宝	满文、汉文篆体	墨玉	乾隆十三年	以谨封识	

*此表据《交泰殿宝谱叙》制。

主要参考资料

《御茶膳房档案》乾隆三十年正月。

《节次照常膳底档》乾隆三十年。

《江南节次照常膳底档》乾隆三十年。

《传账档》乾隆朝。

《来文簿档》乾隆二十九年。

《宫中穿戴档》乾隆三十年正月初八日。

《内务府来文簿》乾隆二十九年至三十年。

《军机处录副奏折档》乾隆三十年正月初八日。

《军机处满文录副奏折》乾隆三十年正月初八日。

《杂录档》乾隆三十年正月初八日。

《日记档簿》乾隆三十年正月初八日。

《内阁汉文起居注》乾隆三十年正月初八日。

《日记底簿》乾隆三十年正月。

《宫中档·逼虫香底簿》乾隆三十年正月。

《宫中档·臣工字画》乾隆三十年正月。

《进等样南果底簿》乾隆三十年正月。

《进等样干果底簿》乾隆三十年正月。

《总管内务府杂录档案》乾隆二十九年至三十年。

《銮仪卫正堂范》乾隆三十年。

《如意穗账》乾隆三十年正月初八日。

《王公文武大臣等职名黄册》乾隆三十年。

《清实录》，中华书局1986年版。

《清高宗（乾隆）御制诗文全集》，中国人民大学出版社1993年版。

《宫中档乾隆朝奏折》，台北"故宫博物院"1982年版。

中国第一历史档案馆：《乾隆朝上谕档》，档案出版社1991年版。

《钦定满洲祭神祭天典礼》，《辽海丛书》，辽沈书社1985年版。

［清］昆冈等：《钦定大清会典》《钦定大清会典事例》，台湾新文
　　丰出版公司据清光绪二十五年刊本影印。

［清］鄂尔泰等：《国朝宫史》，北京古籍出版社1987年版。

［清］庆桂等：《国朝宫史续编》，北京古籍出版社1994年版。

［清］胡敬：《国朝院画录》，崇雅堂集本道光二十三年版。

赵尔巽等：《清史稿》，中华书局校点本1976年版。

《大清圣祖仁皇帝圣训》。

［清］王先谦：《东华录》，光绪二十五年仿泰西法石印。

王钟翰点校：《清史列传》，中华书局1987年版。

《御刻三希堂石渠宝笈法帖》。

《钦定秘殿珠林石渠宝笈续编》。

钱仲联主编：《清诗纪事》，江苏古籍出版社1987年版。

［法］费赖之著，冯承钧译：《在华耶稣会士列传及书目》，中华书
　　局1995年版。

蔡冠洛：《清代七百名人传》，（北京）中国书店出版社1984年版。

［清］于敏中等：《钦定日下旧闻考》，北京古籍出版社1981年版。

徐珂：《清稗类钞》，中华书局1984年版。

《清朝野史大观》，上海书店出版社1981年版。

［清］赵翼：《檐曝杂记》，中华书局1982年版。

［清］姚元之：《竹叶亭杂记》，中华书局1982年版。

［清］昭梿：《啸亭杂录》、《啸亭续录》，中华书局1982年版。

［美］魏斐德著，陈苏镇等译：《洪业：清朝开国史》，江苏人民出版社1995年版。

梁启超：《清代学术概论》，中华书局1954年版。

梁启超：《中国近三百年学术史》，东方出版社1996年版。

戴逸：《乾隆帝及其时代》，中国人民大学出版社1992年。

冯尔康：《清代引见履历档案的史料价值》，载《故宫博物院院刊》1996年第4期。

白新良：《乾隆传》，辽宁教育出版社1990年版。

郭成康、成崇德等：《乾隆皇帝全传》，学苑出版社1994年版。

孙文良、张杰、郑川水：《乾隆帝》，吉林文史出版社1993年版。

周远廉：《乾隆皇帝大传》，河南人民出版社1990年版。

唐文基、罗庆泗：《乾隆传》，人民出版社1994年版。

于善浦、董乃强：《香妃》，书目文献出版社1985年版。

陈可冀主编：《清宫医案研究》，中医古籍出版社1990年版。

清代宫史研究会：《清代宫史求实》，紫禁城出版社1992年版。

中国第一历史档案馆:《明清档案论文选编》,档案出版社1985年版。

章乃炜等:《清宫述闻》,北京古籍出版社1988年版。

唐邦治:《清皇室四谱》,岳麓书社1994年版。

张采田:《清列朝后妃传稿》,台湾文海出版社1972年版。

爱新觉罗·溥仪:《我的前半生》,群众出版社1979年版。

金易、沈义羚:《宫女谈往录》,紫禁城出版社1991年版。

贾英华:《末代太监秘闻——孙耀庭传》,知识出版社1993年版。

信修明:《老太监的回忆》,北京燕山出版社1992年版。

宋和平:《满族萨满神歌译注》,社会科学文献出版社1993年版。

吴晗:《朝鲜李朝实录中的中国史料》,中华书局1980年版。

秦国经:《清代内务府及档案》,第四届清代官廷史学讨论会论文。

杨仁恺:《国宝沉浮录》,上海人民美术出版社1991年版。

吴元丰、赵志强编著:《锡伯营职官年表(锡汉对照)》,新疆人民
　　出版社1994年版。

中国第一历史档案馆编译:《锡伯族档案史料》,辽宁民族出版社
　　1989年版。

万依、王树卿、刘潞:《清代宫廷史》,辽宁人民出版社1990年版。

〔英〕霭理士著,潘光旦译:《性心理学》,生活·读书·新知三联
　　书店1987年版。

郭霭春:《黄帝内经素问校注》,人民卫生出版社1992年版。

〔荷〕高罗佩著,李零、郭晓惠等译:《中国古代房内考》,上海人
　　民出版社1990年版。

后　记

　　法国年鉴学派代表人物布罗代尔 (Fernand Braudel, 1902—1985) 于
1958年发表了一篇重要论文，题为《历史与社会科学：长时段》，
阐述了他的"长时段"历史观。他认为，历史学之所以不同于其
他社会科学，主要体现在时间概念上。历史时间就像电波一样，
有短波、中波和长波之分，布罗代尔分别称为短时段、中时段和
长时段。所谓短时段，也叫事件或政治时间，主要是历史上突发
的现象，如革命、战争、地震等；所谓中时段，也叫局势或社会
时间，是在一定时期内发生变化形成一定周期和结构的现象，如
人口的消长、物价的升降、生产的增减；所谓长时段，也叫结构
或自然时间，主要指历史上在几个世纪中长期不变和变化极慢的
现象，如地理气候、生态环境、社会组织、思想传统等。他认为
短时段现象只构成了历史的表面层次，它转瞬即逝，对整个历史
进程只起微小的作用。显然《乾隆十二时辰》不包括在他的历史
研究的框架中。

　　70年代，我曾读到过一则笑话，说苏联一位著名的翻译家用
毕生精力翻译了一天的《纽约时报》，因而获得了国家最高荣誉
勋章——列宁勋章。

　　一天的《纽约时报》具有如此巨大的信息量，它似乎包含了
一个世界、一个时代。而今天，我则确信18世纪的清代档案中记

载的某一天，其信息容量并不亚于70年代某一天的《纽约时报》。本书所引用的历史档案资料，以"宫中档""内务府档"为主，而这一天的大宗的吏、户、礼、兵、工、刑六部的档案还未动用。

《乾隆十二时辰》的写作或许是认识乾隆时代的一种思维模式，其暗含的目的是将那些错综复杂的背景，延伸至一个历史伟人的人生之中，并将这一状态尽可能多地展示在可知可信的一天中。

当书稿完工之际，我有一种走出广寒宫的释然。这里要特别感谢故宫博物院的苑洪祺女士，是她最早为我提供了乾隆三十年正月初八日的线索。同时，我还要特别感谢中国第一历史档案馆满文部的吴元丰先生，他是一位诚恳的锡伯族学者，是他翻译了这一天的满文档案，并将这一珍贵的资料无私地提供给我。我相信有些资料的公布，将为学者们提供大大超出本书范围的文化视野。

在《乾隆十二时辰》的彩图修订版即将上市之际，我要由衷感谢中华书局上海公司贾雪飞女士的襄助与责编周天女士悉心的编辑工作，她们对图文版面进行了精心策划设计，令这本书的阅读感受有了大幅度的提升，有理由相信高品质的图书将受到更多爱好文史读者的青睐。

另外，我要向李国涛、鱼丽、黄绍坚、石衡潭、玄黄、慧远、谁念西风独自凉、周彦彤、华夏戎狄、万里路与万卷书的梦想等读者表示由衷的感谢，你们的阅读感受给予我很多的指导与鼓励。共勉。

吴十洲

2024年感恩节